Decision Theory

経営のための
意思決定論
入門

佐々木康朗 著

Ohmsha

序文

本書のねらい

　本書では、様々な意思決定の問題を、主に数学的な手法により表現し、分析するための理論である、**意思決定論**（decision theory）の基礎について学ぶ。内容は大学の学部初級レベルであり、筆者の学部1年生向けの意思決定論に関する講義内容をもとにしている。

　意思決定論は、大まかに言えば、「人々（または企業等の集団・組織）はどのように意思決定をするのか？」あるいは「どのような意思決定をすべきか？」について研究する学問分野である。授業でこのように述べると、「意思決定の理論を学ぶと、どのような状況でも最適な意思決定ができるようになるのでは」などと受講者から期待を持たれることもあるが、それは明らかに過度な期待である。しかし、学ぶにつれて、意思決定では、どのような点が、どうして難しいのか、そしてどこまでは合理的に考えられるのか、ということの理解は深まるはずである。意思決定には様々なトレードオフや価値判断が関わるので、必ずしも客観的な「正解」があるとは限らないが、それでも論理で対処できる部分については、意思決定の理論を学ぶことで改善が可能である。

　本書は、意思決定の理論や分析手法を学ぶことを目的とするため、実例に基づく具体的なエピソードやケーススタディは扱わない。代わりに、**モデル**（model）と呼ばれる、意思決定の状況を単純化、抽象化したものを用いた議論が中心となる（モデルについては1.5節参照）。これにより、多くの意思決定の状況に共通する課題や、その分析のための論理や方法について学ぶ。このように理論を学習することの利点は、同様の特徴を持つ意思決定の問題に対して広く応用ができることである。

　もちろん、現実の意思決定の場面では、個別の事情に応じて、ここで議論されること以外にも様々な事柄を考慮しなければならないこともあるだろう。本書を読んで、「このような単純なモデルや分析は現実と乖離しており、使えないのではないか」と思うことがあれば、それは真っ当な疑問である。しかし、よく考え

れば、その単純なモデルが状況の本質をよく捉えていることもあると思われる。モデルを扱う意義は、ただ問題を単純にするということではなく、その本質的な部分にうまく分析の焦点を絞ることにある。

　あるいは、やはりそのモデルでは不足していると思うなら、分析の仮定や条件をどのように変えればよいか、またどのような要素を追加すればよいかを考えてみるとよい。実際、そのようにして意思決定の研究は発展してきたのであり、今もそのフロンティアは拡がり続けている。本書で紹介するのは、あくまでその入り口の部分である。読者が本書を足がかりとして、意思決定論に関心を持ち、さらなる学習へ進まれることを期待する。

　なお、「意思決定論」というときの対象や分析手法は、分野によっていくらか違いがある。内容によっては、「意思決定科学」や「意思決定分析」という名称も使われる。本書では、これらの差異については特に踏み込まない。

　本書の議論は、数学的な分析に基づく内容が中心であるが、本文中の数式のほとんどは四則演算や簡単な確率計算であり、各章に付す数学的補足（後述）の箇所を含めても、全体は高校数学までの知識で理解できるよう配慮した（高校で習わないことには説明を加えた）。これは、意思決定論の学習では、特に数学に苦手意識がある初学者にとって、しばしば数学的な記述の難解さがハードルとなるためである。本書では、意思決定の分析の基礎的な考え方を学ぶことを優先しており、その範囲ではこのような記述で十分である。しかしながら、内容は一つ一つの論理の積み重ねになっており、諸概念の定義や、各種の計算を行う意義などをしっかり理解することはもちろん重要である。

対象読者について

　本書の内容は大学の学部初級レベルであり、意思決定論の初学者を想定している。特に、書名にも「経営のための」とあるように、経営系の学部・学科の学生や、意思決定の理論に関心のある社会人を主な想定読者としている。このため、扱う事例も経営上の意思決定の問題を多く盛り込んだ。

　経営における意思決定の重要さは改めて言うまでもないが、さらには以下の理由から、これらの方々が意思決定を学ぶ意義は大きいと考える。

（1） 経営学は通常、ビジネスの特定の領域やプロセスに焦点を当てる形で分野が分かれている。経営戦略、マーケティング、会計などであり、大学の講義の科目名称もそのようなものが多い。対照的に、意思決定は、分野によらず、私たちが日々行う、あるいは行わなければならない行為である。個別分野を学ぶことと、分野横断的な意思決定の理論について学ぶことは、互いに相乗効果があると期待する。たとえば、ある種の経営課題や経営理論を意思決定の観点で捉えることで理解を深めることは可能であろうし、逆に、具体的な経営上の問題意識があることで意思決定論の応用について考えを巡らせることができるだろう。

（2） 経営のためのデータ分析の手法については多くの文献があり、また現在では、多くの経営系の学部・学科で、データ分析はほぼ必須の素養と位置付けられている。一方で、そうしたデータ分析の目的は、経営上の意思決定を（何らかの意味で）より優れたものにするためであろうが、どのような分析が、どのような意味でより良い意思決定につながるのかといった、意思決定の観点からの議論は、データ分析全般の隆盛と比較すると、必ずしも充実していないように思われる。意思決定論を学ぶことで、こうした問題を考えるための視座を得られるだろう。

　他方、上記の（1）にも関連するが、意思決定の基本構造や分析のロジックは分野によらず共通する部分も多く、本書の内容のほとんどは、経営以外の分野での意思決定、さらには日常の様々な意思決定にも応用可能である。実際、本書で扱うトピックは、表現や重点の置き方に幾分の違いはありつつも、経営（工）学、経済学、政治学、社会学、心理学など、幅広い分野で教育、研究の対象となっている。したがって、本書は、経営を学ぶ者に読者を限定するわけではなく、むしろ、おそらく誰にとっても何らかの関わりがあるテーマを扱っている。そのため各自の関心のある話題に当てはめながら読むとよい。また、高度な数学の知識は不要なので、十分な読解力があれば、高校生でも理解できると思われる。

構　成

　本書は、7つの章で構成される。

　第1章は、本書の全体像を提示する役割を担っており、一般的な意思決定のプロセスや基本構造など、本書を読み進めるにあたって理解しておくべきいくつかのテーマについて議論する。

　第2章～第6章の各章では、対象とする意思決定の問題の特性に応じて、以下の内容を扱う。それぞれの概要については、1.4節で述べる。

　　第2章　不確実性下の意思決定
　　第3章　戦略的意思決定（ゲーム理論）
　　第4章　多目的意思決定
　　第5章　集団意思決定（社会選択理論）
　　第6章　数理最適化

　これらの章は、一部で他の章を引用することはあるものの、基本的には互いに独立しており、どこから読んでも構わない。第3章で扱うゲーム理論については、他の章に比べて手厚く解説しており、比較的多くの紙数を割いている。

　以上の各章では、合理的な意思決定のモデル、あるいは合理的な意思決定を導くための手法や考え方を扱っているが（「合理的」の意味については1.7節参照）、最後に第7章にて、これに関連した話題をいくつか述べる。

　その他、以下のような構成とした。

・第2章～第6章の各章の最後の節は「数学的補足」として、本文に登場する概念の定式化（数式を用いた表現）や若干発展的な話題を記した。補足なので、読み飛ばしても本文の理解には差し支えないが、本文の記述と対応する数式を見比べることで、より理解は深まるであろう。また、ある程度数学的な素養のある読者にとっては、これらの数式を用いた議論の方が理解しやすいこともあり得る。

・各章の末尾に、演習問題を設けた。単なる理解度確認の問題だけでなく、本文で扱いきれなかった発展的な話題を含むものや、自由に分析、考察する問題も含めた。解答（例）は、オーム社のWebサイト
https://www.ohmsha.co.jp/book/9784274231056/
からダウンロードできるようにしてある。

・各章の末尾に、さらなる学習のための文献ガイドを設けた。

・キーワードおよび外国人の人名の英語表記は、初出時のみ併記した。

本書の特徴

本書の特徴は、次のとおりである。

（1） 上記の幅広い意思決定の理論やモデルを網羅している。
（2） 学術的な厳密性はなるべく保ちながら初学者にもわかりやすく平易な記述で解説している。

この2つの要件を満たすテキストは、筆者の知る限り他にない。

上記の各章のトピック別には、（2）を満足する優れた入門書がある分野もあるが（特にゲーム理論は、近年注目されており、多数のテキストが出版されている）、分野ごとに本が分かれているため、筆者の授業でも複数の参考文献を指定しなければならなかった。様々な意思決定の状況をカバーして、意思決定にまつわる主要な論点を概観するには、これらのトピックが1冊にまとまったものがあるとよい、と考えていたことが本書の執筆の動機となっている。

その際に、本書の書名に「経営のための」とあることからも、実際の意思決定にどのように役立てることができるか、あるいは直接的に役立つことは難しいとしてもどのようなことを理解しておくべきか、という視点を一貫して持たせることを意識した。同時に、理論的な基礎についてもおろそかにせず解説している。

意思決定論やその関連分野のテキストは、ある程度以上のレベルのものでは、複雑な数式が並んだり、基礎的な説明が省略されたりするなど、初学者にはハードルが高いものも多い。本書では、「なぜそのような概念を考えるのか」「なぜそのような計算を行うのか」といった、初学者が疑問に思いがちな点に配慮して、丁寧に説明することを心がけた。したがって、独習も十分可能だと思われる。

上の2つの特徴を求めた結果、各分野の発展的な内容は省略せざるを得なかったので、関心を持った読者がさらなる学習に進めるよう、各章末の文献ガイドを充実させることで補った。

謝　辞

　本書の執筆の過程で、これまでにいかに多くのことを様々な方々から直接的、間接的に教わってきたかということを、改めて実感した。

　とりわけ、大学院での指導教員であった木嶋恭一先生（東京工業大学（当時））は、学部から分野を転向した筆者を研究室に受け入れてくださり、専門知識の教授のみならず、研究者を目指すうえで多くの励ましとご助言をくださった。当時、筆者自身が意思決定を研究対象とすることの魅力を学んだように、本書によって、1人でも多くの読者に意思決定について考えることの面白さを感じてもらえれば、ささやかな恩返しになるかもしれない、と勝手ながら考えている。

　本書の執筆に際して、神戸伸輔先生、和光純先生（いずれも学習院大学）には、草稿にお目通しいただき、ご専門の立場から大変貴重なコメントをいただいた。オーム社編集局の皆様には、本書の出版の機会を与えていただき、また企画段階から何度も丁寧なフィードバックと励ましの言葉をいただいた。筆者のこれまでの授業の受講者からの質問やコメントは、特に初学者にとって理解が容易でない点を知るうえで貴重なものであり、本書の書きぶりにも反映されているはずである。この場を借りて、以上の方々に厚く御礼を申し上げたい。

　家庭生活の諸事に追われながらの執筆作業は当初の想像以上に大変であったが、日々の活力を与えてくれるのも家族である。共に仕事と育児の両立に奮闘する妻に、「いつもありがとう」と言いたい。2人の子供たちは、あと10年ほどすれば本書を読めるようになるだろうから、それまでの成長が楽しみである。最後に、かなり長い間学生でいることを許してくれた両親に感謝したい。

2023年9月

佐々木康朗

目次

第 **3** 章	**戦略的意思決定**

3.1　**戦略的意思決定とは** ･･･････････････････････････････････････ 75

第 **4** 章　多目的意思決定

第 **7** 章 **合理的意思決定・再考**

1.1 意思決定とは

意思決定（decision-making）とは、何をするかについての意向や考え、つまり意思を決めることである[1]。これは、同時に何をしないかを決めることでもあるから、**目の前にある複数の選択肢から1つまたはいくつかを選択すること**であると言ってもよい。意思決定を行う主体は**意思決定者**（decision-maker）と呼ばれ、個人である場合もあれば、企業や国家などの組織である場合もある。

個人にとっては、少し考えてみれば、人生は意思決定の連続であることが想像できるだろう。どの学校に進学するか、どの会社に就職するかといった人生の局面を左右する重大な意思決定から、今日のランチは何を食べようか、どの服を着ていこうかといった日常的な意思決定まで様々である。もっとも日常の行動に関しては、習慣的あるいは無意識的に決定されており、明示的に選択を行った結果として意識されないものも少なくない。日々の通勤や通学のしかたなどはその一例かもしれないが、普段とは異なる交通手段や経路も選択可能であるなら、これも意思決定の問題と見ることができる。小説家カミュ（Albert Camus）によれば、「人生とは選択の総和である。」[2]

企業などの組織にとっても、言うまでもなく意思決定は重要な問題である。商品の価格をいくらに設定するか、どのプロジェクトに投資するか、次の社長は誰にするかなど、経営においては様々な選択を迫られる場面がある。また、その構成員である個々の従業員にとっても、仕事を誰に割り当てるか、オフィスのレイアウトをどのようにするか、目の前の客にどのように対応するかなど、それぞれの立場に応じた意思決定が求められる。これらの意思決定の結果は、総体として、

---

1) 意思決定論では、decision-makingの訳語として、通常は「意志決定」ではなく「意思決定」を用いる。一般的に、「意思」は考えや思いを指す（たとえば「意思確認」「意思表示」という）のに対して、「意志」はその気持ちの程度を表すニュアンスでしばしば用いられる（たとえば「意志が強い（弱い）」という）。

2) 明確な出典はなく、本人が述べたのではないという説もあるが、カミュの言葉として広く引用される。

組織全体のパフォーマンスを決定付ける。

　以上のような企業経営にまつわる諸問題は、個別には経営学の諸分野において詳細に議論され得るが、**共通するのは、つまるところ「どのような意思決定を行うか」ということ**である。組織の意思決定プロセスに関する研究業績により1978年にノーベル経済学賞を受賞したサイモン（Herbert A. Simon）は、経営と意思決定はほぼ同義であると見て、意思決定に関する研究や分析を行うことの重要性を説いた[3]。同様に、2002年に同じくノーベル経済学賞を受賞した心理学者・行動経済学者のカーネマン（Daniel Kahneman）も、「組織というものは全て判断と意思決定を生産する工場である」という見方を述べている[4]。

　以下、本章では、本書全体の導入として、一般に意思決定はどのような構造を持ち、どのような問題があるのかについて概説する。また、意思決定について研究や分析をするとはどういうことなのか、本書の立場から関連するいくつかの話題にも触れる。

1.2　意思決定のプロセス

　意思決定を要する問題を**意思決定問題**（decision problem）という。意思決定についての議論は、ある意思決定問題における選択の局面に焦点を当てていることが多い。次章以降でも問題の特性に応じた選択の考え方が主な議論の対象となるが、前述のサイモンは、選択の前段階における意思決定問題の認識や構成のしかたも重視した意思決定のプロセスを提示している。これは意思決定という行為の全体像を理解するうえで重要なので確認しておこう。

　サイモンによれば、一般的な意思決定のプロセスは、次の3つの活動からなる[3]。

---

3)　サイモン（1979）『意思決定の科学』、産業能率大学出版部（稲葉・倉井訳）

4)　カーネマン（2014）『ファスト＆スロー：あなたの意思はどのように決まるか』、早川書房（村井訳）

1. **問題認識・情報収集**（intelligence）：決定を要する問題を発見、認識する。あわせて意思決定のための関連情報の収集や目標設定を行う。
2. **設計**（design）：利用可能な選択肢を特定し（あるいは新たに作り出す）、それぞれの選択肢を選んだ場合の結果の予測や評価を行う。
3. **選択**（choice）：ここまでで整理した情報をもとに、どの選択肢を選ぶかの決定を行う。

　サイモンは、経営とは、このような意思決定のプロセスの繰り返しにほかならないと見たのである。

　第1段階の問題認識・情報収集で得た情報や設定された目標は、**前提**（premise）と呼ばれる。これらは、事実関係に関する事実前提と、「〜すべき」といった価値判断に言及する価値前提に区別される。第2段階の設計において、選択の結果の予測は、その時点で保有するデータや情報などの事実前提に基づきなされる。一方、その結果の評価は、意思決定者の目標や価値観などの価値前提に依存する。

　一連のプロセスは個人の日常的な意思決定にも当てはめることができる。例として、通学時の交通手段選択を考えてみよう（図1.1）。

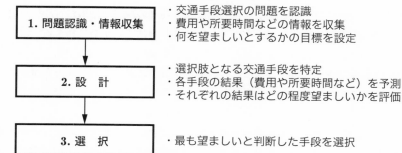

図1.1　意思決定のプロセス

　第1段階の問題認識・情報収集において、意思決定者はまず、これから考えるべき意思決定の問題は、「どの交通手段を選択すべきか」であることを認識する。そして、必要に応じて候補となる手段に関する情報（たとえば費用や所要時間）を収集する。ここで収集すべき情報は、意思決定者の目的に依存する。費用や所

要時間を重視する人もいるかもしれないし、途中で景色を楽しめることや友人と一緒に通えることを大切に思う人もいるかもしれない。これは価値判断による。

　続いて第2段階の設計において、どのような選択肢があるかを明確にして、それぞれの選択肢を選んだ場合の結果の予測と評価を行う。たとえば、なるべく早く移動することを重視するなら、それぞれの手段を選んだ場合の所要時間を予測し（次節で述べるように、この予測は不確実性を伴うかもしれない）、それはどの程度好ましいかを評価する。

　最後に、第3段階の選択において、以上の内容に基づき、どの交通手段を採用するかを選択する。

　このように考えると、**最後の選択だけでなく、それに先立つ問題認識・情報収集および設計も適切になされることが意思決定には重要である**ことがわかるだろう。まず、そもそも妥当な問題認識がなされなければ、取り組む必要のない問題に対して検討の時間や費用を浪費することになりかねない。さらに、適切に問題が認識されたとしても、自身にとっての目的は何かをよく考えておかなければ、選択を後悔することになるかもしれない。また、設計の段階がおろそかになると、より好ましい選択肢が他にあるのにそれを見過ごしてしまうかもしれない。予測が不正確であれば、適確な意思決定は期待できない。

　もっとも、当然ながら人間は全知全能ではないので、これらのプロセスを全て理想的に、完璧に行えるとは限らない。また、種々の検討を精緻に行うには長い時間や莫大な費用を要する場合もあり、特にそれらに制約がある場合には、あえて設計に不完全さを残したまま選択を行う方が総合的には良いと判断されることもあるだろう。さらには、熟慮よりも、直感や経験に基づく判断の方が優れている場合もあるかもしれない。しかしながら、これらの事情は、意思決定において選択の前段階を意識することの重要性を失わせるものではない。

　ところで、ここまで議論してきた意味での意思決定における選択とは、**ある選択肢を採用しようという意思を定める認知的な行為**であり、その選択内容が実際に遂行されるかについては言及していないことに注意されたい。文脈によっては両者を同一視しても差し支えない、あるいは暗黙的に同一視している場合もあるが、厳密に言えばそれらは別の問題である。たとえば、ダイエットをするという意思決定をしたが、美味しそうなケーキの誘惑に負けてしまい、結局できない、ということもあり得る。

　さらに、組織の場合には、意思決定者と、その決定内容の実行者が必ずしも同

一でないという事情がある。ある組織で経営者が方針を定めたとしても、従業員はそのとおりに行動しないかもしれない。このとき、経営上の意思決定が実際に組織のメンバーによって実行されるかどうかは、意思決定というより、組織のマネジメントやリーダーシップの問題だとする捉え方もある。

　以上をふまえて、本書の議論の範囲について何点か述べておく。次章以降で扱う理論や手法は、意思決定問題をその特性に応じて適切にモデル化することにより（「モデル」の意味は1.5節で述べる）、そこでの選択はどのようになされるか、あるいはなされるべきかを分析するものである。したがって、基本的には、第3段階の選択の場面に焦点を当てることになる。

　第2段階の設計において重要となる、ある選択が導く結果の予測については、実践上はそれ自体に調査や分析を必要とすることもよくある。いわゆるデータ分析はそのために用いられることも多いが、その具体的な手法については他書に譲る。本書の関心は、そこから得られる情報はどのように意思決定にとって有用となるのか、というところにあり、この点については「情報の価値」の問題として、1.6節で改めて議論する。

1.3 意思決定問題の要素

　前節で意思決定のプロセスがいくつかの活動からなることを見たが、次に意思決定問題を構成する諸要素とそれらの関係を整理する。多くの意思決定問題に共通する基本構造として、次の5つの要素と、以下に述べるそれらの関係性（図1.2）を考えることができる[5]。

- **選択肢**（alternative/option）
- **環境要因**（environmental factor）
- 選択の**結果**（consequence/outcome）
- 意思決定者の**目的**（purpose/objective/goal/target）
- 結果の**評価**（evaluation）

---

5)　このような意思決定問題の捉え方については、章末の文献ガイドにある宮川（2010）などを参考にした。

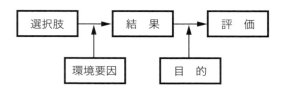

図1.2　意思決定問題の要素と関係性

　まず、選択の対象となる複数の選択肢がある[6]。各選択肢は、それを選んだ場合に実現するであろう結果と対応付けられる。この対応付けは、前節で述べた結果の予測に基づく。

　ここで、全ての選択肢について結果を確実に予測できるのでない限り、意思決定者にとって**不確実性**（uncertainty）が存在する。不確実性がある場合、選択の結果に、意思決定者には制御できない他の要因も影響していると考え、これを環境要因と呼ぶ。ここでの「環境」とは、意思決定者がその有り様に手を加えて変更することができない領域のことである。不確実性があるということは、環境要因が取り得る**状態**（state）に複数の可能性があり、そのうちどれが実現するかは、意思決定の時点では（意思決定者自身には）わからないということである。不確実性がない場合には、環境要因は考慮しなくてよい。

　それぞれの起こり得る結果に対しては、意思決定者にとっての望ましさの程度に関する記述、すなわち評価が与えられる。これは、前節で述べた結果の評価のことである。その内容は、意思決定者の目的に依存する。以上の関係性をもとに、最も望ましい結果が期待される選択肢を選ぶことが目標となる。

　以上のことを、再び交通手段選択の例で考えてみよう。いくつかの選択肢があるとして、その1つであるバスを選択した場合に、道路が空いていれば20分で目的地まで行けるが、道路が混んでいると40分かかるとする（図1.3）。ここでの結果とは、たとえばこの「20分」「40分」といった、目的地までの所要時間のことである。意思決定の時点では道路の混雑状況はわからないとすると、バスを選択した場合の結果、すなわち所要時間は不確実である。道路の混雑状況はふつう個人では制御できないから環境要因であり、「空いている」や「混んでいる」といった様子が、可能性としてあり得る状態である。

---

6)　意思決定論の文献では、代替案ということも多い。

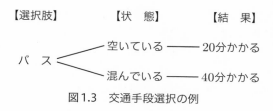

図1.3　交通手段選択の例

　結果の評価は意思決定者の目的によるが、もし所要時間の短さを重視するなら
ば、40分かかるよりは20分で行ける方が好ましい。しかし、この程度の所要時
間の差は気にせず、それよりもなるべく金銭的な費用を抑えたいならば、徒歩や
自転車を選択した方が好ましいという評価になるかもしれない。この場合には、
それぞれの選択肢を選んだ場合の費用も結果に含めて記述しておく必要がある。
　このような意思決定問題の捉え方について、いくつか補足を述べる。

- どのような選択肢があるか、ということだけでは意思決定問題を特徴付け
  るには不十分である。同じいくつかの選択肢からの選択であっても、意思
  決定者によって、あるいは同じ人でも時と場合によって、直面する問題は
  異なり得る。
- 結果や環境要因として具体的にどのようなものを想定する必要があるか
  は、意思決定者の目的に依存する。交通手段選択の場合、所要時間が重要
  であれば、各手段の所要時間を予想しておく必要があり、さらにそれらに
  影響し得る環境要因をなるべく考慮すべきである。しかし、所要時間を全
  く気にしないのであれば、これらの作業は必要ない。
- 不確実性とは、環境要因の状態が実際にどれであるかが、意思決定の時点
  で確定していないことを必ずしも意味しない。過去の出来事であっても、
  それに関する情報が十分でない場合には、「何が起きたのか」が不確実な
  環境要因となることもある。このような場合、状態自体はすでに確定して
  いるが、意思決定者にはどの状態が実現したのかがわからないので、複数
  の可能性を想定せざるを得ない。たとえば、交通手段選択の時点で道路の
  混雑状況は確定していたとしても、それに関する情報がなければ、意思決
  定者にとってはやはり不確実である。ただし、リアルタイムの交通情報が
  入手できれば、その情報によって不確実性は解消される。このように、不
  確実性の有無は、意思決定者が保有する情報に照らして判断される。

　以上の議論より明らかなことは、**意思決定問題の構成のしかたは、意思決定者の持つ情報や物事の認知、さらには目的や価値観に大いに依存し得る**ということである。前節で述べた、サイモンの意思決定プロセスにおける問題認識・情報収集から設計の段階は、利用可能な諸前提を動員して、このような意思決定問題の構造、つまり上記の諸要素とそれらの関係性を明確にする活動だと言うこともできる。

　もちろん、これらの要素だけであらゆる意思決定の状況を統一的に説明できるわけではない。次節で述べるように、問題の特性によっては追加的な要素も考慮に入れる必要がある。ただし、その場合でも、ここで述べた構造が基本となる。

1.4 意思決定問題の複雑化要因 ―様々な意思決定の状況

　意思決定問題が明確に構成されても、そこで行うべき選択は、自明に定まるとは限らない。問題を複雑化し、意思決定を困難にする要因は様々ある。本節では、そのうち典型的なものをいくつか挙げる。これらは、次章以降の各章で扱う意思決定の状況に対応している。

1 自明な意思決定

　まず、次の状況を考えてみよう。

> 例1.1　ある会社（X社とする）で、2つの新商品の案A、B（以下、商品A、商品Bという）のうち、いずれか1つを選択して、実際に商品化して販売することになった。X社の目的は、商品の販売から得る利益の最大化である。各商品を販売した場合の利益は、商品Aは7億円、商品Bは3億円と、確実な予測ができている。どちらの商品を選ぶべきか。

　この状況において、選択すべき商品はAであることは論理的に明らかである。この単純なケースでは、次の2つの条件が満たされている。

　【条件1】　不確実性がない。
　【条件2】　起こり得る結果の優劣の判断が自明である。

例1.1 では、【条件1】は、各商品を選択した場合の利益が確実に予測できていることに対応する。【条件2】は、利益の最大化が目的なので、利益が大きい方が好ましいのは当然だということである。

2 │ 意思決定を困難にする要因

上の2つの条件のうちいずれか一方が成り立たないだけでも、意思決定は容易でなくなる可能性がある。

例1.2 例1.1 と同様に、X社は商品AまたはBのどちらかを選択する。ただし、例1.1 とは予想利益や目標設定がそれぞれ異なる、次の4つのケースを考える。

- [ケース1] X社の目的は利益の最大化である。商品Bは確実に3億円の利益をもたらす。一方、商品Aについては、需要が不確実であり、ヒットすれば3億円を上回る利益が期待できるが、そうでなければ赤字になることもあり得る。

- [ケース2] X社の目的は利益の最大化である。いま、ライバル会社のY社も同じタイミングで商品Aまたは商品Bと類似の新商品を販売するとの情報がある。ただし、どちらを実際に販売するかはわからない。互いに似た商品だと競合して需要を分け合い、売れ行きが下がってしまう。そのため、X社としては、Y社が商品Aの類似商品を販売するなら商品Bを選択した方が、Y社が商品Bの類似商品を販売するなら商品Aを選択した方が、より多くの利益を得られる。

- [ケース3] X社は、利益の最大化だけでなく、販売数をなるべく増やすことも重要だと考えている。2つの商品の比較では、利益が大きいのは商品Aだが、販売数が多いのは商品Bだと予想される。

- [ケース4] 様々な観点での評価を尊重すべく、複数の社員の意見に基づき決定することにしたが、どちらの商品の支持者も一定数いる。

例1.2 の[ケース1]と[ケース2]では、【条件1】が成立せず、不確実性が存在する。[ケース1]では、需要の程度が環境要因であり、少なくとも、ヒットするかしないかという2つの状態がある（ここでの需要は、世間の流行など、

X社には制御できない要因で決まるとする）。もしヒットが期待できるなら商品Aを選択すべきだが、そうでなければ確実な利益を得られる商品Bを選ぶべきかもしれない。このような状況を**不確実性下の意思決定**（decision-making under uncertainty）と呼び、第2章で議論する。これに対して、例1.1 のように不確実性がない状況を、確実性下の意思決定という。前節の図1.2は、典型的な不確実性下の意思決定の状況を表したものである。

　［ケース2］では、ライバルのY社の選択が環境要因である。［ケース2］も広義には不確実性下の意思決定の一種だが、［ケース1］との違いは、Y社もまた意思決定を行う主体であるという点である。Y社もX社と同様の意思決定問題に直面しており、どのような新商品を出すかは、X社の選択によると考えているかもしれない。この場合、両社とも、自らの利害が相手の選択に影響を受けるので、互いに動向を読み合いながら意思決定を行う必要がある。こうした複数の意思決定者が関わる状況を**戦略的意思決定**（strategic decision-making）と呼び、これを扱う**ゲーム理論**（game theory）を第3章で紹介する。図1.2において、環境要因が他者の選択であり、しかもその他者も同様にこのような意思決定問題に直面している状況である。

　次に、［ケース3］と［ケース4］では、【条件2】が成立せず、結果の優劣が自明ではない。そのため、いずれの場合も不確実性はないものの、選択肢の優劣を自明に判断することができない。

　［ケース3］のように、複数の追求すべき目的がある意思決定の状況を**多目的意思決定**（multi-objective decision-making）と呼び、第4章で扱う。図1.2で言えば、目的が複数ある場合である。この状況では、選択肢の評価は、「利益の観点では好ましいが、販売数の観点ではそうでない」といったように、それぞれの目的についての評価に言及した形になる。しかし、目的によって望ましい選択肢が異なり得るので、その場合には複数の選択肢の優劣を容易に判定できない。単一の目的しかない場合には、このような問題は生じない。

　［ケース4］は、2人以上の個人（この場合、複数の社員）からなる**集団**（group）として1つの意思決定を行う状況である。この状況は、**集団意思決定**（group decision-making）と呼ばれ、第5章で議論する[7]。集団の各メンバーは、それぞれの選択肢について評価を持っている。何らかの形でこれらの意見を集約し、それに基づいて集団としての選択を決定しなければならないとき、個々のメンバーの意見は異なり得るので、誰の意見をどのように扱うかによって、集団として採用すべき案は異なり得る。図1.2で言えば、各自がこの図のように選択肢についての評価を持っており、さらにそれらをもとに集団としての意思決定を行う状況である。

　表1.1に、以上の4つの意思決定の状況をまとめた。これらの意思決定の場面では、それぞれ以下のような**トレードオフ**（trade-off）が存在し得る。**トレードオフとは、2つの物事の両立が不可能であるような関係性**であり、一方を追求するならもう一方は犠牲にしなければならない状態を指す。

- 不確実性下の意思決定では、環境要因が取り得る状態が複数あるため、ある状態のもとで望ましい選択肢が、別の状態のもとでは望ましくないことがあり得る。戦略的意思決定でも、状態を他者の選択と読み替えれば同様である。
- 多目的意思決定では、複数の目的があるため、ある目的のもとでは望ましい選択肢が、別の目的のもとではそうとは限らない。
- 集団意思決定においては、ある人の意見を採用すると別の人の意見を採用できないことになり得る。

表1.1　本書で扱う意思決定の状況

意思決定の状況	特　徴
不確実性下の意思決定	選択の結果が不確実である
戦略的意思決定	複数の意思決定者がおり、各自の選択によって結果が決まる
多目的意思決定	意思決定の目的が複数ある
集団意思決定	複数の個人の意見を集約して集団として意思決定を行う

こうしたトレードオフの存在が、これらの状況で最適な選択を自明に決定できな

---

7) 　集団意思決定という用語でどのような状況を指すか、あるいはどのような問題を扱うかは、分野により異なることがある。本書では、社会選択理論という分野で扱われる状況を想定しており、詳しくは第5章で述べる。

いことの本質的な原因である。結局のところ、このようなトレードオフにどのように対処するかが課題となる。

ところで、 例1.1 の単純な意思決定問題に戻ると、次の条件も満たされている。

【条件3】選択肢が少数であるため（さらに【条件1】および【条件2】が成立
　　　　しているので）、最適な選択肢の特定が容易である。

実際の意思決定においては、【条件1】および【条件2】が満たされていても、選択肢が非常に多く（場合によっては無限に）あるため、【条件3】が満たされず、その中から最適な選択肢を見つけることが容易でないことがある。そのようなときに、数理的な手法を用いて与えられた条件のもとで最適な選択肢を求める**数理最適化**（mathematical optimization）のアプローチがしばしば有用である。数理最適化は意思決定のモデルというよりは、最適解を見つけるための手法であるが、応用範囲は広く、様々な意思決定を支援することができるので、本書でも第6章で取り上げる。

1.5 モデルで考える

本書では、前節で述べた様々な意思決定の状況を、モデルを用いて表現、分析して、そこでの選択について考えていく。ここで、そもそもモデルとは何か、そしてモデルで考えることの意義を明らかにしておこう。

1 モデルとは何か

モデルという語は、日常でも様々な場面で使われるが、プラモデルなどのように、実物を何らかの形で単純化したものとして言及されることがある。飛行機のプラモデルは、本物の飛行機の設備や機能を全て備えているわけではないが、たとえば特徴的な形状や模様はそのままである。本書で扱う意思決定のモデルも、基本的にはこれと同様に考えればよい。

つまり、**ここでのモデルとは、対象とする意思決定の状況のある側面を切り出して単純化した1つの表現のこと**である。現実の意思決定は、細かく考えれば非常に多くの要素の複雑な相互作用によりなされるものである（たとえば、意思決

定者の脳内で起こる個々の化学反応も関わる）。それらを全て考慮に入れて分析を行うのは到底不可能なので、理解可能な、あるいは分析上の操作が可能な形式に落とし込むために何らかの単純化を行う。モデルを考える意義はここにある。つまり、現実をそのまま考察しようとしても複雑過ぎて途方に暮れるだけなので、それよりは考察しやすいモデルを考えるのである。

その際に、ただ無闇に単純化すればよいわけではなく、分析上の関心である諸要素とそれらの関係性はなるべく保存しておかなければならない。単純化し過ぎて、本質的な要素まで削ぎ落としてしまっては、いくらモデルを分析しても現実に有用な示唆は得られない。一方、モデルが対象の本質をうまく保存できていれば、モデルを考察することで、その対象の関心がある側面に関して理解を深めることができる。

ここで、**何が「本質」でありモデルで表現すべきことなのか、逆に言えば何を捨象（考慮から除外）してよいのかは、分析者の関心や目的に大きく依存する。**たとえば1.3節で見た意思決定問題の構造（図1.2）も1つのモデルであるが、まずこのような構造を考えること自体が本書の関心に依存している（もし本書が神経科学の書籍であれば、全く異なる意思決定や認知のメカニズムに注目すべきであろう）。さらに、そこでも述べたように、選択の結果や不確実な環境要因として何を考慮するかは、意思決定者の目的次第であった。

モデルの「解像度」についても同様であり、たとえば、商品の値上げを検討する際、1円単位の違いが重要な意味を持つなら、「100円」「101円」「102円」…を個々の選択肢として扱うべきかもしれない。しかし、値上げを行うか否かだけが本質的な差異であれば、「値上げする」「値上げしない」という選択肢のみを考えれば十分である。

以上のことは、アナロジーとして、地図を作成して活用する場面を考えると理解しやすい。目的地への移動方法を検討する際に、現実のありとあらゆる要素をそのまま描写した縮尺1/1の地図が仮にあっても、役に立たない（使いこなせない）のは明らかである。自動車で移動する際には、いくつかの主要な道路が記載されていれば十分かもしれない。電車で移動するなら、道路の情報は不要で、鉄道の路線図があればよい。いずれも、使用者の目的に応じた形で現実が単純化されている。

2 モデルによる分析

モデルを用いた分析の流れを簡潔にまとめると、図1.4のようになる。まず現実の問題や状況があり、これをモデル化する。一旦モデルが出来上がれば、次は「モデルの世界」で考えることになる。つまり、そのモデル上で何らかの分析を行い、その結果を得る。これに基づき、現実への示唆を得て、これを当初の問題や状況に適用する。地図を用いて移動方法を検討するプロセスも同様である。実際には、これらの手順は必ずしも一方向ではなく、分析の段階になってモデルを作り直す必要性に気が付くなど、各手順を行き来することもあり得る。

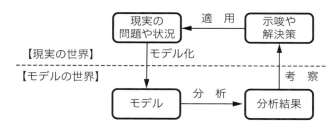

図1.4　モデルによる分析の流れ

本書で扱うモデルの多くは、数学的に表現されたモデルであり、**数理モデル**（mathematical model）と呼ばれる。数理モデルを考える利点は、モデルの分析に数学的な手法を適用できることであり、一連の仮定や条件設定から、数学的な操作によって結論を演繹的に導くことができる。しかしながら、これには注意も必要であり、いくら数学的あるいは論理的に正しく分析しても、当初のモデルから本来考慮すべき事項が抜け落ちていては、現実に役立つ示唆は得られない。それどころか、誤った結論を導き有害なことさえあり得る。まずは、どのようなモデルを考えるか、という点が重要である。

もっとも、通常はモデルを単純化するほどその操作性も高まる（たとえば、数学的な分析が容易になる）ので、モデルが現実を表す程度と、その分析のしやすさはトレードオフの関係にあることも多い。そのバランスも考慮しつつ適切なモデルを検討する必要がある。なお、分析から得られる結論が同じであればモデルはなるべく単純な方がよい、としばしば言われるが、この考え方を**オッカムの剃**

刀（Occam's razor）という[8]。

　モデルの操作性を高める目的で、必ずしも現実的ではない、理想的な条件設定をしてモデルを構築することもある。たとえば、現実の人や組織はいつも合理的とは限らないが、ゲーム理論による戦略的意思決定の分析では、合理性を仮定することで分析を行いやすくする（合理性については1.7節で述べる）。このような**理想化**（idealization）は、厳密には**単純化**（simplification）とは異なるものであるが、モデルが過度に複雑になることを避けるための1つの手段という見方もできる。この場合も、あまりに現実とかけ離れた理想化をしてしまうと、現実に役立つ示唆は得られないので、完全に現実と一致しなくとも、ある程度の近似にはなっていることに留意すべきである。

　モデルを用いることの他のメリットは、**議論の前提や結論を導く論理が明確になることで、分析内容についての他者とのコミュニケーションが円滑になる**ことである。たとえば、結論に違和感がある場合には、分析の前提に立ち戻って、「この要素も考慮した方がよいのではないか」などと、建設的な検討につなげることができる。また、特に数理モデルの場合には、同じ計算の問題なら手順が正しければ誰がやっても同じ答えを得るはずなので、単純な計算間違いの有無などは客観的にチェックすることができる。

　再三述べているように、モデルは現実を単純化したものなので、モデル化においては必ず、何らかの側面は捨象されざるを得ない。しかし、だからこそモデルは有用になり得る。統計学者のボックス（George Box）によれば、「全てのモデルは正しくない。しかしそのうちいくつかは有用である。」[9]

---

8)　14世紀の哲学者・神学者のオッカムが、「ある事柄を説明するために、必要以上に多くのことを仮定するべきではない」と述べたことに由来する。ここでの「剃刀」は、そうした不要な仮定を削ぎ落とすものの比喩である。

9)　Box and Draper (1987) "Empirical Model-building and Response Surfaces," John Wiley & Sons.

1.6 意思決定と情報、予測、データ分析

　昨今、データ分析の隆盛もあり、様々なデータを意思決定に活用することの重要性がよく指摘される。本書ではその具体的な手法やプロセスには触れないが、本書の関心から言えば、データ分析から得られる知見が、どのような意味で意思決定に有益となり得るのかを理解することは重要である。

　この議論で中心となるのが、**情報の価値**（value of information）という概念である。情報の価値については、特に不確実性の問題に関わるので第2章で詳しく議論するが（第3章でも戦略的状況における情報の価値について触れる）、意思決定と情報の関係は一般に重要なトピックなので、本節でそのエッセンスを簡単に述べる。

1 不確実性と情報の価値

　一般的な**データ**（data）と**情報**（information）の違いについては、様々な考え方が提唱されてきたが、概ね共通しているのは、データが単なる事実の羅列であるのに対して、情報とは、それらを加工、分析したりすることで得られる、何らかの検討に有用となり得るもの、という区別であろう。たとえば、定期的に観測される風向きや雲の位置は、それだけではデータであるが、それらをもとに予測した明日の降水確率などは情報と見なせるかもしれない。ただし、内容によっては、特段、加工や分析をしなくても、ある事実自体が貴重な情報となることもある。また、あるデータからどのような情報が得られるかは、当然ながら分析者の知識やスキルに大きく依存し得る。

　情報が「何らかの検討に有用」であるということを、意思決定との関わりにおいてより具体的に考えてみよう。意思決定の分析では、**情報は不確実性を解消あるいは低減し、それが意思決定の改善をもたらし得るため、そのような場合には情報に価値がある**と考える。この文脈では、情報とは、「明日の天気は雨でしょう」のような、不確実な環境要因が取り得る状態の起こりやすさに関する記述のことである。

　このことは、再び交通手段選択を例にすると、次のように説明できる。ある人が、道路が空いているならバスで行きたいが、混んでいるなら（バスだと時間が

かかるので）自転車で行きたい、と考えているとする。道路の混み具合がわからなければ、不確実なまま意思決定を行わなければならない。その結果、バスを選んだが道路は混んでいて、「自転車で行けばよかった」と後悔するかもしれない。ここで、もし選択の際にリアルタイムの交通情報にアクセスできれば、この不確実性は解消されて、道路が空いているならバス、混んでいるなら自転車と、情報に基づいて最適な選択を行うことができる。この意味で、情報がない場合に比べて意思決定が改善されている。この改善の程度が情報の価値である（図1.5）（厳密な定義は第2章で述べる）。

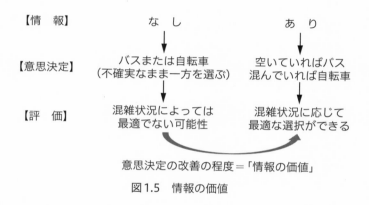

図1.5　情報の価値

したがって、逆に言えば、意思決定に全く影響しない、つまり情報の有無でその後の行動が全く変化し得ないような情報には、（ここで議論している意味での）価値はない。たとえば、この意思決定者が東京にいるなら、大阪の交通情報が入手できても、それはこの意思決定には無関係であるから、この状況では無価値である。

この例から明らかなように、**ある情報の価値は、誰にとっても同じ普遍的なものではなく、意思決定者が直面している問題、特にそこでの不確実性の内容との関わりにおいて決まる**。不確実性の解消が意思決定を改善し得るのは、それが選択の結果の予測精度を高めるからである。上の例では、バスを選ぶ場合の所要時間について、情報がない場合には、「20分で行けるかもしれないし、40分かかるかもしれない」と予測するしかないが、ひとたび「道路が混んでいる」という情報を得れば、「40分かかるだろう」という、より精緻な予測ができる。この予測次第で、意思決定は変わり得る。

　なお、ここでの予測とは、ある選択をした場合にその結果として何が起こるかについての予測であり（1.2節参照）、情報自体が何らかの将来予測を含むかどうかは別の話である。情報には、天気予報や景気予測のように未だ確定していない将来の予測に言及するものもあれば、上の交通情報のように確定済みの事実を伝えるものもある。

2 ｜ 情報の価値から見たデータ分析の意義

　一般に、こうした情報を得るための手段や方法は様々である。たとえば、天気予報や交通情報のように、他者から情報を入手する場合がある。一方で、手元のデータに基づき自ら情報を作り出す場合もあり、データ分析の手法はその際に有用となる。実際、「データを意思決定に活用する」活動の多くは、その意義を情報の価値の観点から理解することができる。

　たとえば、最近では、社員の採用や昇進の判断に、過去の人事データをもとに学習した人工知能による評価を取り入れる会社がある。そのことの是非については様々な論点があろうが、ともかくこのような活動のねらいは、上の議論と関連付けると次のように整理できる。

　いま、ある採用候補者の選考を行っているとする。会社としては、採用するか否かを決定する必要がある。入社後に一定以上のパフォーマンスを発揮してくれるなら採用したいが、この候補者の力量は不確実である。そこで人工知能によるこの候補者のパフォーマンスの予測があると、それはこの不確実性を解消あるいは低減する情報となる。この情報がない場合には「採用すべきでないのに採用してしまった」（またはその逆）といったこともあり得るが、情報がある場合にはそうした事態を部分的にでも避けられるなら、この情報には価値があることになる。もちろん、この人工知能の予測に価値が生じるのは、それが従来の方法での予測（面接での評価など）よりも精度が高く、信頼できることが前提である。

3 ｜ 情報を取得すべきか

　情報を得る手段が何であれ、情報の入手にはしばしば費用（金銭的なものに限らず、時間や労力も含めて）がかかる。**ある情報を取得するかどうかを選択できる場合には、その情報に期待できる価値とその取得費用の比較が、1つの判断の**

目安になる。価値のある情報であっても、取得費用がそれ以上にかかるのであれば、その情報はないまま意思決定をした方が総合的には良いかもしれない。一方、費用を上回る価値が期待できるのであれば、その情報を取りに行くべきである。

　この判断は、意思決定者にとっての情報の価値やその取得費用に依存する。たとえば、詳細な天気予報を知ることができる有料のサービスを利用したいと思うかは、その情報をどのような意思決定に活かせるかによるだろう。自らデータから情報を得る場合にも、データの取得、保管、加工や分析に要する費用が、そのデータから期待される情報の価値に見合うものかを検討しておくことは、1つの指針になり得る。

　以上の考え方に基づくと、データや情報は、手元にあるだけでは価値をもたらさず（むしろ費用のみがかかる場合もある）、何らかの意思決定に活用されることではじめて価値を持つ。ドストエフスキーの小説「罪と罰」にある次の一節（ある登場人物の台詞）は、そのことを示唆している。「やつらは『われわれには事実がある！』という。だが事実が全てじゃない。少なくとも問題の半分は、その事実を扱う腕にあるんだ！」[10]

4 その他の解釈

　他の文脈では、異なる意味で「情報の価値」が言及される場合があるが、ここで簡単に比較しておく。

　ある事実を知ること自体がうれしい場合、その事実を知らせてくれる情報には価値があると言えるかもしれない。たとえば、希望の大学に合格したという知らせや、好きな野球チームが優勝したというニュースなどである。これは、意思決定とは無関係に、その情報が伝える事実自体がその人の価値に直結しているケースである[11]。

　また、情報理論の分野では、情報量という概念で「情報の価値」を議論することがある。これは簡単に言えば、その情報がどのくらい起こりにくい出来事を伝

---

10)　ドストエフスキー（1999）『罪と罰』、岩波書店（江川訳）

11)　哲学や倫理学では、あるもの自体が持つ価値を内在的価値、それが他の目的達成のために有益であるという意味で持つ価値を道具的価値と呼ぶ。本書で議論する情報の価値は、意思決定の改善にどれだけ有益であるかにより決まるので、後者である。

えているかを表し、やはり意思決定とは無関係に定義される概念である。外国の異常気象を伝えるニュースには情報量はあるが、今日の東京の天気が意思決定の不確実要因である人にとっては、上で議論した意味での情報の価値はない。

1.7 合理的な意思決定

　本書では、一部の話題を除き、合理的な意思決定を行うための考え方、あるいは合理的に意思決定した結果どのようなことが起こり得るかを検討していく。

　ここで、**合理的**（rational）であること、または**合理性**（rationality）とは何を意味するかについては様々な見解があるが、本書では単純に、「**意思決定の目的をふまえて最も望ましい結果を導く選択肢を選ぼうとすること**」と定義する。つまり、意思決定の目的との適合性がその基準である。利益の最大化が目的であるなら、なるべく大きな利益が得られるような選択をすべく振る舞うことが合理的ということである。また、以降の各章では、意思決定者にとっての望ましさの程度を利得という数値（あるいは順位付けなど）で表して分析を行うが、その場合、合理性は、利得の最大化を目指すことと同義である。

　このような合理性の定義に関して、いくつか注意点を述べる。

- ・上の定義は、「～を選ぼうとすること」であり、「～を実際に選ぶこと」ではない。**意思決定が結果的に最適だったかどうかではなく、目的に照らしてなるべく望ましい選択をしようとする態度やプロセスに着目している。**不確実性がある場合は、合理的に意思決定をしても、結果的に最適な選択ではなかったということはあり得る。逆に、でたらめに意思決定をしても、たまたま幸運で最良の選択をすることはあり得るが、それを合理的とは言わない。
- ・合理的と利己的は、しばしば混同されるが、同じではない。合理的な意思決定者は、たしかに自らの目的を追求するが、その目的は、「他者を助けたい」「社会の役に立ちたい」などの利他的な内容でも構わない。
- ・意思決定の目的が明確に定められていることが前提である。目的が定かでないと、そもそも何が望ましいかを定義できないので、何が合理的かを論じることはできない。
- ・その目的設定の適否は問わない。たとえば、利益最大化が目的だと仮定し

た場合の合理的な選択については議論できるが、その利益最大化という目的設定がそもそも適切なのかは、また別の問題である。

　ただし、通常、合理的な意思決定者を想定する場合には、どのような目的を設定すべきか、そしてどのような選択肢があるか、については、選択に先立ち十分な検討がなされていることが暗黙的に仮定される。したがって、深く検討せずに最初に思いついた選択肢を採用したり、目的をよく考えず衝動的に意思決定を行うといったことは、合理的とは見なされない（ただし、意思決定に伴うコストをなるべく抑えたいという文脈なら、これらも合理化されるかもしれない）。

　このことをふまえて、上記の合理性の定義に若干の言葉を補った、経済学者のルービンシュタイン（Ariel Rubinstein）による次の定義を念頭に置いてもよいだろう[12]。すなわち、合理的な意思決定者とは、「何が実行可能か？」「何が望ましいことか？」「これらをふまえると最善の選択肢は何か？」の3つの問いに答えるため十分な思案を行ったのちに選択を行う意思決定者である。

　このような合理性の見方を採用すると、**どの選択肢を選ぶことが合理的かは意思決定者の目的に依存する**。商品を値上げしたらより大きな利益が期待できる状況であっても、その商品の認知度向上のためむしろ値下げをして販売数を増やすことをねらうべき局面もあるかもしれない。この場合、意思決定の目的が利益なのか販売数なのかによって、合理的な選択、つまり値上げすべきか否かの判断は異なり得る。

　前述のとおり、合理的意思決定のモデルによる分析では、目的を所与として扱い、その適否を問わないが、それはどのような目的を設定するかを軽視してよいというわけではない。むしろ逆であり、モデル分析に先立ち、意思決定者にとっては「何が望ましいことか？」をよく検討しておくことが重要である。それによって、分析の結論が変わり得るためである。

　「それではどのように目的を設定すべきか？」という問いには、本書では踏み込まない。より上位の目的がある場合には、それとの整合性から、ある目的設定の妥当性を論理的に判断できる場合もあるかもしれない。しかし、究極的には意思決定者の価値観などの主観的な問題であることも多い。また、集団や組織として目標を設定する場合には、関与者の合意形成が重要になることもある。

12）　ルービンシュタイン（2008）『限定合理性のモデリング』、共立出版（兼田・徳永訳）

1.8 意思決定研究のアプローチ

　意思決定に関する研究や分析のアプローチは、その目的によってしばしば2つに大別される[13]。

　1つは**規範的**（normative）アプローチと呼ばれるもので、意思決定者に何らかの助言を与えることを目的とする。つまり、ある意思決定状況を想定したとき、そこで意思決定者はどのように意思決定すべきかについてメッセージを提供するものである。典型的には、いくつかの議論の前提から、論理的にそのようなメッセージを導出することを目指す。なお、ここでの「規範」とは、社会に存在する規範、あるいは道徳や価値観のことではなく、このような分析の結論として得られる、「～すべき」という価値判断を含むメッセージのことを指す。

　これに対して、もう1つの**記述的**（descriptive）アプローチは、現実の意思決定者の振る舞いを記述、あるいは説明することを目的とする。このアプローチでは、事実の記述に関心があり、そうして記述される事柄が、望ましい、もしくは望ましくないなどの、評価や価値判断は行わない。

　それぞれを一言で表すと、**規範的アプローチは「意思決定はどうあるべきか」を、記述的アプローチは「実際の意思決定はどうなされるか」を分析する**ものと言える。

　前節で述べたような合理的な意思決定者の想定は、どちらのアプローチでも用いられ得るが、その意味合いは異なる。規範的アプローチの場合には、合理的ならばどの選択肢を選ぶべきか、あるいはどのような考え方や手順に基づき選択を行うべきかが提案される。したがって、意思決定者が現実に合理的かどうかは関係なく、合理的に振る舞うための助言を与えることが目的となる。規範的アプローチによる分析では、意思決定者がこの助言を受け入れたいと思うかどうかが1つの評価基準になり得る。

　一方、記述的アプローチにおいて合理性を想定するのは、それが現実に適合している、もしくは少なくとも現実の近似として妥当な場合である。たとえば、ある業界で複数の企業による価格競争の結果、商品の値下がりが続いているとしたら、各企業が合理的に意思決定をした結果としてその状況を説明できるかもしれない。記述的アプローチによる分析の評価基準は、現実との適合性である。合理

13)　本節の内容は、章末の文献ガイドにあるギルボア（2010）などを参考にした。

性を仮定することで現実をうまく記述できるなら、それは分析の出発点として適切な仮定だと見なされ得る。

　一般的に、規範的アプローチは、合理的な意思決定の具体的な内容を提示するものと言える。これに対して、記述的アプローチでは、もちろんいつも合理性を想定するわけではない。むしろ、現実の意思決定者の行動はいかに「非合理的」であり、規範的アプローチに基づく分析から逸脱しているかが関心となる場合もある。そこでは、しばしば心理学的な要因も関わってくる。この話題については、7.2節で触れる。

　規範的アプローチと記述的アプローチの間には優劣があるわけではなく、上で述べたとおり分析の関心が異なる。もっとも、2つのアプローチは、いつも明確に分離できるわけではなく、1つの分析が両方のニュアンスを含むこともしばしばある。規範的アプローチにおいては、分析の前提があまりに現実離れしていては、そこから導かれる結論の有用性が損なわれるかもしれない。そのため、程度の差はあれ、現実的な意思決定者の振る舞いを考慮する必要はある。一方、記述的アプローチの場合も、単に現実を記述して終わるのではなく、何らかの評価基準と組み合わせて、その状況の改善を論じるなど規範的アプローチのような分析につなげることもある。あるいは、特に現実的な意思決定者の性質もふまえつつ、意思決定の改善のため何らかの提言を行う場合、上の2つのアプローチと区別して、**処方的**（prescriptive）アプローチと呼ぶこともある。

　ある分析がどのアプローチに基づくものかをいつも厳密に区別できるわけではないが、少なくとも概念的にはこのような分類があることを理解し、その分析の目的は何かを意識することは重要である。

演習問題

1.1　自身がこれまでに行った意思決定を何か1つ考えて、1.3節で述べた意思決定問題の5つの要素（選択肢、環境要因、結果、目的、評価）はそれぞれどのようなものであったか、あるいはどのようなものを考えるべきであったかを考察せよ。

1.2　自身の経験で、情報があって良かったと思ったことを何か1つ考えて、1.6節の情報の価値についての議論をふまえて、その情報には具体的にどのような意味での価値があったかを考察せよ。

文献ガイド

　経営学における意思決定論の教科書として、次のものは定評がある。本書では扱いきれなかった組織科学や行動科学からのアプローチの解説も充実しており、特に経営の観点から意思決定を学びたい読者に推奨する。

　・宮川（2010）『新版 意思決定論－基礎とアプローチ』，中央経済社

　特にビジネスへの応用を意図して、様々な意思決定の理論や分析手法を解説する文献には、次のものがある。いずれも数学的なレベルは易しい。

　・ハモンド・キーニー・ライファ（1999）『意思決定アプローチ：分析と決断』，ダイヤモンド社（小林訳）
　・上田（2002）『文科系のための意思決定分析入門』，日科技連出版社
　・大林（2014）『ビジネス意思決定－理論とケースで決断力を鍛える』，ダイヤモンド社
　・内田（2022）『ビジネススクール意思決定入門』，日経BP

　上の文献に比べると数理的内容が中心であり、幅広く意思決定の分析を扱った文献として、次のものがある。

　・飯田（2009）『不確実性への挑戦：意思決定分析の理論』，三恵社
　・今野・後藤（2011）『意思決定のための数理モデル入門』，朝倉書店
　・西崎（2017）『意思決定の数理：最適な案を選択するための理論と手法』，森北出版
　・橋本・牧野・佐々木（2022）『Python 意思決定の数理入門』，オーム社

　次の2冊は、意思決定論の大家であるギルボア（Itzhak Gilboa）による意思決定論の入門書である。理論や分析の紹介だけでなく、モデルの解釈などに関して著者独自の論考も述べられている。

　・ギルボア（2010）『意思決定理論入門』，NTT出版（川越・佐々木訳）
　・ギルボア（2013）『合理的選択』，みすず書房（松井訳）

第 2 章 不確実性下の意思決定

2.1 不確実性下の意思決定とは

　本章では、**不確実性下の意思決定**について議論する。不確実性下の意思決定では、**どのような結果が実現するかは、選んだ選択肢だけでなく、意思決定者が制御できない環境要因の状態にも依存する**（1.3節、1.4節参照）。

　意思決定に何らかの不確実性が関わることはよくある。たとえば、ある商品をどれだけ生産して販売するかを決めるとき、売れれば利益になるが、売れ残れば費用が発生するだけである場合、生産した商品がどれだけ売れるかが確実に予測できていればよい。しかし、商品の売れ行きが景気などの不確実な要因に左右される場合、「景気が良くなるならたくさん生産すべきだが、景気が悪くなるなら生産を抑えた方がよい」というように、実現する状態（この場合は景気の動向）に応じて最適な選択が異なり得る。不確実性下の意思決定では、このような選択上の困難にどのように対処するかが問題となる。

1 不確実性の分類

　一口に不確実性といっても、環境要因に関して何がわかっているかによって、さらにいくつかに分類される。図2.1は、不確実性のタイプによる意思決定の分類を示したものである[1]。なお、不確実性が一切ない場合は、確実性下の意思決定という。

　まず、不確実性はあるものの、それぞれの状態が起こる確率がわかっている状況を**リスク**（risk）という。「確率がわかっている」とは、たとえば、細工のないサイコロのそれぞれの目が出る確率は1/6だとわかっている場合や、天気予報を見て明日の降水確率を知っている場合である。あるいは、「あの野球チームが今年優勝する確率は70%だろう」といった、主観的な予想に基づく確率で

---

1) 用語は文献により異なる場合がある。たとえば、ここでの狭義の不確実性のみを指して「不確実性」と呼ぶこともある。

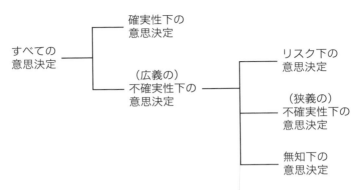

図2.1　不確実性に基づく意思決定の分類

もよい[2]。

　これに対して、それぞれの状態が実現する確率がわからず、主観的な予想を立てることもできない状況を、**狭義の不確実性**（strict uncertainty）という。ある事象が起こる確率について、前例がなく統計的な予測ができない場合や因果関係が非常に複雑な場合には、全く見当さえ付かないこともある。たとえば、10年後にある会社が倒産する確率や、ある国で戦争が起こる確率などは、通常、確率的にも予想は困難である。

　上の2つの状況は、確率がわかっているかどうかの違いはあるものの、いずれも環境要因が取り得る状態としてどのようなものがあるかは把握できている状況である。しかし、実際の意思決定では、それすらもわからず、環境要因を十分に想定できないこともある。ある計画を立てる際に非常に稀な自然災害は「想定外」だった、というのはそのような状況である。ビジネスであれば、他業種の企業が思いもよらなかった形で自社の事業領域に参入してくるかもしれない。このように、意思決定の結果に影響する環境要因の一部または全部を認識できていない場合を**無知**（ignorance/unawareness）という。無知の状況では、意思決定者にとっては、そもそも状況が不確実であること自体が認識されない場合もあり得る。

　本章では、これらのうち比較的分析の対象としやすい、リスク下および狭義の不確実性下の意思決定について議論する。まず2.2節では、利得表を用いた基本

---

2)　文献によっては、このように確率が主観的なものである場合はリスクに含めないこともあるが、本書では区別しない。

的な状況表現の仕方を説明する。2.3節では狭義の不確実性下の意思決定、2.4節以降ではリスク下の意思決定の状況をそれぞれ扱う。2.5節では、1.6節で触れた情報の価値について議論する。2.6節では、時間の流れを考慮した意思決定の分析手法である決定木を取り上げる。

　なお、環境要因が他の意思決定者の選択であり、複数の意思決定者の相互作用がある場合は、戦略的意思決定の状況であり、第3章で議論する。本章では、単一の意思決定者が不確実性に直面している状況を扱う。

2.2 利得表による表現

不確実性下の意思決定問題は、次の要素により特徴付けられる（1.3節参照）。

- どのような**選択肢**があるか
- どのような**結果**があるか
- 結果に影響する環境要因の**状態**にはどのようなものがあるか
- それぞれの**結果の望ましさ**はどの程度か

　ここで、各状態の実現確率がわかっているならリスク下、わかっていないなら狭義の不確実性下の意思決定である。意思決定の分析では、結果の望ましさはしばしば、**利得**（payoff）あるいは**効用**（utility）と呼ばれる数値で表現される。本章（および第3章、第4章）では利得という語を用いる（一方、効用については7.1節参照）。**利得が大きいほど、その結果が意思決定者にとって望ましいことを表す**。合理的な意思決定とは、利得の最大化を目指すことと同義である（1.7節参照）。以降の議論は、意思決定者が利得の最大化を目指すことを前提とする。

例2.1　ある会社で、3つのプロジェクトA、B、Cのうち1つを選んで実施する。会社としては、なるべく利益が大きいプロジェクトを実施したい。各プロジェクトの利益は、来年の経済状況に依存する。来年の経済状況は、今年より良くなるか（好転）、変わらないか（不変）、悪くなるか（悪化）のいずれかであり、意思決定の時点では不確実である。プロジェクトの利益（単位：億円）は、経済状況に応じて、表2.1のように予想される。表では、プロジェクトAを単に「A」と記す（以降も同様）。

表2.1 プロジェクト選択の利得表（数値は利益（単位：億円））

選択肢		状 態		
		好 転	不 変	悪 化
	A	2	2	0
	B	5	4	2
	C	8	3	−4

　例2.1 の状況では、選択肢はプロジェクトA〜Cの3つであり、状態は「好転」
「不変」「悪化」の3つである。ここでの結果は、プロジェクトの利益である。会
社にとっては利益が大きいほど望ましいので、これをそのまま利得として扱うこ
とにする（このことの正確な意味は後述する）。たとえば、プロジェクトAを選び、
経済状況が「好転」の場合、利得は2である。表2.1のように、選択肢と状態の
組み合わせごとの利得を記載した表を**利得表**（payoff table）という。

1 ｜ 選 択 肢 の 支 配

　不確実性があっても選択肢間にトレードオフがなく、明らかにある選択肢が別
の選択肢より優れていると判断できる場合がある。表2.1で、プロジェクトAと
Bの結果を比較すると、来年の経済状況がどうなろうとも、プロジェクトBの方
が利益は大きい。したがって、プロジェクトAを選ぶことは合理的ではない。
このように、2つの選択肢の比較で、一方の選択肢が常に、つまり実現する状態
によらず、より大きな利得をもたらす場合、その選択肢はもう一方の選択肢を支
配するという。

> **定義 2.1**　2つの選択肢XとYについて、どの状態のもとでもXを選択した
> 際の利得がYを選択した際の利得より大きい場合、XはYを**支配する**
> （dominate）という（「〜より大きい」は、等しい場合は含まない）。YはX
> に支配されるともいう。

　表2.1では、プロジェクトBは、プロジェクトAを支配する。一般に、**他の選
択肢に支配される選択肢を選ぶメリットはない**ので、そのような選択肢があれば、
選ぶべき選択肢の候補から外すことができる。特に選択肢が多い場合、まず支配

される選択肢があればそれらは分析から除外して、残った選択肢の比較検討に注力するとよい。

　選択肢の比較の際に利得が等しいケースがある場合は、次のように考える。表2.2の利得表は、表2.1の利得の値を一部変えたものである（プロジェクトAを選び、状態が「悪化」の場合の利得が、0から2になっている）。再びプロジェクトAとBを比較すると、「悪化」の場合には利得がどちらも2で等しいので、定義2.1によれば、プロジェクトBはプロジェクトAを支配していない。しかし、その他の経済状況の場合はいずれも、プロジェクトBの方が利得は大きい。

表2.2　等しい利得がある場合（表2.1を一部変更）

		状　態		
		好　転	不　変	悪　化
選択肢	A	2	2	2
	B	5	4	2
	C	8	3	−4

　このようなとき、プロジェクトBは、プロジェクトAを弱い意味で支配する、あるいは弱支配するという[3]。

定義2.2　　2つの選択肢XとYについて、どの状態のもとでもXを選択した際の利得がYを選択した際の利得以上であり、かつ少なくとも1つの状態のもとで前者が後者より大きい場合、XはYを**弱支配する**（weakly dominate）という。YはXに弱支配されるともいう。

他の選択肢に弱支配される選択肢も、やはりそれを選ぶメリットはないと考えてよい。

　ある選択肢Xが他の選択肢Yを支配する場合には、XがYを弱支配するという関係も成立する。しかし逆に、XがYを弱支配する場合、XがYを支配するとは限らない。表2.2のプロジェクトAとBの関係はその例である。

---

3)　弱支配との対比で、定義2.1の支配のことを「強支配」ということもあるが、本書では単に「支配」ということにする。

　支配あるいは弱支配の概念は、 定義2.1 および 定義2.2 が述べるように、2つの選択肢の間の関係に関するものである。2つの選択肢があれば、いつも支配または弱支配の関係があるわけではない。表2.1の利得表において、プロジェクトBとCの間には、支配または弱支配の関係はない。この場合、これらの選択肢の優劣については、支配の概念だけでは判断できない。

　しかし、もしも**ある1つの選択肢がそれ以外の全ての選択肢を支配していたら、選ぶべき選択肢はその1つに絞ることができる**だろう。そのような選択肢を、支配的な選択肢という。

> 定義2.3　他の全ての選択肢を支配する選択肢を、**支配的な**（dominant）**選択肢**という。

　たとえば、表2.3の利得表は、表2.1の利得の値を1箇所だけ変えたものである（プロジェクトBを選び、状態が「好転」の場合の利得が、5から10になっている）。ここでは、プロジェクトBは、プロジェクトAとCの両方を支配しているので、支配的な選択肢である。

表2.3　支配的な選択肢がある場合（表2.1を一部変更）

		状　態		
		好　転	不　変	悪　化
選択肢	A	2	2	0
	B	10	4	2
	C	8	3	−4

　一般に、支配的な選択肢は、1つもないか、あるとしたら1つだけである。表2.1と表2.2は支配的な選択肢がないケース、表2.3は支配的な選択肢が1つだけあるケースである。

2 ｜ 利得表作成の留意点

　不確実性下の意思決定問題を考える際に、選択肢と状態の区別がしばしば問題になる。 例2.1 では、経済状況はふつう一企業では変えられないから、これを

環境要因と見なすことは問題ないだろう。しかし一般には、環境要因と思われる
ものでも実は自身の選択により変えることができる場合や、逆に自身で制御でき
ると思っていたことでも実はそうではない場合もある。たとえば、販売する商品
の需要が不確実な場合に、必ずしも需要に全く影響を及ぼすことができないわけ
ではなく、広告やキャンペーンなどの需要喚起策によりある程度は変化させられ
るかもしれない。もちろんそれでも不確実性は残り得る。意思決定問題を構成す
る際に、**意思決定者自身が制御できることとできないことを見極めておくことは
重要**である。

　また、利得の数値を具体的にどのように設定するかも、分析に影響するため重
要である。ここで、どれくらい慎重に利得の値を決める必要があるかは、どのよ
うな分析を行うかに依存する。簡単にいえば、次のいずれかで場合分けされる。

（1）　利得の大小の比較のみが関わる分析
（2）　利得の数値の絶対的な大きさも関わる分析

　意思決定の分析では、（1）のように、いくつかの利得の大小を比較すれば十
分であることも多い。次節以降で述べるいくつかの意思決定基準や、第3章で扱
うゲーム理論の事例の多くは、このケースに該当する。この場合には、**利得の大
小が結果の望ましさの順序と整合していればよい**。2つの結果AとBがあって、
Aの方がBより望ましいなら、AとBの利得はそれぞれ、10と0でもよいし、
99と−99でもよい。とにかく、より望ましいAの利得の方が大きな数値であれ
ばよい。この場合、数値の絶対的な大きさに意味はなく、大小関係のみが意味を
持つ。このような利得は**序数的**（ordinal）であるという。表2.1の利得が序数
的であるなら、その値が利益の金額であるのは便宜上そうであるだけであり、単
に利益が大きいほど望ましいことを表しているに過ぎない。

　他方、（2）は、利得の大小だけでなく、具体的な数値がいくらかによって分
析結果が変わり得る場合である。たとえば、2.4節以降で見るように、リスク下
の意思決定の分析では、確率的な情報に基づく利得の期待値、すなわち**期待利得**
（expected payoff）の計算を行う。

　ここで**期待値**（expected value）とは、何らかの確率的に定まる変数がある
とき、その変数が取り得る値を、それぞれの値が実現する確率で重み付けした際
の平均値（加重平均値）である。

> 例2.2 確率0.8で100円、確率0.2で500円がもらえるくじがあるとする。このくじでもらえる金額の期待値は、次のように計算される。
>
> $$100 \times 0.8 + 500 \times 0.2 = 180 \quad 〔円〕 \tag{2.1}$$
>
> このくじでは1回あたり、平均的には180円もらえると解釈できる。

　期待利得の計算を行う場合には、**利得の大小の順序だけでなく、その値が具体的にいくらであるかも意味を持つ。** このような性質を持つ利得は、**基数的**（cardinal）であるという。リスク下の意思決定の分析では通常、期待利得の最大化を行うことが合理的であると考える。逆に言えば、期待値計算が意味を持つように、序数的な場合に比べて慎重に利得を設定する必要があり、その具体的な方法は7.1節で述べる。しかし、分析では簡単のため、利益などの指標をそのまま基数的な利得として扱うことも多く、本章の以降の節でもそのような想定をする。この前提についても、7.1節で改めて議論する。

2.3 狭義の不確実性下の意思決定基準

　本節では、狭義の不確実性下の意思決定、すなわち各状態の実現確率がわからない場合の選択について述べる。このような状況でまず考えるべきことは、情報収集や調査、分析などによって、どの状態が実現しそうか、確率的にでも予測ができないかを検討してみることかもしれない。そうして確率的な予測が得られれば、問題は次節で扱うリスク下の意思決定となる。しかしながら、問題状況によっては、それが難しい場合もある。本節では、そのような意思決定の場面を想定する。

　前節で述べたように、支配的な選択肢がある場合にはそれを選べばよいが、いつも存在するとは限らない。その場合、支配の概念だけでは優劣を付けられない複数の選択肢が残ることになる。それでは、どのように選ぶべき選択肢を決定すればよいだろうか。

1 ｜ 5つの意思決定基準

　先に述べておくと、常に望ましい選択を導く万能の決定手順はない。しかし、いくつかの選択の考え方がある。意思決定問題が与えられたとき、選ぶべき選択肢を定める方針や手続きを**意思決定基準**（decision criterion）という[4]。以下、狭義の不確実性下の意思決定における代表的な5つの意思決定基準を紹介する。いずれも、表2.1の状況（表2.4として再掲）を例に説明する。

表2.4　プロジェクト選択の利得表（表2.1の再掲）

		状　態		
		好　転	不　変	悪　化
選択肢	A	2	2	0
	B	5	4	2
	C	8	3	−4

■**マキシミン基準**（maximin criterion）　**選択肢ごとに最小の利得を考え、その値が最大になる選択肢を選ぶ意思決定基準**である。

　表2.4の場合、たとえばプロジェクトAについては、「好転」または「不変」の場合の利得は2、「悪化」の場合の利得は0なので、「悪化」のときに利得は最小で0である。同様に考えて、それぞれの選択肢について、最小の利得は次のとおりである。

　　　プロジェクトA：「悪化」のとき 0
　　　プロジェクトB：「悪化」のとき 2
　　　プロジェクトC：「悪化」のとき −4

そして、この値が最も大きい選択肢を選ぶ。すなわち、マキシミン基準によれば、プロジェクトBが選択される。

　マキシミン基準は、各選択肢について最悪のケースを想定し、その中では最もましなものを選ぶという考え方であり、慎重な、あるいは悲観的な意思決定基準であると解釈される。マキシミンという名前は、選択肢ごとに利得の最小値

---

4)　意思決定原理（decision principle）ともいう。

（minimum）を考え、その値を最大化する（maximize）、という手順に由来する。

■**マキシマックス基準**（maximax criterion）　**選択肢ごとに最大の利得を考え、その値が最大になる選択肢を選ぶ**意思決定基準である。

すなわち、マキシミン基準とは逆に、まず選択肢ごとに利得が最も大きい場合を考える。表2.4の場合、それぞれの選択肢について、最大の利得は次のとおりである。

> プロジェクトA：「好転」または「不変」のとき2
> プロジェクトB：「好転」のとき5
> プロジェクトC：「好転」のとき8

そして、この値が最も大きい選択肢を選ぶ。すなわち、マキシマックス基準によれば、プロジェクトCが選択される。

マキシマックス基準は、各選択肢について最良のケースを想定し、さらにその中で最も良いものを選ぶ。したがって、マキシミン基準とは対照的に、強気な、あるいは楽観的な意思決定基準であると解釈される。選択肢ごとに利得の最大値（maximum）を考え、その値を最大化するので、マキシマックスという。

■**ハーヴィッツ基準**（Hurwicz criterion）　マキシミン基準とマキシマックス基準は、それぞれ最も悪い結果、最も良い結果のみを想定するので、ある意味極端な方針とも言える。**ハーヴィッツ基準は、両者の間でバランスを取るような意思決定基準である**。なお、ハーヴィッツ（Leonid Hurwicz）は、この考え方を提唱した経済学者の名前である。

まず、**楽観度**（coefficient of optimism）と呼ばれる、0以上1以下の数値を設定する。値が大きいほど意思決定において楽観的であることを表す。ここで「楽観的」であるとは、利得が大きい状態の実現を想定することである。最も楽観的な場合には、マキシマックス基準のように、選択肢ごとに利得が最大のケースを想定することになる。以下、楽観度を α（ただし、 $0 \leq \alpha \leq 1$ ）とおく[5]。

次に、各選択肢について、マキシマックス基準の手順で求めた最大の利得と、マキシミン基準の手順で求めた最小の利得を、それぞれ α 対 $(1-\alpha)$ の比で重

---

5)　楽観度は、具体的な値を定める手順がなく、通常は直感的に設定される。

み付けした値を算出する。そして、その値が最も大きい選択肢を選ぶ。

表2.4の場合、それぞれの選択肢について、最大の利得と最小の利得を α 対 $(1 - \alpha)$ の比で重み付けした値は、次のとおりである。

プロジェクトA： $2 \times \alpha + 0 \times (1 - \alpha) = 2\alpha$
プロジェクトB： $5 \times \alpha + 2 \times (1 - \alpha) = 3\alpha + 2$
プロジェクトC： $8 \times \alpha + (-4) \times (1 - \alpha) = 12\alpha - 4$

例として、 $\alpha = 0.7$ の場合には、次のように計算される。

プロジェクトA： $2 \times 0.7 + 0 \times 0.3 = 1.4$
プロジェクトB： $5 \times 0.7 + 2 \times 0.3 = 4.1$
プロジェクトC： $8 \times 0.7 + (-4) \times 0.3 = 4.4$

ハーヴィッツ基準では、この値が最大となる選択肢を選ぶので、 $\alpha = 0.7$ の場合、プロジェクトCが選択される。

一般的には、どの選択肢が選ばれるかは、楽観度 α に依存する。 $\alpha = 1$ のときにはマキシマックス基準、 $\alpha = 0$ のときにはマキシミン基準に一致する。 α が大きいほどマキシマックス基準、逆に小さいほどマキシミン基準の考え方を重視するような意思決定基準である。

表2.4の例では、プロジェクトAとBを比較すると、 $0 \leq \alpha \leq 1$ では常に

$$2\alpha < 3\alpha + 2 \tag{2.2}$$

なので、 α によらず、プロジェクトAが選択されることはない。また、プロジェクトBとCを比較すると、

$$3\alpha + 2 > 12\alpha - 4 \tag{2.3}$$

すなわち、 $\alpha < 2/3$ のときにはプロジェクトBが選択される。一方、 $\alpha > 2/3$ のときにはプロジェクトCが選択される。 $\alpha = 2/3$ のときはどちらでもよい。

■ラプラス基準（Laplace criterion） **各状態が等しい確率で起こるという仮定のもと、期待利得を最大にする選択肢を選ぶ**意思決定基準である。等確率なので、選択肢ごとに各状態のもとでの利得の平均値を求めて、それを最大化することと同じである。

表2.4の場合、それぞれの選択肢について、等確率を仮定した場合の期待利得は、

次のとおりである。

プロジェクトA： $(2+2+0) \div 3 = 4/3$
プロジェクトB： $(5+4+2) \div 3 = 11/3$
プロジェクトC： $(8+3-4) \div 3 = 7/3$

したがって、ラプラス基準によれば、プロジェクトBが選択される。

　ラプラス（Pierre-Simon Laplace）は、18世紀の数学者の名前である。この基準の名称は、彼が提唱した、「どの事象が起こるかについて十分な根拠がない場合には、等しい確率を与える」という不十分理由の原則に由来する。たとえば、サイコロのある目が他の目よりも出やすい（または出にくい）と考える理由が特にないのであれば、どの目も1/6の確率で出ると考えるのは妥当であろう。

　しかし、確率的な情報がないにしても等確率の仮定に妥当性がない場合には、この基準を用いることは適切ではない。将来の経済状況のような、因果関係がきわめて複雑な問題においては、等確率を仮定してよい根拠は乏しい。また、具体的にどのような状態を考えるかに依存することにも注意が必要である。天気の状態を「雨」と「雨ではない」の2つとするなら、等確率だとそれぞれ確率1/2であるが、「雨」「くもり」「晴れ」の3つとするとそれぞれ確率1/3である。同じ「雨」という状態に割り当てられる確率が異なるという問題が生じる。

■ミニマックス・リグレット基準（minimax regret criterion）　ある選択肢を選んだときに、仮にある状態が実現したことを知ったらどの程度の「後悔」を感じるか、という意味での**後悔度**（regret）をもとに選択を行う意思決定基準である。**それぞれの選択肢について後悔度が最も大きいケースを想定し、その中では最も小さい後悔で済むものを選択する。**

　表2.4の例を用いて、この方法を説明する。まず、後悔度を求める。後悔度は、選択肢と状態の組み合わせごとに計算される。ある選択肢について、ある状態のもとでの後悔度は、「その状態のもとでの最大の利得」から、「その選択肢を選び、その状態が実現した場合の利得」を差し引いた値として定義される。

　表2.4では、それぞれの状態のもとでの最大の利得は、次のとおりである。

「好転」：プロジェクトCを選んだとき8
「不変」：プロジェクトBを選んだとき4

　　　「悪化」：プロジェクトBを選んだとき2

　よって、たとえば、プロジェクトAを選択して状態が「好転」のときの後悔度は、次のように計算する。「好転」のもとでの最大の利得は、（プロジェクトCを選択すれば）8である。一方、プロジェクトAを選び、状態が「好転」の場合の利得は2である。したがって、後悔度は、8 − 2 ＝ 6 である。

　これは、意思決定の後に実現した状態を知って認識する、「もしプロジェクトCを選択していれば、さらに6億円多くの利益が得られていた」という後悔の程度、あるいは**機会損失**（opportunity loss）である。**機会損失とは、別の選択をしていれば得られていた利益、言い換えれば、その選択をしなかったために逃してしまった利益**のことである（機会損失の概念は、2.5節で述べる情報の価値の性質の理解でも重要となる）。

　表2.5に、同様に計算した、全てのケースの後悔度を示す。各状態で、最大の利得が得られる選択をした場合の後悔度は0である。そうでない場合は、いくらかの機会損失が発生するため、後悔度は正の値である。

表2.5　プロジェクト選択の後悔度（表2.4より算出）

		状　態		
		好　転	不　変	悪　化
選択肢	A	6	2	2
	B	3	0	0
	C	0	1	6

　続いて、この表に基づき、各選択肢について後悔度の最大値を求めると、次のようになる。

　　　プロジェクトA：「好転」のとき6
　　　プロジェクトB：「好転」のとき3
　　　プロジェクトC：「悪化」のとき6

そして、この値が最小である選択肢を選ぶ。すなわち、ミニマックス・リグレット基準によれば、プロジェクトBが選択される。ミニマックス・リグレット基準は、後悔度を基準にして、マキシミン基準と同様に慎重な、つまり大きな後悔の発生は避けるような選択を行う方法である。

この基準を用いる場合、別の選択肢が追加されると、元々の選択肢の間での優劣が変わる場合があることに注意が必要である。たとえば、表2.4の状況に、新たな選択肢のプロジェクトDが加わった、表2.6の利得表を考える。ここから後悔度を求めると、表2.7のようになる。この場合には、ミニマックス・リグレット基準によりプロジェクトCが選ばれる。プロジェクトDの追加前には、選ばれるのはプロジェクトBであったので、プロジェクトDが加わったことで、プロジェクトBとCの間の優劣が変化したことになる。

表2.6　プロジェクトDが追加された場合（表2.4に追加）

		状　態		
		好　転	不　変	悪　化
選択肢	A	2	2	0
	B	5	4	2
	C	8	3	−4
	D	12	−6	−10

表2.7　プロジェクトDが追加された場合の後悔度（表2.6より算出）

		状　態		
		好　転	不　変	悪　化
選択肢	A	10	2	2
	B	7	0	0
	C	4	1	6
	D	0	10	12

2 意思決定基準の比較

表2.8に、表2.4のプロジェクト選択の例で、それぞれの意思決定基準で選ばれる選択肢を整理した。このように、採用する意思決定基準によって、選択は異なり得る（これらのほかにも考えられる意思決定基準があるかもしれない）。

表2.8　表2.4の状況で選ばれる選択肢

意思決定基準	選ばれる選択肢
マキシミン基準	プロジェクトB
マキシマックス基準	プロジェクトC
ハーヴィッツ基準	$\alpha < 2/3$ のときプロジェクトB、 $\alpha > 2/3$ のときプロジェクトC （$\alpha = 2/3$ のときはどちらでもよい）
ラプラス基準	プロジェクトB
ミニマックス・リグレット基準	プロジェクトB

　そうすると、ではどの意思決定基準を採用すべきか？という「決め方の選択」が問題になる。これについては、唯一の「正解」があるわけではない。1つの考え方としては、どの意思決定基準に最も共感、あるいは納得するかを考えて選ぶとよい。それぞれの意思決定基準は、いずれも一理ある方針に基づいており、それらをふまえると、採用すべき意思決定基準は簡単に次のようにまとめることができる。

　　慎重に意思決定したい　　　　　→　マキシミン基準
　　強気に意思決定したい　　　　　→　マキシマックス基準
　　その中間でバランスを取りたい　→　ハーヴィッツ基準
　　等確率を仮定してもよい　　　　→　ラプラス基準
　　後悔をなるべく小さくしたい　　→　ミニマックス・リグレット基準

　いずれにしても、自身がどの意思決定基準に基づき選択を行っているのかを認識し、場面に応じて使い分けていくことは重要である。
　ところで、表2.8を見ると、これらのうちどの意思決定基準を用いても、プロジェクトAは選ばれないことがわかる。プロジェクトAは、プロジェクトBに支配されていたことを思い出そう（2.2節）。このような性質は一般的に成り立ち、**上記の5つの意思決定基準は、どのような意思決定問題に適用した場合でも、他の選択肢に支配される選択肢を選ぶことはない**。もしある意思決定基準が支配される選択肢を選ぶことがあれば、その点において欠点を抱えることになるが、これら5つの基準に関しては、そのような問題はない。
　ただし、意思決定基準によっては、弱支配される選択肢を選ぶことはあり得る。

前節の表2.2の利得表では、プロジェクトAはプロジェクトBに弱支配されるが、マキシミン基準を用いると、プロジェクトAまたはBが選ばれる。ただし一般に、もしマキシミン基準によって唯一の選択肢が選ばれるなら、それは弱支配される選択肢ではない。

　5つの意思決定基準のうち、マキシミン基準およびマキシマックス基準については、利得が序数的である場合でも適用できるが、ハーヴィッツ基準、ラプラス基準、ミニマックス・リグレット基準については、基数的な利得を想定しておく必要がある。利得の値によって結論が変わり得るためである。

2.4 　リスク下の意思決定基準

　本節以降では、リスクの状況、すなわち各状態の実現確率がわかっている場合を扱う。確率的な情報を意思決定に活用できるのが、狭義の不確実性下の意思決定との違いである。

1 　3つの意思決定の基準

　まず、リスク下の意思決定における意思決定基準について述べる。例として、2.2節の表2.1の状況で、来年の経済状況は不確実であるものの、各状態の実現確率は、「好転」が0.3、「不変」が0.5、「悪化」が0.2であろうと、確率的な見通しを持っている状況を考える。これらの確率を追記した利得表を表2.9に示す。

表2.9　プロジェクト選択の利得表（表2.1に確率を追記）

		状　態		
		好　転	不　変	悪　化
		0.3	0.5	0.2
選択肢	A	2	2	0
	B	5	4	2
	C	8	3	−4

■**最尤未来基準**（maximum likelihood criterion）　**実現確率が最も高い状態だけに着目して、その状態が起こる前提で最大の利得を得る選択肢を選ぶ意思決定**

基準である。

　表2.9では、「不変」の確率が0.5と最も大きいので、「不変」が実現した場合に最大の利得を得るプロジェクトBが選択される。考え方は単純であり、この基準に基づく意思決定はしばしば見られるが、確率が最大の状態以外のケースを無視することになる点には注意が必要である。

■**要求水準基準**（aspiration level criterion）　これ以上の利得を達成できればよいという**要求水準**（aspiration level）を予め決めておき、**その要求水準以上の利得を達成する確率が最も大きい選択肢を選ぶ**意思決定基準である。

　表2.9の例で、要求水準を「4」（すなわち利益4億円）に設定したとしよう。この要求水準以上の利得が得られる確率は、それぞれの選択肢について次のとおりである。

　　プロジェクトA：0
　　プロジェクトB：0.8（「好転」および「不変」の場合）
　　プロジェクトC：0.3（「好転」の場合）

したがって、プロジェクトBが選択される。

　要求水準基準は、利得が要求水準を達成できるかどうかのみを気にするため、利得の最大化を目指すというより、**満足化**（satisficing）を行う考え方である。前章で紹介したサイモンは、実際の意思決定では、最適な選択肢の特定を行うのではなく、満足できる一定以上の利得水準の達成を目指すことも多いと述べており、そのような考え方と親和性がある。たとえば、それぞれの結果について詳細な利得の把握は困難であるが、満足できるかどうかの判断であれば可能であるような状況では説得力を持つ。

　以上の2つの意思決定基準は、利得が序数的な場合でも適用できる。したがって、利得に関する情報が限定的な場合には有用となり得る。

　しかし、2.2節でも述べたとおり、**リスク下の意思決定の分析では通常、基数的な利得を想定し、期待利得の比較に基づく意思決定を考える**。本章でも以降、期待利得最大化基準による意思決定について議論する。

■**期待利得最大化基準**（expected payoff maximization criterion）　**期待利得を最大にする選択肢を選ぶ**意思決定基準である。

　表2.9の状況では、各選択肢の期待利得はそれぞれ次のように計算される。

プロジェクトA：$2 \times 0.3 + 2 \times 0.5 + 0 \times 0.2 = 1.6$
プロジェクトB：$5 \times 0.3 + 4 \times 0.5 + 2 \times 0.2 = 3.9$
プロジェクトC：$8 \times 0.3 + 3 \times 0.5 + (-4) \times 0.2 = 3.1$

したがって、プロジェクトBが選択される。期待利得最大化基準では、支配される選択肢が選ばれることはない。

2 ｜ 感 度 分 析

　期待利得最大化基準では、どの選択肢が選ばれるかは、各状態の確率に依存する。表2.9の例で、「悪化」の確率は0.2のままであるとして、「好転」と「不変」の確率を変化させた場合に、選ばれる選択肢がどのように変わるかを分析してみよう。

　「好転」の確率を p （ただし、$0 \leq p \leq 0.8$ ）とおく。したがって、「不変」の確率は $0.8 - p$ であり、表2.10の状況を考える。

表2.10　「好転」の確率を p とした場合（表2.9を一部変更）

		状　　態		
		好　転	不　変	悪　化
		p	$0.8 - p$	0.2
	A	2	2	0
選択肢	B	5	4	2
	C	8	3	-4

　各選択肢の期待利得は、次のとおりである。

プロジェクトA：$2 \times p + 2 \times (0.8 - p) + 0 \times 0.2 = 1.6$
プロジェクトB：$5 \times p + 4 \times (0.8 - p) + 2 \times 0.2 = p + 3.6$
プロジェクトC：$8 \times p + 3 \times (0.8 - p) + (-4) \times 0.2 = 5p + 1.6$

　プロジェクトBに支配されるプロジェクトAの期待利得が最大にならないのは明らかなので（$0 \leq p \leq 0.8$ では、常に $1.6 < p + 3.6$ ）、プロジェクトBとCの比較で期待利得が大きい方が、期待利得最大化基準で選ばれる。この結果は p の値によって変わり、選ばれる選択肢は次のとおりである。

- ・ $0 \leq p < 0.5$ のとき、プロジェクト B
- ・ $p = 0.5$ のとき、プロジェクト B または C（どちらでもよい）
- ・ $0.5 < p \leq 0.8$ のとき、プロジェクト C

　このように、モデルのある要素（この場合は「好転」の確率 p）を変化させた場合に結果（この場合は選ばれる選択肢）がどのように変わるかを分析することを、**感度分析**（sensitivity analysis）という。感度分析によって、変数の値が少し変われば分析結果も変わるのか、あるいはそうでないのか、といったことを調べることができる（感度分析は様々な場面で用いられ、本書では6.5節にて、数理最適化の文脈でも議論する）。

　前述のとおり、$p = 0.3$ の場合（表2.9）、期待利得最大化によりプロジェクト B が選択されるのであった。ここでの分析より、$0 \leq p \leq 0.5$ であれば、この結論は変わらないことがわかる。

　実際の意思決定では、利得や確率を正確に見積もることは困難であることも少なくないが、**感度分析を行うことで、それらをどの程度の精度で見積もればよいか見当を付けることができる**。上の例では、経済状況が「好転」となる確率を精緻に予想することは難しいかもしれないが、50%以下であろうという見込みさえあれば（「悪化」が20%という前提のもとで）、プロジェクト B を選択すべきとなる。

2.5 情報の価値

　本節では、1.6節で述べた情報の価値について、リスク下の意思決定の文脈で正確に定義する。これにより、意思決定において情報がもたらす価値が明確になり、また情報を取得することの費用対効果を議論できるようになる。

　1.6節で述べたように、意思決定との関連で言えば、情報とは、状態の起こりやすさに関する記述である。情報は、その確度によって2つに分類される。ある特定の状態の実現を確実に知ることができる情報を**完全情報**（perfect information）、そうでない情報を**不完全情報**（imperfect information）という。以下では、まず完全情報の価値について議論し、不完全情報の価値については本節の最後で述べる。

1 │ 完全情報の期待価値

　前節の表2.9に示すプロジェクト選択の例を再び考える。前節で見たとおり、期待利得最大化基準によれば、プロジェクトBが選択され、その際の期待利得は、

$$5 \times 0.3 + 4 \times 0.5 + 2 \times 0.2 = 3.9 \tag{2.4}$$

であった。これは、来年の経済状況について表2.9に示す確率的な見通し以外に情報がないときに、合理的に意思決定する場合の期待利得である。

　いま、来年の経済状況を確実に予測できるエコノミストがいて、プロジェクト選択の意思決定に先立ってその予測を提供してもらえるとする（現実にはそのような人は存在しないだろうが、単純な例で説明するため仮想的に考える）。確実な予測があれば不確実性を解消できるので、それは意思決定者である会社にとって価値のある情報と言えそうである。以下では、その価値を定量的に測ることを考える。

　このエコノミストの予測によって、「好転」「不変」「悪化」のうちどの状態が実現するかを確実に知ることができるので、これは完全情報である。この情報は意思決定より前に入手できるので、仮に予測が「好転」であるなら、「好転」の実現を前提に、利得が最も大きいプロジェクトCを選択すればよい。同様に、もし予測が「悪化」であるなら、「悪化」の場合に利得が最大のプロジェクトBを選択すればよい。このように、**完全情報がある場合、実現する状態に応じて最適な選択を行うことが可能である**。

　ただし、情報を得るまでは、情報の具体的な内容（「好転」「不変」「悪化」のうちどれか）はわからない。どのような情報が得られるか、そしてそれをもとにどのような選択ができるかは、当初の確率的な見込みに基づき予想するしかない。よって、エコノミストの予測を入手する前には、会社は次のように考えるだろう。

- ・確率0.3で「好転」の予測を得る。この場合、利得が最大のプロジェクトCを選ぶことで、利得は8になる。
- ・確率0.5で「不変」の予測を得る。この場合、利得が最大のプロジェクトBを選ぶことで、利得は4になる。
- ・確率0.2で「悪化」の予測を得る。この場合、利得が最大のプロジェクトBを選ぶことで、利得は2になる。

したがって、エコノミストの予測を入手できる場合に、その内容に応じて最適な意思決定をするという前提で、達成できる利得の期待値は、

$$8 \times 0.3 + 4 \times 0.5 + 2 \times 0.2 = 4.8 \tag{2.5}$$

である。この値は、先に述べた、情報がない場合に期待利得最大化により達成できる期待利得の3.9（式(2.4)）より大きい。これらの差分、すなわち

$$4.8 - 3.9 = 0.9 \tag{2.6}$$

が、この状況における**完全情報の期待価値**（expected value of perfect information）である。

これは、**この情報があれば、情報がない場合に比べて平均的にどれだけより大きな利得を期待できるか**を表す。「平均的に」というのは、前述のとおり、情報を入手する前にはどの情報を得るか、そしてどれだけの利得を達成できるかはわからないので、確率的な予想に基づいて期待値を計算したものだからである。

以上の議論を整理しよう。次のように用語を定義して、完全情報の期待価値を定義する。

- 「完全情報がない場合の最大期待利得」＝期待利得最大化により達成できる期待利得（上の例では3.9（式(2.4)より））
- 「完全情報がある場合の最大期待利得」＝実現する状態に応じて最適な選択を行う場合の利得の期待値（上の例では4.8（式(2.5)より））

定義 2.4　**完全情報の期待価値**は、次式で定義される。
［完全情報がある場合の最大期待利得］－［完全情報がない場合の最大期待利得］

1.6節で説明した図1.5に、上の計算例を当てはめると、図2.2のようになる。

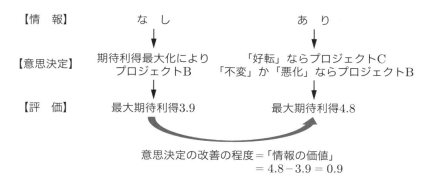

図2.2 プロジェクト選択（表2.9）における情報の価値

2 なぜ情報に価値があるのか

　一般に、**完全情報の期待価値は必ず0以上であり、負になることはない**。この理由は次のとおりである（数式を用いた説明は2.7節参照）。

　情報がない場合には、どの状態が実現するかは不確実なまま、ある選択肢を選ばなければならない。よって、その選択が結果的に最適ではなかった、つまり他の選択肢を選んだ方が利得が大きかった、という事態が生じ得る。それに対して、情報があれば、その内容によって選択を変えることができる。特に完全情報の場合には、実現する状態を知ってから、その状態のもとでの最適な選択肢を選ぶことができる。これは、**後悔度あるいは機会損失を常に0にできる**ことと同じである。

　表2.9の状況では、情報がない場合は、期待利得最大化基準によりプロジェクトBを選ぶ。しかし、プロジェクトBを選んで、もし状態が「好転」だったら、他により大きな利得を得られた選択肢（プロジェクトC）があるので、機会損失が発生する。一方、意思決定より前に完全情報を得て「好転」の実現を知ることができれば、「好転」の場合に最適なプロジェクトCを選ぶことができる。このように、情報を活用することで意思決定が変わり、それによって利得が改善され得る場合は、情報の価値は正の値である。

　逆に言えば、**情報があっても意思決定が一切変わらない場合には、情報は価値をもたらさない**。そのようなケースの一例は、支配的な選択肢がある場合である。プロジェクトBが支配的な選択肢であった、2.2節の表2.3のケースを考えてみ

よう。この場合、各状態の実現確率をどのように予想していたとしても、期待利得最大化によってプロジェクトBが選択される。ここで、仮に完全情報を得たとしても、どの状態が起こる場合でも最適な選択肢はプロジェクトBであるから、結局常にプロジェクトBを選ぶことになり、情報がない場合と選択は変わらない。定義 2.4 の「完全情報がある場合の最大期待利得」と「完全情報がない場合の最大期待利得」が等しいため、完全情報の期待価値は0である。そもそも支配的な選択肢がある場合は、不確実性を解消したいという動機がないため、情報が価値をもたらさないことは直感的にも理解できるだろう。

　また、特定の状態が相当高い確率で起こると予想できている場合も、完全情報の期待価値は比較的小さい。その極端なケースとして、ある状態が起きる確率が100%だと予想している場合、つまり確実性下の意思決定の状況では、完全情報の期待価値は0である。

　一般に、完全情報の期待価値が比較的大きいのは、次のような場合である。

- ・実現する状態によって最適な選択肢が異なる場合。特に、状態ごとに最適な選択肢とそうでない選択肢で利得の差が大きい場合。
- ・特定の状態に実現確率が大きく偏っていない場合。

3 ｜ 情報を取得すべきか

　情報の取得にはしばしば費用を要する。この費用は、金銭的なものに限らず、時間や労力も含む。ある情報が価値を持つとしても、その取得費用があまりに大きいのであれば、情報を得ないまま意思決定する方が賢明かもしれない。この判断はどのように行えばよいだろうか。

　期待利得最大化の方針に基づくと、**完全情報の期待価値は、その情報を取得するのに支払ってもよい費用の上限**として解釈できる。表2.9の例では、完全情報の期待価値は0.9（式(2.6)）であった。よって、意思決定に先立ち、エコノミストの予測を入手するのに0.9の利得に相当する費用（ここでは利得 ＝ 利益なので0.9億円相当の費用）までなら支払ってもよいと判断できる。なぜなら、情報がある場合の期待利得は4.8（式(2.5)）であったから、0.9以下の費用を支払い、その分を差し引いても、情報がない場合の期待利得の3.9（式(2.4)）以上の利得を期待できるからである。

　しかし、もし情報の取得費用が0.9を超えるのであれば、その費用も考慮すると、

情報を取得せずに意思決定をした方が期待利得は大きい。この場合、エコノミストの予測には、その費用に見合うだけの価値を期待できないことになる。

4 どの時点での評価か——事前と事後

　ここまで述べた意味での情報の価値は、情報を取得する前の時点での評価であった。どのような情報が得られるかは事前にはわからず、確率的に予想するしかないので、その評価は期待値に基づくものになる。完全情報の「期待価値」と呼んだのは、このためである。

　一方、実際に情報を取得した後に、結果的にこの情報は有益だった、あるいはそうでなかったなどと判断されることもある。この意味での情報の価値を、情報の**事後価値**（posterior value）という。これに対して、完全情報の期待価値は、**事前価値**（prior value）である。ここでの「事前」「事後」とは、情報取得の前か後か、を意味しており、価値が認識される時点を示している。

　表2.9に示すプロジェクト選択の例に戻り、今度は完全情報の事後価値について考えよう。情報がない場合には、期待利得最大化によりプロジェクトBが選択されるのであった。このとき、実現する状態が「好転」である場合、利得は5である。ここで、もし意思決定より前に、確実に「好転」になるという予測を得たら、プロジェクトBではなく、「好転」のもとで最適なプロジェクトCを選んで利得は8となる。これらの差分、すなわち

$$8 - 5 = 3 \tag{2.7}$$

が、「好転」を予測する完全情報の事後価値である。これは、**この予測があることで、なかった場合に比べてこれだけ利得を改善できると、具体的な情報の取得後に認識する価値**である。

　整理すると、ある状態の実現を知ることができる完全情報の事後価値は、

　　・「その完全情報がない場合の利得」＝期待利得を最大にする選択肢を選ぶ
　　　場合に、その完全情報が実現を予測する状態のもとで得る利得（上の例で
　　　は5）[6]

6）　期待利得を最大にする選択肢が複数ある場合、「期待利得を最大にする選択肢」として
　　そのうちどれを考えるかで、事後価値の計算結果は変わる。

・「その完全情報がある場合の最大利得」 ＝ その完全情報により実現を知ることができる状態のもとで達成できる最大利得（上の例では8）

とするとき、次のように定義される。

> **定義 2.5** ある状態の実現を知ることができる**完全情報の事後価値**は、次式で定義される。
> ［その完全情報がある場合の最大利得］－［その完全情報がない場合の利得］

このように、事後価値は具体的な情報を得た後の評価であり、情報の内容（実現する状態）ごとに計算される。この点は事前価値の扱いと異なる。

「不変」または「悪化」を予測する完全情報について同様に事後価値を求めると、いずれも0である。これらの場合は、予測を得た後でもプロジェクトBが最適であり、情報を得ても選択が変わらないためである。つまり、結果的にその情報はなくてもよかったことになり、**定義 2.5** で言えば、「その完全情報がある場合の最大利得」と「その完全情報がない場合の利得」が等しい。これに対して、前述の「好転」予測の場合には、情報があることでより有益な選択ができるので、事後価値は正である。

定義 2.5 より、**完全情報の事後価値は、期待利得最大化による選択をした場合の後悔度に等しい。**つまり、期待利得を最大化する意思決定者にとって、情報がない場合に発生する後悔度である。言い換えれば、情報があることで回避できる機会損失に等しい。

また一般に、**完全情報の期待価値は、事後価値の期待値と一致する**（2.7節を参照）。表2.9の状況では、情報の取得前に、これから得る情報にどれだけの事後価値があるかについて、次のように予想できる。

・確率0.3で「好転」の予測を得る。その事後価値は3である。
・確率0.5で「不変」の予測を得る。その事後価値は0である。
・確率0.2で「悪化」の予測を得る。その事後価値は0である。

したがって、事後価値の期待値は、

$$3 \times 0.3 + 0 \times 0.5 + 0 \times 0.2 = 0.9 \tag{2.8}$$

と見積もることができる。これは、先に求めた完全情報の期待価値の0.9（式(2.6)）と等しい。

　前述のとおり、事後価値は情報があることで避けられる機会損失としても解釈できるから、**完全情報の期待価値は、情報があることで避けられる機会損失の期待値**と捉えることもできる。この例では、エコノミストの予測を得ることで、平均的には機会損失を0.9減らせることを示唆する。

5 ｜ 不完全情報の期待価値

　続いて、不完全情報の価値について考える。不完全情報は、完全情報のように実現する状態を確定するわけではないが、どの状態が実現するかについての確率的な情報を含む[7]。以下では、事前価値である不完全情報の期待価値について述べる。その計算は少々複雑だが、情報の価値の考え方自体は完全情報の場合と同様である。なお、事後価値も完全情報と同様に考えることができるが、省略する。

　再び表2.9のプロジェクト選択の例を考える。情報がない場合、各状態の実現確率は、「好転」が0.3、「不変」が0.5、「悪化」が0.2と予想しているのであった。これらを、情報を得る前の確率という意味で、**事前確率**（prior probability）という。これらの事前確率のもとでは、期待利得最大化基準ではプロジェクトBが選択されるのであった。

　ここで、次のような、完全に正確ではないが、一定の予測精度がある（ある状態が実現する場合、8割の確率でそれを言い当てる）エコノミストから、その予測を入手できる場合を考える。

- 「好転」が実現する場合、確率0.8で「好転」、確率0.1で「不変」、確率0.1で「悪化」と予測する。
- 「不変」が実現する場合、確率0.1で「好転」、確率0.8で「不変」、確率0.1で「悪化」と予測する。
- 「悪化」が実現する場合、確率0.1で「好転」、確率0.1で「不変」、確率0.8で「悪化」と予測する。

7）　広義には、確率的な情報を含まない情報も考えることができるが、本書ではこのように定義する。

　このエコノミストは、来年の経済状況について、「好転」「不変」「悪化」のいずれかを予測する。その予測は、いつも正しいわけではないので、完全情報ではなく、不完全情報である。しかし、それなりの精度はあるので、このような情報にも一定の価値があると考えられそうである。以下でそれを定義する。

　完全情報の場合と同様に、情報を得る前には、具体的にどの予測（「好転」「不変」「悪化」のいずれか）を得るかはわからない。しかし、事前確率をもとに、それぞれの予測を得る確率を求めることはできる。たとえば、「好転」の予測を得る確率は、

　　　［「好転」が実現し、かつ「好転」が予測される確率］
　　　　　＋［「不変」が実現し、かつ「好転」が予測される確率］
　　　　　　　＋［「悪化」が実現し、かつ「好転」が予測される確率］

であるから、

$$0.3 \times 0.8 + 0.5 \times 0.1 + 0.2 \times 0.1 = 0.31 \tag{2.9}$$

である。同様に計算すると、「不変」の予測を得る確率は

$$0.3 \times 0.1 + 0.5 \times 0.8 + 0.2 \times 0.1 = 0.45 \tag{2.10}$$

であり、「悪化」の予測を得る確率は

$$0.3 \times 0.1 + 0.5 \times 0.1 + 0.2 \times 0.8 = 0.24 \tag{2.11}$$

である。

　いま仮に、このエコノミストが「好転」の予測をしたとする。完全情報の場合と異なり、この予測は100%正しいわけではない。しかし、この予測をもとに、各状態の実現確率についての予想を更新することは可能である。式(2.9)の「好転」の予測を得る確率の計算式で、各項の比、すなわち

$$0.3 \times 0.8 : 0.5 \times 0.1 : 0.2 \times 0.1 = 0.24 : 0.05 : 0.02 \tag{2.12}$$

は、「好転」が予測される場合に限定したときの、「好転」「不変」「悪化」がそれぞれ実現するであろう確率の比である。この比を保存しつつ合計が1であるようにすると（つまりこれらの比のシェアを求めると）、

$$\frac{0.24}{0.31} : \frac{0.05}{0.31} : \frac{0.02}{0.31} \approx 0.774 : 0.161 : 0.065 \tag{2.13}$$

である。よって、「好転」の予測を得た場合には、「好転」「不変」「悪化」の各状態が実現する確率は、それぞれ0.774、0.161、0.065であると予想することができる。

　事前確率はそれぞれ0.3、0.5、0.2であったので、情報を得たことで、確率的な予想がこのように更新されたことになる。この場合、「好転」の予測を得ることで、確実に「好転」になると言えるわけではないが、事前の見通しに比べると高い確率で「好転」になるだろうと判断できるようになる。更新後の確率は、情報を得た後のものなので、**事後確率**（posterior probability）という。

　他の予測を得たときの事後確率も同様に計算される。表2.11の各行は、それぞれの予測を得た場合の事後確率である。カッコ内の数値は、その予測を得る確率（式(2.9)～(2.11)）である。

表2.11　事後確率（カッコ内はそれぞれの予測を得る確率）

		状　態		
		好　転	不　変	悪　化
予　測	好　転 (0.31)	0.774	0.161	0.065
	不　変 (0.45)	0.067	0.889	0.044
	悪　化 (0.24)	0.125	0.208	0.667

　期待利得を最大化するなら、ある予測を得たら、そのときの事後確率のもとで期待利得を最大にする選択肢を選ぶ。例えば、「好転」の予測を得た場合、式(2.13)で求めた事後確率のもとで、各選択肢の期待利得は次のように計算される。

プロジェクトA：$2 \times 0.774 + 2 \times 0.161 + 0 \times 0.065 = 1.870$
プロジェクトB：$5 \times 0.774 + 4 \times 0.161 + 2 \times 0.065 = 4.644$
プロジェクトC：$8 \times 0.774 + 3 \times 0.161 + (-4) \times 0.065 = 6.415$

したがって、期待利得が最大のプロジェクトCを選ぶことになる。

　他の予測を得た場合も同様に考えて、予測の内容ごとに期待利得最大化による選択とその際の期待利得は、次のようにまとめることができる。

「好転」予測の場合：プロジェクトCを選び、期待利得6.415

「不変」予測の場合：プロジェクトBを選び、期待利得3.979

「悪化」予測の場合：プロジェクトBを選び、期待利得2.791

　これに基づき、情報を入手する前の時点で、もしこれから情報を得たらどれだけ利得を改善できるかを考える。それぞれの予測を得る確率は、式(2.9)〜(2.11)で求めた。ここから、たとえば「確率0.31で「好転」の予測を得て、事後確率のもとで期待利得を最大化すると6.415である」などと考えることができる。したがって、このエコノミストから予測を得て、その内容に応じて最適な（事後確率のもとで期待利得が最大の）選択をした場合の期待利得は、

$$6.415 \times 0.31 + 3.979 \times 0.45 + 2.791 \times 0.24 \approx 4.449 \qquad (2.14)$$

と見積もることができる。

　一方、経済状況の予測の情報がない場合には、事前確率のもとで期待利得を最大化して、プロジェクトBを選び、その期待利得は3.9（式(2.4)）であった。上で求めた情報がある場合の期待利得である4.449（式(2.14)）から、情報がない場合の期待利得である3.9を差し引いた値、すなわち

$$4.449 - 3.9 = 0.549 \qquad (2.15)$$

が、この状況における**不完全情報の期待価値**（expected value of imperfect information）である。これは、不完全ではあるが一定の予測精度を持つこのエコノミストの予測があれば、平均的にどれだけ利得の改善が期待できるかを表す。

　以上の議論を整理する。次のように用語を定義して、不完全情報の期待価値を定義する[8]。

- 「不完全情報がない場合の最大期待利得」＝事前確率のもとで期待利得最大化により達成できる期待利得（上の例では3.9（式(2.4)より））
- 「不完全情報がある場合の最大期待利得」＝情報に応じて事後確率のもと期待利得を最大にする選択を行う場合の期待利得（上の例では4.449（式

---

8) 完全情報の期待価値は、不完全情報の期待価値の計算の特殊なケースとして求めることもできる。完全情報の場合、どの予測を得た場合でも、特定の状態に事後確率1を割り振ることになる。

(2.14) より))

> 定義 2.6 **不完全情報の期待価値**は、次式で定義される。
> [不完全情報がある場合の最大期待利得]
> 　　　　　　　　−[不完全情報がない場合の最大期待利得]

　なお、「不完全情報がない場合の最大期待利得」は、完全情報の期待価値の定義（定義 2.4）で用いた「完全情報がない場合の最大期待利得」と同じであり、情報がない場合には、事前確率のもと期待利得を最大化すると想定している。期待価値の考え方自体は完全情報の場合と同様であり、式(2.15)で求めた0.549は、このエコノミストから予測を得る場合に支払ってもよい費用の上限と見なせる。

6 ｜ 完全情報の価値と不完全情報の価値の関係

　同じ表2.9の状況で完全情報の期待価値は0.9（式(2.6)）であったことを思い出すと、不完全情報の期待価値0.549（式(2.15)）は、それより小さい。しかし、0よりは大きいので、不完全な情報であってもいくらかの価値をもたらし得ることがわかる。

　このような関係、つまり次の不等式が一般に成り立つ。

$$0 \leq [\text{不完全情報の期待価値}] \leq [\text{完全情報の期待価値}] \qquad (2.16)$$

　不完全情報の期待価値が完全情報の期待価値以下であるのは、完全情報の場合は機会損失を0にすることができるのに対して、不完全情報の場合は不確実性が残り得る以上、機会損失を完全になくすことはできないためである。上の不完全情報の期待価値の計算例では、「好転」予測を得た場合はプロジェクトCを選択することになるが、この予測が外れて、「不変」または「悪化」が実現する可能性もある。そうなると、プロジェクトCよりもプロジェクトBの方が利得が大きいため、機会損失が生じる。

2.6 決 定 木

リスク下の意思決定において、時間の流れを可視化して問題を表現、分析する手法に、**決定木**（decision tree）がある[9]。決定木では、複数の選択のタイミングがある意思決定問題も扱うことができる。

これまでの例をより単純にした、次のプロジェクト選択の例を考える。

例2.3 選択肢はプロジェクトＡとＢの2つである。状態は「好転」と「悪化」の2つである。各状態の実現確率は、「好転」が0.4、「悪化」が0.6と見込まれる。利益（単位：億円）は、選択肢と状態に応じて、表2.12に示すとおりである。利益を利得とする。

表2.12 例2.3 のプロジェクト選択の利得表

		状 態	
		好 転	悪 化
		0.4	0.6
選択肢	A	5	−5
	B	2	0

図2.3は、例2.3 の状況を決定木で表したものである。この図では、左から右に向かって時間が進む。一番左の点が出発点であり、そこからいくつかの分岐がある。この分岐点、およびそれ以上分岐がない末端（図では右端）の点を**ノード**（node）という。分岐点のノードは、次の2つに分類される。

- **意思決定ノード**（decision node）：意思決定者が選択を行う時点
- **不確実性ノード**（uncertainty node）：環境要因の状態が決まる時点

また、末端の点は**末端ノード**（terminal node）という。本書の図では、意思決定ノードを四角（□）、不確実性ノードを丸（○）、末端ノードを点（●）で示す。

---

9) 機械学習の分野で同名の手法があるが、別物と考えてよい。

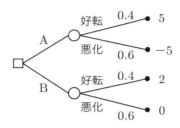

図2.3　　例2.3　のプロジェクト選択の決定木

　意思決定ノードまたは不確実性ノードと、その次のノードを結ぶ線を**枝**（edge）という。意思決定ノードから出る枝は、意思決定者がその時点で持つ選択肢を表し、不確実性ノードから出る枝は、その時点で環境要因が取り得る状態を表す。後者については、その状態の実現確率も記されている。末端ノードでは、出発点からそこまでどの枝を辿ってきたかによって、一連の選択と実現する状態が定まり、それに応じて利得が決まる。

　図2.3の決定木は、まず意思決定者である会社がプロジェクトの選択を行い、その次に環境要因である経済状況が決まることを表している。右端の末端ノードには、それぞれの場合の利得が示されている。このように、根元から枝分かれしていく木の形をしていることが、決定木の名称の由来である。

1 ┃ 後 ろ 向 き 帰 納 法

　意思決定の状況が決定木として表現されたら、そこでどのように意思決定すべきかが問題となる。決定木の分析では、**後ろ向き帰納法**（backward induction）という手順により、選ぶべき選択肢を特定する。基本的な考え方は、**末端ノードから逆算して、期待利得最大化の観点で最適な手を決めていく**というものである（後ろ向き帰納法は、戦略的意思決定の分析でも用いられ、3.5節でも扱う）。

　具体的な手順としては、まず末端ノードの1つ手前のノードについて、それぞれ次の操作を行う。

　　・意思決定ノードであれば、その時点で最適な、つまり期待利得が最大の選
　　　択をすると想定する。

・不確実性ノードであれば、その時点での期待利得を求める。

　次に、これらを前提に、さらに1つ手前のノードについて、同様の操作を行う。以降、1つずつ手前のノードに遡り、全てのノードについて同じことを行う。**この結果、それぞれの意思決定ノードに到達した場合にそこで取るべき選択肢が明らかになる。**このように、1つずつ順を追って考えていくプロセスが数学的帰納法と似ていることから、後ろ向き帰納法と呼ばれる。

　図2.3の決定木に後ろ向き帰納法を適用すると、図2.4のようになる。まず末端に近い方から、2つある不確実性ノードのそれぞれについて、その時点での期待利得を求める。上の不確実性ノードでは、確率0.4で利得5、確率0.6で利得−5なので、期待利得は次のように計算される。

$$5 \times 0.4 + (-5) \times 0.6 = -1 \tag{2.17}$$

同様に、下の不確実性ノードでは、期待利得は次のように計算される。

$$2 \times 0.4 + 0 \times 0.6 = 0.8 \tag{2.18}$$

図2.4では、これらの値を、それぞれのノードの近くに記してある。

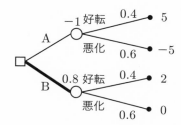

図2.4　図2.3の決定木に後ろ向き帰納法を用いた結果

　次に、これらを前提にして、出発点である意思決定ノードでは、プロジェクトAを選べば期待利得が−1、プロジェクトBを選べば期待利得が0.8であるから、後者を選ぶことになる。図2.4では、選ばれる選択肢を太線で示している。この例は、表2.12の利得表をそのまま決定木にしたものなので、期待利得最大化基準で選択を決めることと同じである。

2 決定木で考える情報の価値

　決定木分析の応用例として、前節で議論した情報の価値について再度考えてみよう。表2.12の状況で、確実な経済状況の予測を提供するエコノミストの存在を再び想定する。この予測は完全情報である。

　いま、会社はプロジェクト選択に先立ち、この予測を入手するか否かを選択するとする。予測の取得費用はひとまず考えないこととする（本節の最後に、取得費用を考慮した分析を示す）。予測を入手しない場合は、表2.12のとおり、不確実なままプロジェクトを選択しなければならない。一方、予測を入手する場合は、どの状態が実現するかを知ってから、プロジェクト選択を行うことができる。

　図2.5は、この状況を決定木で表現したものである。まず、予測を入手するか否かを選択する。もし「予測を入手しない」を選べば、以降の状況は図2.3と同じである。

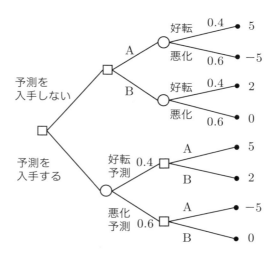

図2.5　情報入手の選択も含めた決定木

　一方、「予測を入手する」を選んだ場合は、次にその予測内容、すなわち「好転」予測か、「悪化」予測かが決まる。どちらの予測を得るかは不確実なので、不確実性ノードで表現される。いま完全情報を考えているので、それぞれの予測を得る確率は、当初の各状態の実現確率の見込みと同じである。この予測を得た後に、

プロジェクトの選択を行う。利得は、（完全情報なので）予測が確実に当たるという前提で、表2.12と同じであるよう設定した。

このように、予測を入手するかどうかで、実現する状態を知らずにプロジェクトを選択するか、知ってから選択するかが異なる。このことは、図の上側と下側で、意思決定ノードと不確実性ノードの順番が入れ替わっていることで表現されている[10]。

この決定木に後ろ向き帰納法を適用すると、図2.6のようになる。図2.4と同様に、意思決定ノードについてはそこで選ばれる選択肢を太線で示し、不確実性ノードについてはその時点の期待利得を記してある。予測を入手しない場合は（図の上半分）、図2.4と同じであり、プロジェクトBを選択して、期待利得は0.8（式(2.18)）である。一方、予測を入手する場合は（図の下半分）、予測を得た後にその内容に応じて最適な意思決定をするという前提で、期待利得は次のように計算される。

$$5 \times 0.4 + 0 \times 0.6 = 2 \tag{2.19}$$

これらの比較から、最初に予測を入手した方がよいと判断できる。

ここで、表2.12の状況における完全情報の期待価値を求めるため、前節で述べた方法で、定義2.4における「完全情報がある場合の最大期待利得」および「完全情報がない場合の最大期待利得」を計算すると、それぞれ2、0.8である。これらは、前述の後ろ向き帰納法の結果における、予測を入手する場合としない場合のそれぞれの期待利得に等しい。完全情報の期待価値は、これらの差、すなわち $2 - 0.8 = 1.2$ である。

前節で述べたとおり、完全情報の期待価値は、その情報の取得に支払ってよい費用の上限であった。この場合は、利得1.2相当の費用までであれば、支払って予測を入手した方がよいと判断される。

---

10) 厳密に言えば、予測を入手した場合も、来年の経済状況が決まるのはプロジェクト選択の後である。しかし、ここでは予測は必ず正しく、たとえば「好転」予測がされれば常に「好転」が実現すると想定しているので、図2.5ではこのプロセスを省略している。

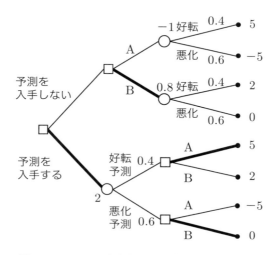

図2.6 図2.5の決定木に後ろ向き帰納法を適用

　逆に言えば、取得費用がこれを上回る場合は、予測を入手しない方がよい。そのことを決定木で確認してみよう。仮に、このエコノミストから予測を入手するのに、利得2相当の費用がかかるとする。図2.7の決定木は、予測を入手する場合の利得について、この費用を考慮したものである（図2.5と比べて、下半分の末端ノードで利得が2ずつ小さい）。図には後ろ向き帰納法の結果も示してあり、この場合は、予測を入手しない方が期待利得は大きい。

　ここでは完全情報の場合を例に説明したが、不完全情報の価値についても決定木で分析することができる（演習問題2.3）。

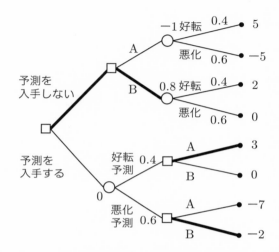

図2.7　予測の取得費用（利得2相当）を考慮した場合

2.7 ｜ 数 学 的 補 足

1 ｜ 不確実性下の意思決定問題

　ある概念や問題を数学的に記述する、つまり数式で表すことを**定式化**（formulation）という。本章で述べた不確実性下の意思決定問題は、次のように定式化できる。

　m 個の選択肢 $a_1, a_2, ..., a_m$ 、および n 個の状態 $s_1, s_2, ..., s_n$ があるとする。ここで、$1, 2, ..., m$ （または n ）は単なるラベル（通し番号のようなもの）であり、数字の大小に意味はない。以下で、一般的に選択肢を a_i 、状態を s_j などと書くが、その場合、i や j は $1, 2, ..., m$ （または n ）のどれかである。

　選択肢 a_i を選び、状態が s_j であるときの利得を $g(a_i, s_j)$ とする。利得は実数値であり、値が大きいほど、意思決定者にとって望ましいことを意味する。

例2.4 2.2節の表2.1の状況では、たとえばプロジェクトAを選び、状態が「好転」のときの利得が2であることを、次のように表す。

$$g(\text{A}, 好転) = 2 \tag{2.20}$$

以降、本節の例では、プロジェクトA〜Cを、数式中でそれぞれA, B, Cと表す。また、$a_1 = \text{A}, a_2 = \text{B}, a_3 = \text{C}$ および $s_1 = 好転, s_2 = 不変, s_3 = 悪化$ とする。たとえば、$g(a_1, s_1)$ は $g(\text{A}, 好転)$ と同じである。

2.2節で述べた選択肢の支配の概念は、これらの記号を用いて次のように定義される。

定義 2.7 2つの選択肢 a_h と a_i を考える。全ての状態 s_j について

$$g(a_h, s_j) > g(a_i, s_j) \tag{2.21}$$

であるとき、a_h は a_i を**支配する**という。
また、全ての状態 s_j について

$$g(a_h, s_j) \geq g(a_i, s_j) \tag{2.22}$$

であり、かつ少なくとも1つの状態 s_k について

$$g(a_h, s_k) > g(a_i, s_k) \tag{2.23}$$

であるとき、a_h は a_i を**弱支配する**という。

定義 2.7 は、定義 2.1 および 定義 2.2 を言い換えて、1つにまとめたものである。

2 狭義の不確実性下の意思決定

2.3節で述べた狭義の不確実性下の意思決定問題の意思決定基準は、次のように定式化される。

min は最小値を表す記号であり、たとえば i に依存する変数 x_i があるとき、$\min_i x_i$ と書くと、i の取り得る値を全て考えた場合の x_i の最小値を表す。同様に、max は最大値を表す記号であり、$\max_i x_i$ は、i の取り得る値を全て考

えた場合の x_i の最大値を表す。

■マキシミン基準　各選択肢 a_i について

$$\min_j g(a_i, s_j) \tag{2.24}$$

を求め、それを最大にする選択肢を選ぶ。

■マキシマックス基準　各選択肢 a_i について

$$\max_j g(a_i, s_j) \tag{2.25}$$

を求め、それを最大にする選択肢を選ぶ。

例2.5　式 (2.24) および式 (2.25) の最小値、最大値計算の例を示す。2.2 節の表 2.1 の例では、たとえばプロジェクト B について、

$$g(\mathrm{B}, 好転) = 5, \quad g(\mathrm{B}, 不変) = 4, \quad g(\mathrm{B}, 悪化) = 2 \tag{2.26}$$

であるから、

$$\min_j g(\mathrm{B}, s_j) = g(\mathrm{B}, 悪化) = 2 \tag{2.27}$$

および

$$\max_j g(\mathrm{B}, s_j) = g(\mathrm{B}, 好転) = 5 \tag{2.28}$$

である。

■ハーヴィッツ基準　楽観度を α（ただし $0 \leq \alpha \leq 1$）として、各選択肢 a_i について

$$\alpha \max_j g(a_i, s_j) + (1 - \alpha) \min_j g(a_i, s_j) \tag{2.29}$$

を求め、それを最大にする選択肢を選ぶ。

■ラプラス基準　各選択肢 a_i について

$$\frac{1}{n} \sum_{j=1}^{n} g(a_i, s_j) \tag{2.30}$$

を求め、それを最大にする選択肢を選ぶ。

■**ミニマックス・リグレット基準**　選択肢 a_i を選び状態 s_j が実現する場合の後悔度を

$$r(a_i, s_j) = \max_h g(a_h, s_j) - g(a_i, s_j) \qquad (2.31)$$

とする。各選択肢 a_i について

$$\max_j r(a_i, s_j) \qquad (2.32)$$

を求め、それを最小にする選択肢を選ぶ。

例2.6　式(2.31)の後悔度の計算例を示す。表2.1の例では、たとえばプロジェクトAを選択して状態が「好転」だったときの後悔度 $r(\mathrm{A}, 好転)$ は、次のように求める。まず、

$$g(\mathrm{A}, 好転) = 2, \quad g(\mathrm{B}, 好転) = 5, \quad g(\mathrm{C}, 好転) = 8 \qquad (2.33)$$

であるから、

$$\max_h g(a_h, 好転) = g(\mathrm{C}, 好転) = 8 \qquad (2.34)$$

である。よって、

$$r(\mathrm{A}, 好転) = \max_h g(a_h, 好転) - g(\mathrm{A}, 好転) = 8 - 2 = 6 \qquad (2.35)$$

である。

---

3 ┃ リスク下の意思決定

　リスク下の意思決定では、各状態が実現する確率が与えられている。状態 s_j が実現する確率を $p(s_j)$ とする。

　2.4節で述べたリスク下の意思決定基準は、次のように定式化される。

■**最尤未来基準**　確率が最も大きい状態（すなわち、どの状態 s_k に対しても $p(s_j) \geq p(s_k)$ である状態 s_j）を s^* とする。各選択肢 a_i について $g(a_i, s^*)$ を求め、それを最大にする選択肢を選ぶ（ただし s^* の候補が複数ある場合、そのうちどれを選ぶかにより結果は異なり得る）。

■**要求水準基準**　要求水準を x とする（x は実数値）。選択肢 a_i と状態 s_j ごとに、b_{ij} を、$g(a_i, s_j) \geq x$ であれば $b_{ij} = 1$、そうでなければ $b_{ij} = 0$ である変数として定義する。各選択肢 a_i について

$$\sum_{j=1}^{n} b_{ij} p(s_j) \tag{2.36}$$

を求め、それを最大にする選択肢を選ぶ。

■**期待利得最大化基準**　各選択肢 a_i について期待利得、すなわち

$$\sum_{j=1}^{n} g(a_i, s_j) p(s_j) \tag{2.37}$$

を求め、それを最大にする選択肢を選ぶ。

例2.7　2.4節の表2.9の例で、たとえばプロジェクトAの期待利得は次のように計算される。

$$\begin{aligned}
& \sum_{j=1}^{3} g(A, s_j) p(s_j) \\
& = g(A, 好転) p(好転) + g(A, 不変) p(不変) + g(A, 悪化) p(悪化) \\
& = 2 \times 0.3 + 2 \times 0.5 + 0 \times 0.2 = 1.6
\end{aligned} \tag{2.38}$$

---

4 ｜ 完全情報の価値

　2.5節で述べた情報の価値の定義や性質について述べる。まず、完全情報の期待価値を定式化する。

定義 2.8　**完全情報の期待価値**は、次式で定義される。

$$\sum_{j=1}^{n} \left\{ \max_i g(a_i, s_j) \right\} p(s_j) - \max_i \sum_{j=1}^{n} g(a_i, s_j) p(s_j) \tag{2.39}$$

定義2.8 は、 定義2.4 を言い換えたものである。式 (2.39) の第1項と第2項は
それぞれ、 定義2.4 における「完全情報がある場合の最大期待利得」と「完全情
報がない場合の最大期待利得」である。

例 2.8 　表2.9の例における完全情報の期待価値は2.5節で求めたとおりだが、
式 (2.39) に沿って求めてみよう。

まず、式 (2.39) の第2項（完全情報がない場合の最大期待利得）を求める。

$$\sum_{j=1}^{3} g(\mathrm{A}, s_j)p(s_j) = 1.6 \ , \ \sum_{j=1}^{3} g(\mathrm{B}, s_j)p(s_j) = 3.9 \ ,$$
$$\sum_{j=1}^{3} g(\mathrm{C}, s_j)p(s_j) = 3.1 \tag{2.40}$$

であるから（これらは各選択肢の期待利得であり、それぞれ 例2.7 と同様に
求められる）、式 (2.39) の第2項は、

$$\max_i \sum_{j=1}^{3} g(a_i, s_j)p(s_j) = \sum_{j=1}^{3} g(\mathrm{B}, s_j)p(s_j) = 3.9 \tag{2.41}$$

である。

次に、式 (2.39) の第1項（完全情報がある場合の最大期待利得）を求める。

$$\max_i g(a_i, 好転) = g(\mathrm{C}, 好転) = 8 \ ,$$
$$\max_i g(a_i, 不変) = g(\mathrm{B}, 不変) = 4 \ , \tag{2.42}$$
$$\max_i g(a_i, 悪化) = g(\mathrm{B}, 悪化) = 2$$

であるから、第1項は、

$$\sum_{j=1}^{3} \left\{ \max_i g(a_i, s_j) \right\} p(s_j)$$
$$= \left\{ \max_i g(a_i, 好転) \right\} p(好転) + \left\{ \max_i g(a_i, 不変) \right\} p(不変)$$

$$+ \left\{ \max_i g(a_i, \text{悪化}) \right\} p(\text{悪化})$$

$$= 8 \times 0.3 + 4 \times 0.5 + 2 \times 0.2 = 4.8 \tag{2.43}$$

である（これは式 (2.5) の計算と同じである）。

　完全情報の期待価値は、式 (2.43) と式 (2.41) の差なので、$4.8 - 3.9 = 0.9$ である。

　一方、期待利得最大化基準により選ばれる選択肢を a^* として、事後価値は次のように定義される。

定義 2.9　状態 s_j の実現を知ることができる**完全情報の事後価値**は、次式で定義される。

$$\max_i g(a_i, s_j) - g(a^*, s_j) \tag{2.44}$$

ただし、a^* の候補が複数ある場合、そのうちどれを選ぶかにより結果は異なり得る。

定義 2.9 は、**定義 2.5** を言い換えたものである。式 (2.44) の第 1 項と第 2 項はそれぞれ、**定義 2.5** における「その完全情報がある場合の最大利得」と「その完全情報がない場合の利得」である。式 (2.44) は、選択肢 a^* を選び、状態 s_j が実現する場合の後悔度 $r(a^*, s_j)$ と同じである。

　ここで、事後価値の期待値は、

$$\sum_{j=1}^{n} \left\{ \max_i g(a_i, s_j) - g(a^*, s_j) \right\} p(s_j) \tag{2.45}$$

と表せる。この式を変形すると、

$$\sum_{j=1}^{n} \left\{ \max_i g(a_i, s_j) \right\} p(s_j) - \sum_{j=1}^{n} g(a^*, s_j) p(s_j)$$

$$= \sum_{j=1}^{n} \left\{ \max_i g(a_i, s_j) \right\} p(s_j) - \max_i \sum_{j=1}^{n} g(a_i, s_j) p(s_j) \tag{2.46}$$

であり、 定義2.8 の完全情報の期待価値の式に一致する。したがって、2.5節で述べたように、完全情報の期待価値は、事後価値の期待値に等しい。なお、どのような完全情報についても事後価値は必ず非負であり（これは 定義2.9 から明らかである）、したがってその期待値も非負であるから、完全情報の期待価値も非負であることがわかる。

5 │ 不完全情報の価値

　次に、不完全情報の期待価値を定式化する。不完全情報を扱ううえで、**条件付き確率**（conditional probability）の概念が重要である。ある事象Aが起こるという条件のもとで事象Bが起こる確率を $p(\mathrm{B}|\mathrm{A})$ などと表す。

　l 個の入手し得る情報 $f_1, f_2, ..., f_l$ があるとする。実現する状態が s_j であるときに情報 f_k（k は $1, 2, ..., l$ のどれか）を得る条件付き確率 $q(f_k|s_j)$ が、それぞれの状態および情報について与えられているとする。

　$p(s_j)$ は、情報を得る前に予想している各状態 s_j の実現確率であり、事前確率である。これらの事前確率を前提として、情報 f_k を得る確率を $q(f_k)$ とすると、

$$q(f_k) = \sum_{j=1}^{n} p(s_j)q(f_k|s_j) \tag{2.47}$$

である。式中の $p(s_j)q(f_k|s_j)$ は、状態 s_j が実現し、かつ情報 f_k を得る確率である。

　情報 f_k を得た場合、状態 s_j の実現確率は、事後確率 $p(s_j|f_k)$ へと更新される。これは条件付き確率であり、**ベイズの定理**（Bayes' theorem）より、

$$p(s_j|f_k) = \frac{p(s_j)q(f_k|s_j)}{q(f_k)} \tag{2.48}$$

と計算される[11]。この式は、分子が「状態 s_j が実現し、かつ情報 f_k を得る確率」、分母が「情報 f_k を得る確率」であるから、情報 f_k を得るときに限定した際の

---

11)　ベイズの定理は条件付き確率に関する公式であり、多くの確率論や統計学の文献に解説があるので参照されたい。

状態 s_j が実現する確率を表す。

以上をもとに、不完全情報の期待価値は次のように定義される。

定義2.10　不完全情報の期待価値は、次式で定義される。

$$\sum_{k=1}^{l}\left\{\max_i \sum_{j=1}^{n} g(a_i, s_j)p(s_j|f_k)\right\} q(f_k) - \max_i \sum_{j=1}^{n} g(a_i, s_j)p(s_j) \quad (2.49)$$

定義2.10 は、定義2.6 を言い換えたものである。式 (2.49) の第1項と第2項は
それぞれ、定義2.6 における「不完全情報がある場合の最大期待利得」と「不完
全情報がない場合の最大期待利得」である。この式の第1項の中の

$$\max_i \sum_{j=1}^{n} g(a_i, s_j)p(s_j|f_k) \quad (2.50)$$

の部分は、情報 f_k を得た場合の事後確率のもとで、期待利得を最大化する選択
をした際の期待利得である。

例2.9　2.5節の不完全情報の期待価値の計算例を、以上の定式化に当てはめ
てみよう。情報として、「好転」予測、「不変」予測、「悪化」予測の3つがある。
これらを順に f_1, f_2, f_3 とする。各状態が実現する場合にそれぞれの情報を得
る条件付き確率は、次のとおり与えられている。

$$q(f_1|\text{好転}) = 0.8, \quad q(f_2|\text{好転}) = 0.1, \quad q(f_3|\text{好転}) = 0.1,$$
$$q(f_1|\text{不変}) = 0.1, \quad q(f_2|\text{不変}) = 0.8, \quad q(f_3|\text{不変}) = 0.1, \quad (2.51)$$
$$q(f_1|\text{悪化}) = 0.1, \quad q(f_2|\text{悪化}) = 0.1, \quad q(f_3|\text{悪化}) = 0.8$$

「好転」予測、すなわち情報 f_1 を得る確率は、式 (2.47) より、

$$q(f_1)$$
$$= \sum_{j=1}^{3} p(s_j)q(f_1|s_j) \quad (2.52)$$
$$= p(\text{好転})q(f_1|\text{好転}) + p(\text{不変})q(f_1|\text{不変}) + p(\text{悪化})q(f_1|\text{悪化})$$
$$= 0.3 \times 0.8 + 0.5 \times 0.1 + 0.2 \times 0.1 = 0.31$$

である（これは式 (2.9) の計算と同じである）。同様に計算して、$q(f_2) = 0.45$ および $q(f_3) = 0.24$ である（式 (2.10) および式 (2.11)）。

「好転」予測を得た場合の「好転」の実現確率、すなわち $p(好転\,|f_1)$ は、式 (2.48) より、

$$p(好転\,|f_1) = \frac{p(好転)q(f_1|\,好転)}{q(f_1)} = \frac{0.3 \times 0.8}{0.31} \approx 0.774 \quad (2.53)$$

である（これは式 (2.13) の計算と同じである）。他の場合の事後確率も同様に求められる（結果は表 2.11 のとおり）。

これらの値を用いて、不完全情報の期待価値を計算する。式 (2.49) の第 2 項（不完全情報がない場合の最大期待利得）は、式 (2.39) の第 2 項（完全情報がない場合の最大期待利得）と同じであり、この例では、式 (2.41) で求めたとおり 3.9 である。

式 (2.49) の第 1 項（不完全情報がある場合の最大期待利得）を求めよう。そのためにまず、情報ごとに、事後確率のもとで期待利得を最大化する選択をした場合の期待利得（式 (2.50)）を求める。計算結果は 2.5 節で示したとおりで、

$$\max_i \sum_{j=1}^{3} g(a_i, s_j)p(s_j|f_1) = \sum_{j=1}^{3} g(\mathrm{C}, s_j)p(s_j|f_1) = 6.415 \ ,$$

$$\max_i \sum_{j=1}^{3} g(a_i, s_j)p(s_j|f_2) = \sum_{j=1}^{3} g(\mathrm{B}, s_j)p(s_j|f_2) = 3.979 \ , \quad (2.54)$$

$$\max_i \sum_{j=1}^{3} g(a_i, s_j)p(s_j|f_3) = \sum_{j=1}^{3} g(\mathrm{B}, s_j)p(s_j|f_3) = 2.791$$

である。したがって、式 (2.49) の第 1 項は、

$$\sum_{k=1}^{3} \left\{ \max_i \sum_{j=1}^{3} g(a_i, s_j)p(s_j|f_k) \right\} q(f_k)$$

$$
\begin{aligned}
= & \left\{ \max_i \sum_{j=1}^{3} g(a_i, s_j) p(s_j | f_1) \right\} q(f_1) \\
& + \left\{ \max_i \sum_{j=1}^{3} g(a_i, s_j) p(s_j | f_2) \right\} q(f_2) \\
& + \left\{ \max_i \sum_{j=1}^{3} g(a_i, s_j) p(s_j | f_3) \right\} q(f_3)
\end{aligned}
\tag{2.55}
$$

$$
= 6.415 \times 0.31 + 3.979 \times 0.45 + 2.791 \times 0.24 \approx 4.449
$$

である（これは式 (2.14) の計算と同じである）。

以上より、不完全情報の期待価値は、 $4.449 - 3.9 = 0.549$ である。

演習問題

2.1 ある会社で、ある製品の来年の製造量を検討しており、選択肢は「A：10% 増産」「B：増減なし」「C：10% 減産」の 3 つがある。それぞれの場合にこの製品の製造・販売から得られる利益（単位：億円）は、不確実な市場の需要（「多い」「普通」「少ない」のいずれか）に依存し、表 2.13 のとおりである。表 2.13 の数値を利得とする。

表 2.13 製造量選択の利得表

		状態（市場の需要）		
		多　い	普　通	少ない
選択肢 （製造量）	A：10% 増産	30	23	15
	B：増減なし	25	22	18
	C：10% 減産	19	20	22

(a) 2.3 節で述べた 5 つの意思決定基準（マキシミン基準、マキシマックス基準、ハーヴィッツ基準、ラプラス基準、ミニマックス・リグレット基準）を用いた場合に選ばれる選択肢をそれぞれ求めよ。

　　(b)　市場の需要について、「多い」「普通」「少ない」の各状態が実現する確率がそれぞれ0.2、0.5、0.3と予想されるとき、2.4節で述べた3つの意思決定基準（最尤未来基準、要求水準基準、期待利得最大化基準）を用いた場合に選ばれる選択肢をそれぞれ求めよ。

　　(c)　各状態の実現確率を (b) のように見積もっているとき、完全情報の期待価値を求めよ。

2.2　ある会社で、2つのプロジェクトAとBがある。どちらのプロジェクトも、成功または失敗する可能性がある。プロジェクトAは、成功確率が0.7で、成功した場合は15億円の利益、失敗した場合は5億円の損失となる。プロジェクトBは、成功確率が0.5で、成功した場合は35億円の利益、失敗した場合は15億円の損失となる。初めに、いずれか1つのプロジェクトを選んで実施する。そのプロジェクトが成功した場合に限り、続けてもう1つのプロジェクトを実施することができる。ただし、2つ目のプロジェクトは、実施しなくてもよい。各プロジェクトの成功確率、利益と損失は、実施する順番や他方のプロジェクトの成否に影響されないものとする。

　　(a)　利益（単位：億円）を利得として（損失はマイナスの利益とする）、この状況を決定木で表せ。2つのプロジェクトを実施する場合は、それぞれの利益または損失の合計を利得とする。

　　(b)　後ろ向き帰納法を適用して、どのようにプロジェクトを実施するのがよいかを決定せよ。

2.3　2.6節の 例2.3 の状況（表2.12）で、ある状態が実現する場合に、7割の確率でそれを正しく予測するエコノミストがいるとする。つまり、実際に「好転」になる場合は、確率0.7で「好転」、確率0.3で「悪化」と予測する。また、実際に「悪化」になる場合は、確率0.3で「好転」、確率0.7で「悪化」と予測する。

　　(a)　2.5節で説明した方法で、不完全情報の期待価値を求めよ。また、このエコノミストからの予測を入手するのにいくらまでなら（利得相当で）支払ってよいか。

　　(b)　不完全情報の期待価値は、次のように決定木を用いて求めることもできる。まず予測を入手するか否かを選択するとして、この状況を図2.8のような決定木で表す。「予測を入手しない」を選ぶと、それ以降の状況

は図2.3と同じなので、省略してある。一方、「予測を入手する」を選ぶと、次にどちらの予測を得るかが決まる。続いてプロジェクトの選択を行い、その後にどの状態が実現するかが決まる。図中の不確実性ノードからの枝上の確率 $p_1 \sim p_6$ はそれぞれ、(a) の計算で求めた次の値とする。

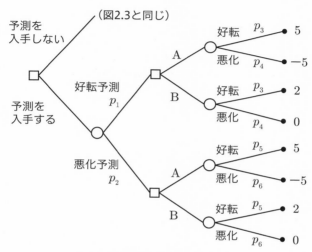

図2.8　演習問題2.3（b）の決定木

p_1：「好転」の予測を得る確率
p_2：「悪化」の予測を得る確率
p_3：「好転」の予測を得た場合の、「好転」の事後確率
p_4：「好転」の予測を得た場合の、「悪化」の事後確率
p_5：「悪化」の予測を得た場合の、「好転」の事後確率
p_6：「悪化」の予測を得た場合の、「悪化」の事後確率

　この決定木に後ろ向き帰納法を適用した際に、予測を入手する場合としない場合の期待利得はそれぞれ、定義 2.6 の「不完全情報がある場合の最大期待利得」および「不完全情報がない場合の最大期待利得」と等しい。したがって、それらの差分が不完全情報の期待価値である。この方法で不完全情報の期待価値を求めよ。

文献ガイド

2.5節で述べた情報の価値について、次の文献に解説がある。

・市川（1983）『意思決定論』, 共立出版
・馬場（2021）『意思決定分析と予測の活用　基礎理論から Python 実装まで』, 講談社
・Taylor（2019）"Introduction to Management Science, Global Edition," Pearson Education Limited

2.6節で述べた決定木については、次の文献により詳しい解説や様々な分析事例がある。

・大林（2014）『ビジネス意思決定―理論とケースで決断力を鍛える』, ダイヤモンド社
・西崎（2017）『意思決定の数理：最適な案を選択するための理論と手法』, 森北出版

3.1 戦略的意思決定とは

本章では、戦略的状況における意思決定、すなわち**戦略的意思決定**について議論する。**戦略的状況とは、意思決定の結果やそこでの利害が、自分の選択だけでなく他の意思決定者の選択にも依存し、さらにそのことがそれぞれの意思決定者について当てはまるような状況**である（1.4節）。意思決定の結果が自身の選択のみでは決まらないという点では、広義には不確実性下の意思決定に含まれるが、第2章で議論した状況と異なるのは、不確実な要因が他の意思決定者の選択という点である。

この違いは、それぞれの状況での意思決定の仕方を理解するうえで重要なので、整理しておこう。

第2章では、不確実性下の意思決定の例として、来年の経済状況が不確実な状況における、ある会社の意思決定について考えた。ここで、この会社の利害は、来年の経済状況に依存するとしたが、「来年の経済状況」は意思決定者ではない。「来年の経済状況」自体は利害を持つわけではなく、まして会社側がどのような選択を行うかを考えて経済状況を決定するわけではない。したがって、この会社は、経済状況に関する確率的な予想などをもとに意思決定を行うのであった（図3.1上）。

【不確実性下の意思決定】

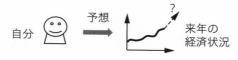

【戦略的意思決定】

図3.1　不確実性下の意思決定と戦略的意思決定

　一方、戦略的状況の例として、競合関係にある2つの会社が、各々どのような商品を販売するかを検討しており、互いに、商品の売れ行きは、相手が販売する商品に依存する状況を考えてみよう。いずれかの会社の立場に立つと、相手の選択を予想しながら、自身もなるべく望ましい選択をしたいのだが、先の経済状況の場合と異なるのは、相手の会社も同様に考えていることである。そのため、**相手の選択を予想するには、相手はどのように考えて意思決定をするだろうか、という点を考慮しなければならない**（図3.1下）。戦略的状況においては、このような意思決定者どうしの相互依存関係をふまえて、合理的な意思決定について考える必要がある。

1　ゲ ー ム 理 論

　ゲーム理論は、このような戦略的意思決定を扱う理論であり、数学者のフォン・ノイマン（John von Neumann）と経済学者のモルゲンシュテルン（Oskar Morgenstern）によってその基礎が確立された。ゲーム理論では、意思決定者のことを**プレイヤー**（player）と呼び、戦略的状況を**ゲーム**（game）と見なして、そこでのプレイヤーたちの意思決定について分析する。**個別の意思決定者だけではなく、その状況に関わる複数の意思決定者の意思決定をまとめて1つのモデルで分析する。**

　ゲーム理論にはいくつかの分析（モデル化）の方法があるが、大まかには図3.2のように分類される。

図3.2　ゲーム理論の分析方法

　まず、大きく分けて、**協力ゲーム**（cooperative game）と**非協力ゲーム**（non-cooperative game）がある。協力ゲームは、プレイヤーどうしが話し合って、合意に基づく協力関係を結ぶ（たとえば、複数の企業が契約を交わして業務提携を行う）ことが可能な状況を想定する。協力ゲームの分析では、どのプレイヤー

どうしが協力関係を構築するのか、そしてそのような協力により得た利得をどのように分配するのか、が主な関心となる。

これに対して、非協力ゲームでは、そのような合意や協力を前提とせず、戦略的状況において個々のプレイヤーが合理的に振る舞う結果、どのような意思決定がなされるかを分析する。本書では、こうした戦略的状況における合理的な意思決定について考えるため、非協力ゲーム[1] について説明する。

非協力ゲームのモデルには、**戦略形ゲーム**（strategic-form game）[2] と**展開形ゲーム**（extensive-form game）がある。戦略形ゲームは、ゲーム理論の最も基本的なモデルであり、各プレイヤーの選択と利得の関係を表現する。展開形ゲームは、時間の流れを明示的に考えるモデルで、プレイヤーたちが時間をおいて順番に選択を行うような戦略的状況を表すのに適している。ただし、後述するように、両者は表現の仕方の違いであり、互いに他方に変換することもできる。

本章では、次節からまず戦略形ゲームについて、そして3.5節以降で展開形ゲームについて解説する。

3.2 戦略形ゲーム

戦略形ゲームは、次の3つの要素で構成される。

- **プレイヤー**：誰が意思決定者か
- **戦略**（strategy）：各プレイヤーはどのような選択肢を持つか
- **利得**：各プレイヤーにとって、それぞれの結果（戦略の組み合わせ）はどの程度望ましいか

戦略形ゲームでは、個々の選択肢のことを戦略と呼ぶ。どのような戦略を持つかは、プレイヤーごとに異なっていてもよい。

---

[1] ここでの「非協力」とは、協力的でないプレイヤーしか考えない、プレイヤーたちは絶対に協力しない、などということを意味するのではない。非協力ゲームでも、個々のプレイヤーが合理的に意思決定した結果、他のプレイヤーと協力する行動を選択する状況も分析できる。

[2] 戦略形ゲームは、標準形ゲーム（normal-form game）とも呼ばれる。

　戦略形ゲームは、次のような戦略的状況を表現したものである。まず、それぞれのプレイヤーがいずれか1つの戦略を選ぶ。各プレイヤーの戦略の組み合わせ（以下、**戦略の組**（strategy profile）という）によって、ゲームの結果が定まる。文脈によっては、戦略の組自体をゲームの結果と言うこともある。そして、ゲームの結果に応じて、各プレイヤーの利得が決まる。利得はプレイヤーにとっての結果の望ましさを表す数値であり、値が大きいほどその結果が望ましいことを意味する（利得については、2.2節参照）。

　プレイヤーが**合理的**であるとは、利得の最大化を目指すよう振る舞うことと同じである（1.7節参照）。ゲーム理論では通常、戦略的状況における合理的な意思決定について分析する。以下でも特に断らない限り、合理的なプレイヤーを想定する。

　身近な例として、2人でのじゃんけんを戦略形ゲームとして表すと、この2人がプレイヤーであり、それぞれのプレイヤーは「グー」「チョキ」「パー」の3つの戦略を持つ。戦略の組は、2人が選ぶ戦略の組み合わせであり、この場合は $3 \times 3 = 9$ 通りある。そのうちどれが実現するかによって、それぞれのプレイヤーの勝ち負け、またはあいこになることが決まる。勝ち＞あいこ＞負けの順に望ましいなら、そのように各プレイヤーの利得を定める。

　戦略形ゲームでは、このように各プレイヤーが一斉に、一度ずつ戦略を選ぶ。じゃんけんのように、プレイヤーたちが同時に意思決定をする状況は、戦略形ゲームとして表現し、分析できる。ただし、厳密に言えば、必ずしも意思決定のタイミングは同じでなくてもよい。戦略形ゲームのより本質的な前提は、**各プレイヤーは、互いに相手の選択を知らないまま、自分が選ぶ戦略を決める**ということである。

　また、ここでの戦略は、「相手がこうしてきたら自分はこうする」といった、他のプレイヤーの選択に応じた行動の計画のようなものを考えることもできるが、これについては、3.5節以降で展開形ゲームとの関連において述べる。

1 │ 利得表による表現

　プレイヤーが2人で戦略の数も多くない戦略形ゲームは、**利得表**の形で表現することができる。第2章で扱った不確実性下の意思決定の利得表と異なるのは、環境要因の状態ではなく相手のプレイヤーの戦略を考える点、そして両方のプレイヤーの利得を明示する点である。

例3.1　同一業種で競合関係にあるS社とT社は、それぞれどのような商品を販売するかを検討している。候補として、Aタイプの商品とBタイプの商品があり、各社はいずれか1つを選ぶとする（たとえばノートパソコンであれば、軽量だがスペックが劣るものか、やや重いがハイスペックなものかを選ぶ場面をイメージするとよい）。互いに、この選択は相手の選択を知る前に行わなければならない。どちらの会社も、商品の販売で得る利益をなるべく大きくしたい。需要はAタイプの方が比較的多い。ただし、両社が同じタイプを販売して競合した場合には、需要を分け合うことになる。その場合、T社の商品の方が多く売れるとする。具体的には、各社の選択に応じて、結果（各社の利益）は次のように予想される。

　・両社が異なるタイプを選択した場合、Aタイプを選択した方は12億円、
　　Bタイプを選択した方は8億円の利益を得る。
　・両社ともAタイプを選択した場合、S社は3億円、T社は9億円の利益を得る。
　・両社ともBタイプを選択した場合、S社は2億円、T社は6億円の利益を得る。

　例3.1の状況を戦略形ゲームとして捉えると、プレイヤーはS社とT社であり、どちらもAタイプとBタイプの2つの戦略を持つ。各社の利得は、上記の利益（単位：億円）とする。このゲームを商品選択ゲームと呼ぶことにする。
　表3.1は、このゲームの利得表である。表では、両社の戦略の組ごとに2つの数値が記されている。左の数値が戦略を縦方向に並べてあるプレイヤー（この場合はS社）の利得、右の数値が戦略を横方向に並べてあるプレイヤー（この場合はT社）の利得である。たとえば、S社がAタイプ、T社がBタイプを選んだ場合に「12, 8」とあるのは、S社の利得が12、T社の利得が8であることを意味する。以降もゲームの利得表をこのように解釈する。

表3.1 　例3.1 　の商品選択ゲームの利得表

		T社	
		Aタイプ	Bタイプ
S社	Aタイプ	3, 9	12, 8
	Bタイプ	8, 12	2, 6

2 　支 配 戦 略

　表3.1のゲームにおいて、各社はどのように意思決定すべきだろうか。どちらも合理的であるなら、なるべく大きな利得を得ることが目的となるが、ここでは、互いに相手の選択を知らずに、つまり不確実なまま意思決定を行うのであった。2.2節で述べた選択肢の支配の概念（定義2.1）は、ここでも応用することができる。戦略形ゲームにおいては、次のように定義される。

> 定義3.1　　あるプレイヤーにとって、自身の2つの戦略XとYについて、他のプレイヤー（たち）がどのような戦略を選んだ場合でも、Xを選択した際の利得がYを選択した際の利得より大きい場合、XはYを**支配する**という。YはXに支配されるともいう。

　戦略的状況においても、やはり**支配される戦略を選ぶメリットはない**（弱支配の関係についても2.2節と同様に定義できるが、省略する）。
　表3.1においては、次のようになる。

- ・S社にとって、もしT社の選択がAタイプなら自分はBタイプ、T社の選択がBタイプなら自分はAタイプを選択した方が利得が大きい。したがって、S社の2つの戦略の間に支配の関係はない。
- ・T社にとって、S社がどちらの戦略を選んだ場合でも、Aタイプを選ぶ方が利得が大きい。したがって、AタイプがBタイプを支配する。

　2.2節で述べた支配的な選択肢（定義2.3）に相当する概念は、ゲーム理論では支配戦略という。

> **定義 3.2** あるプレイヤーにとって、自身のある戦略が他の全ての戦略を支配する場合、その戦略を（そのプレイヤーの）**支配戦略**（dominant strategy）という。

支配戦略がある場合、他のプレイヤーの選択が何であれ、その支配戦略を選ぶことが最適である。**合理的なプレイヤーは、支配戦略を持つならそれを選ぶであろう。** ただし、いつも支配戦略があるとは限らない。

表 3.1 のゲームでは、どちらのプレイヤーも戦略は 2 つしかないので、もしある戦略が他方の戦略を支配していれば、前者は支配戦略となる。T 社にとっては、A タイプが支配戦略となる。したがって、T 社は合理的であれば A タイプを選ぶだろう。一方、S 社は支配戦略を持たない。

3 支配される戦略の逐次消去

支配戦略を持たない S 社はどのように意思決定を行えばよいだろうか。S 社の最適な選択は T 社の選択に依存するので、T 社の選択をどのように予想するかが鍵となる。

これまでの議論より、T 社は合理的であれば、他の戦略に支配される B タイプは選ばないはずである。よって、S 社としては、T 社が B タイプを選ぶ可能性を除いて、T 社は A タイプを選ぶと考えてよさそうである。表 3.2 は、表 3.1 から T 社の戦略のうち B タイプを消去した場合の利得表である。S 社は実質的に、このゲームにおける意思決定を考えればよい。ここでは T 社の取り得る戦略は A タイプのみなので、S 社はそれに対して最も利得が大きくなる戦略、すなわち B タイプを選べばよい。

表 3.2　T 社の B タイプを消去した利得表

		T 社
		A タイプ
S 社	A タイプ	3, 9
	B タイプ	8, 12

　このように、戦略的状況では、**自分に支配戦略がなくても、相手の合理性を前提として相手の選択を予想し、それをもとに自分も取るべき選択を絞り込むことができる**場合がある。

　これは、第2章で議論した不確実性下の意思決定との大きな違いである。仮に、表3.1の状況をS社にとっての不確実性下の意思決定問題と見ると（つまりT社の選択を単なる環境要因の状態と見なす）、表3.3の利得表で示される状況となる。この表にはS社の利得のみが記されている。これに2.3節で述べた5つの意思決定基準を適用すると、それぞれ次のようになる。

- ・マキシミン基準：Aタイプを選ぶと最小の利得は3、Bタイプを選ぶと最小の利得は2なので、Aタイプを選ぶ。
- ・マキシマックス基準：Aタイプを選ぶと最大の利得は12、Bタイプを選ぶと最大の利得は8なので、Aタイプを選ぶ。
- ・ハーヴィッツ基準：マキシミン、マキシマックスのいずれの基準もAタイプを選ぶことから、楽観度によらずAタイプを選ぶ。
- ・ラプラス基準：等確率を仮定すると、Aタイプの期待利得は7.5、Bタイプの期待利得は5なので、Aタイプを選ぶ。
- ・ミニマックス・リグレット基準：Aタイプを選ぶと後悔度は最大で5（T社の選択がAタイプの場合）、Bタイプを選ぶと後悔度は最大で10（T社の選択がBタイプの場合）なので、Aタイプを選ぶ。

表3.3　S社にとっての不確実性下の意思決定問題と見た場合

		状態（T社の選択）	
		Aタイプ	Bタイプ
（S社の）選択肢	Aタイプ	3	12
	Bタイプ	8	2

　よって、単なる不確実性下の意思決定問題と見なすと、いずれの意思決定基準を用いても、S社はAタイプを選択すべきという結論を得る。これは、上で述べた、相手の合理性をもとに推論した場合のBタイプを選択すべきという結論と異なる。

表3.4　さらにS社のAタイプを消去した利得表

		T社
		Aタイプ
S社	Bタイプ	8, 12

　ところで、表3.2の利得表では、S社にとって、AタイプはBタイプに支配されている。よって、この状況でS社はAタイプを選ばないであろうから、さらにこの支配される戦略を消去すると、表3.4の利得表を得る。この利得表では両社とも1つの戦略しか残っていない。したがって、互いの合理性に基づくと、各社は表3.4に残った戦略を選ぶと結論付けることができる。

　このように、**当初の利得表から始めて、いずれかのプレイヤーに支配される戦略があればそれを消去し、さらに消去後の利得表において支配される戦略があればそれを消去する、といったプロセスを繰り返す**ことを、**支配される戦略の逐次消去**（iterated elimination of dominated strategies）という。上で見たように、プレイヤーたちは、この手順によって、相手が選ぶであろう戦略や自身が選択すべき戦略を絞り込むことができる[3]。

　特に上の例のように、支配される戦略の逐次消去を行った結果、ただ1つの戦略の組が残るゲームは、**支配可解**（dominance solvable）[4]であるという。この場合、プレイヤーたちが合理的であれば、ゲームの結果として、その戦略の組が選ばれると考えることができる。

4 ｜ ゲームと合理性についての知識

　上の支配される戦略の逐次消去の議論では、S社は、T社は支配されるBタイプを選ばないだろうと予想し、それをもとに自身にとって最適な選択を行うことを考えた。このような推論は、S社が、T社の利得やT社が合理的であることを知っている（少なくともそのように信じている）ことを前提としている。そうでなけ

---

3)　支配される戦略が複数ある場合、どのような順で消去しても構わない（消去の順番は結論に影響しない）。

4)　ゲーム理論では、合理的なプレイヤーたちが選ぶであろう戦略の組を、ゲームの解（solution）と呼ぶことがある。可解とは、そのような解を特定できるという意味である。

れば、必ずしもＴ社がＡタイプを選ぶと予想することはできない。

　ゲーム理論による分析では通常、このように、**ゲームの構造（プレイヤー、戦略、利得）については互いに知っており、さらに全てのプレイヤーは、自身が合理的であるだけでなく、他者も同様に合理的だと考えている**ことを前提とする[5]。もちろん現実にはこのことが当てはまらない状況もあり、3.7節ではそのようなケースを扱う。

　場合によっては、必ずしもプレイヤーがゲームの構造を全て把握していると想定する必要はない。たとえば、あるプレイヤーに支配戦略がある場合には、そのプレイヤーは、相手の利得や、相手が合理的かどうかを知らなくとも、自身の利得さえ把握していれば、自らの支配戦略を選ぶことができる。

3.3 ナッシュ均衡

　支配可解であれば、ゲームの結果として何が起こるかを特定することができる。しかし、戦略的状況には、支配可解ではないケースも多い。その場合は、どのように考えればよいだろうか。

> 例3.2 　例3.1 の商品選択ゲームでは、両社が同じタイプの商品を販売した場合、Ｔ社の方が多く売れるとしていた。この設定を変えて、その場合にはどちらの会社の商品も同じくらい売れるとする。それ以外の条件は同じとして、各社の利得（億円単位の利益）は、表3.5の利得表のようになるとする。

表3.5 　例3.2 の商品選択ゲームの利得表

		T社	
		Aタイプ	Bタイプ
S社	Aタイプ	6, 6	12, 8
	Bタイプ	8, 12	4, 4

---

5) 　支配される戦略の逐次消去で戦略の消去が何回も行われるような場合、そのような推論を正当化するためには、互いに知っているだけでなく、互いに知っていることを互いに知っており…とさらに深い知識を想定する必要がある。これをゲーム理論では共有知識（common knowledge）という。

　表3.5のゲームでは、両社とも支配される戦略はないので、支配される戦略の逐次消去を適用しようとしても、1つも戦略を消去できない。このような場合、合理性からのみでは、各社は選ぶべき戦略を決められず、ゲームの結果として何が起こるかを特定することはできない。

　そこで、戦略形ゲームでは、ある戦略の組がゲームの結果として実現すると考えてよいかを、**ナッシュ均衡**（Nash equilibrium）という概念を用いて分析する。これは、**どのプレイヤーも（他のプレイヤーは選択を変更しないであろうという前提で）そこから選択を変更する動機を持たない状況**である。つまり、「自分だけ選択を変えても利得が大きくなることはない」ということが全てのプレイヤーに当てはまる状況である。ナッシュ（John F. Nash）は、この概念を提唱した数学者の名前である。ナッシュ均衡はゲーム理論の分析における中心的な概念であり、ナッシュはその功績により1994年にノーベル経済学賞を受賞した。

　前節で述べた戦略の支配の概念は、個別のプレイヤーの戦略の関係に言及したものであり、支配可解の場合、各自の合理的な意思決定の帰結として、ゲームの結果を予測できた。これに対して、**ナッシュ均衡は、全てのプレイヤーの戦略の組の性質に着目した概念である**。個別のプレイヤーの立場でどのような意思決定をすべきかというより、ゲームの結果としてどの戦略の組が実現するかということが、ナッシュ均衡を用いた分析の主眼となる。

　上で述べた性質から、ナッシュ均衡が一旦実現すれば、その結果は変わりにくいと考えられる。一方、ナッシュ均衡でなければ、誰かが戦略を変えたいと考えるかもしれず、そのような結果は不安定である。「均衡」とは、そうした不安定さがない状態を指している。このことから、ゲーム理論では、**ある戦略の組が安定的に実現するならば、それはナッシュ均衡である**と考える。このように考えてよい理由や条件については、以下でまずナッシュ均衡の定義を確認した後で、改めて説明する。

1 ｜ ナッシュ均衡の定義

　ある戦略の組を考えたとき、自分だけそこから選択を変えても利得が大きくならないということは、そこで選んでいる戦略が他のプレイヤーが選んだ戦略に対して最適になっているということである。このような戦略を最適反応[6]という。

---

6)　最適応答（best reply）ともいう。

> **定義 3.3** あるプレイヤーにとって、他のプレイヤーが戦略（複数いる場合は戦略の組）Yを選択する場合に、自身は戦略Xを選ぶと利得が最大になるとき、Xを、Yに対する**最適反応**（best response）という。

これを用いて、ナッシュ均衡は次のように定義される。

> **定義 3.4** ある戦略の組において、どのプレイヤーの戦略も他のプレイヤーの戦略（複数いる場合は戦略の組）に対する最適反応であるとき、その戦略の組を**ナッシュ均衡**という。

　ナッシュ均衡は、個別のプレイヤーの戦略ではなく、定義 3.4 の条件を満たす、全てのプレイヤーの戦略の組であることに注意しよう。

　以降、ゲームの利得表が与えられた際に、戦略を縦方向に並べてあるプレイヤーが戦略X、戦略を横方向に並べてあるプレイヤーが戦略Yを選ぶような戦略の組を、（X, Y）と表すことにする。たとえば表3.5で、S社がBタイプ、T社がAタイプを選ぶ戦略の組は、（Bタイプ, Aタイプ）と表記する。

　表3.5のゲームでは、（Bタイプ, Aタイプ）は、互いに相手の戦略に対する最適反応であるため、ナッシュ均衡である。このことは、次のように確認できる。

- ・T社がAタイプを選ぶなら、S社はAタイプを選ぶと利得が6、Bタイプを選ぶと利得が8なので、Bタイプを選ぶ方が利得は大きい。よって、T社のAタイプに対して、S社のBタイプは最適反応である。
- ・S社がBタイプを選ぶなら、T社はAタイプを選ぶと利得が12、Bタイプを選ぶと利得が4なので、Aタイプを選ぶ方が利得は大きい。よって、S社のBタイプに対して、T社のAタイプは最適反応である。

　同様にして、（Aタイプ, Bタイプ）もナッシュ均衡であることが確かめられる。このように、**ナッシュ均衡は複数ある場合もある**。このゲームでは、これら2つの戦略の組がナッシュ均衡である。

　一方、（Aタイプ, Aタイプ）は、どちらの会社も相手の戦略に対する最適反応を選んでいないので、ナッシュ均衡ではない。この場合、どちらも、相手がAタイプを選択するなら、自分はBタイプを選んだ方が利得は大きくなる。同様に、

（Bタイプ, Bタイプ）もナッシュ均衡ではない。

　上で「ある戦略の組が安定的に実現するならば、それはナッシュ均衡である」と述べたが、その逆は必ずしも成り立たない。つまり、ある戦略の組がナッシュ均衡であることは、その実現を保証するものではない。特にこの例のように、複数のナッシュ均衡がある場合は、そのうちどれが実現するかを予測することは、何らかの追加的な情報がない限りできない。しかし、ナッシュ均衡の概念を用いることで、安定的に実現する可能性がある結果を、4つある戦略の組の中から2つに絞り込むことができる。

2 │ なぜナッシュ均衡が実現するのか

　ナッシュ均衡が実現すると考える理由、そしてどのようなときにそう考えてよいかについて、より詳しく検討しよう。この議論を通じて、ナッシュ均衡という概念を考えることの意義もより明らかになると思われる[7]。

　戦略的状況では、支配戦略がない限り、どの戦略を選ぶとよいかは、他のプレイヤーの選択に依存する。そのため、各プレイヤーは、相手の選択を予想しながら、なるべく利得が大きくなる戦略を選びたいと考えるだろう。このとき、プレイヤーの合理性は、次のような条件としても表現できる。

【条件1】　各プレイヤーは、他のプレイヤーの選択に関して何らかの予想をし、その予想に基づいて、最適な戦略を選ぶ。

　しかし、この合理性の条件だけでは、ナッシュ均衡が実現すると結論付けることはできない。【条件1】では、プレイヤーがどのような予想をするかについては、何も言及していないためである。もし互いの予想が食い違えば、ナッシュ均衡ではない戦略の組が実現することもあり得る。たとえば表3.5のゲームで、S社は、T社がAタイプを選ぶと予想して、それに対する最適反応であるBタイプを選ぶとする。一方、T社は、S社がAタイプを選ぶと予想して、それに対する最適反応であるBタイプを選ぶとする。結果、（Bタイプ, Bタイプ）が実現するが、これはナッシュ均衡ではない。

---

7)　ここでの議論は、章末の文献ガイドにある神取（2014）などを参考にした。

それでは、どのような場合にナッシュ均衡が実現するのだろうか。それは、次の条件も満たされる場合である。

【条件2】 各プレイヤーは、他のプレイヤーの選択を正しく予想している。

予想が正しいとは、他のプレイヤーが実際にその予想どおりの戦略を選ぶということである。一般に、**【条件1】と【条件2】がともに満たされる場合、選択される戦略の組は必ずナッシュ均衡になる**[8]。

図3.3は、表3.5のゲームのナッシュ均衡の1つである（Bタイプ, Aタイプ）について、このことを確認したものである。図中の実線の矢印は、【条件1】の成立、すなわち各プレイヤーが「相手の選択の予想」に基づき「自分の選択」として最適反応を選んでいることを表す。一方、点線の矢印は、【条件2】の成立、すなわちこれらの予想が正しく、実際の相手の選択と整合的であることを表す。このとき、両プレイヤーの「自分の選択」の組み合わせである（Bタイプ, Aタイプ）は、たしかにナッシュ均衡である。

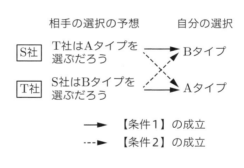

相手の選択の予想　　　自分の選択

S社　T社はAタイプを選ぶだろう　→　Bタイプ

T社　S社はBタイプを選ぶだろう　→　Aタイプ

　→　【条件1】の成立
　⋯▶　【条件2】の成立

図3.3　ナッシュ均衡における予想と選択

ここで、他のプレイヤーの選択を正しく予想することは、もちろん無条件に可能なわけではない。しかし、以下で見るように、**何らかのプロセスやメカニズムを通じて、プレイヤーたちが正しい予想を形成する**ことを期待できる状況も多くある。ナッシュ均衡を用いてゲームの結果を予測することが妥当なのは、そのよ

---

8) つまり、【条件1】と【条件2】がともに満たされることは、ナッシュ均衡が実現するための十分条件である（必要条件ではない）。

うな場合である。逆に言えば、そうでない場合に、ナッシュ均衡による分析を行うのは必ずしも適切ではない。

　以下では、こうした正しい予想がどのように形成され得るかについて、いくつかの主なケースを述べる。

■**合理的推論の結果**　**支配可解であるゲームでは、支配される戦略の逐次消去により残る戦略の組は、必ずナッシュ均衡である。**前節の表3.1のゲームでは、支配される戦略の逐次消去によって、（Bタイプ，Aタイプ）のみが残るのであった。この戦略の組は、互いに最適反応を選択しているので、ナッシュ均衡である。しかも、このゲームで唯一のナッシュ均衡である[9]。

　前節で述べたように、支配される戦略の逐次消去は、互いが合理的であることを前提として、それぞれのプレイヤーが選ぶであろう戦略を絞り込んでいくプロセスである。支配可解であるなら、プレイヤーたちは、最終的にある1つの戦略の組の実現を予想する。これは、合理性に基づく推論により、正しい予想を形成できるケースである。ただし、先に述べたとおり、ゲームは支配可解とは限らないので、このような推論はいつでも可能なわけではない。

　なお、支配可解の特別なケースとして、全てのプレイヤーが支配戦略を持つ場合がある（後述する表3.8の価格決定ゲームはその一例である）。このとき、各プレイヤーの支配戦略の組は、**支配戦略均衡**（dominant strategy equilibrium）と呼ばれる。支配戦略は相手のどの戦略に対しても最適反応となるので、支配戦略均衡は、明らかにナッシュ均衡である。支配戦略均衡の実現には、【条件2】を仮定する必要はない。各プレイヤーは合理的でありさえすれば、支配戦略を選ぶためである。

■**繰り返し試行錯誤の結果**　ゲームが一度ではなく何度も繰り返して行われるなかで、プレイヤーたちが互いの行動を見ながら、相手の選択についての予想を定めていくケースである。先に「ある戦略の組が安定的に実現するならば、それはナッシュ均衡である」と述べたのは、典型的にはこのような状況を想定したものである。「安定的に実現」とは、ある戦略の組がたまたま1回選ばれるのではなく、ある程度以上継続して選ばれることである。

---

9)　このことは一般的に成り立つ。つまり、支配可解であるゲームでは、残った戦略の組は唯一のナッシュ均衡である。

　表3.5の商品選択ゲームでは、ナッシュ均衡が安定的に達成されるプロセスとして、次のようなシナリオが考えられる。両社は商品選択の意思決定を一度だけ行うのではなく、何度も繰り返し行うとする。たとえば、一定期間ごとに見直しが可能であり、それまで販売していた商品から別の商品へ変えることもできるような状況である（このとき、利得は各期の利益とする。スイッチングコストなどは考えないことにする）。

　初めのうちは、互いに相手の選択に関する予想が定まらず、ナッシュ均衡ではない戦略の組が実現することもあり得る。しかし、試行錯誤をするうちに、やがて互いの選択の傾向がわかってきて、ある戦略の組が継続的に選ばれるようになるかもしれない。このとき、これがもしナッシュ均衡でなければ、最適反応ではない選択をした会社が「次は違う商品にしよう」と考えるかもしれず、安定とは言えない。また、そもそもそのような戦略の組は継続的に実現しにくいだろう。しかし、ナッシュ均衡であれば、どちらも「相手は次も同じ選択をするだろう」と予想する限り、自分も選択を変える動機はない。その結果、引き続きそのナッシュ均衡が実現することになる。

　ただし、試行錯誤を繰り返せば必ずナッシュ均衡が安定して実現するようになるわけではない。いつまでも互いの予想や選択が定まらないこともあるかもしれない。しかし、**試行錯誤の結果、ある戦略の組が安定的に実現するようになるなら、それはナッシュ均衡である**と言える。

■慣習　社会や組織、集団の慣習があることで、互いの選択が予想できる場合がある。
　東京ではエスカレーターに並ぶ際、左に並び、右は急ぐ人のために空けておくことが一般的である。これは、エスカレーターの利用者たちによる次のようなゲームを考えれば、ナッシュ均衡である。各利用者は、左右のどちらに並ぶかを選択する。このとき、他の人たちの多くと同じ側に並ぶ方が利得は大きいとする。他の人たちと異なる側に並ぶと、後ろから急いでくる人に衝突されたり文句を言われたりするためである。この状況では、どの利用者にとっても、他の人たちが左に並ぶなら自分も左に並ぶ方がよいため、全員が左に並ぶのはナッシュ均衡である[10]。

---

10)　ある慣習が存在することと、それが社会にとって望ましいことは別の話である。最近では、エスカレーターで左右両側に並ぶことを推奨する動きもあるが、なかなかこれまでの状況が変わらないのは、皆が同じ側に並ぶナッシュ均衡の安定性を表していると言えるのではないだろうか。

　ここで、他の人たちが左に並ぶであろうことを予想できるのは、東京ではそのようにする慣習があることが広く知られているためである。そのため、初めて東京を訪れた人でも、そのことを知っていれば、他の人たちがどちらに並ぶかを予想できる。

　なお、大阪では逆に右に並ぶことが一般的であるが、これも上のようなゲームを考えれば、同様にナッシュ均衡である。よって、これは複数のナッシュ均衡があるゲームである。前述のとおり、このような場合、事前に（このような慣習ができる前に）どちらの均衡が達成されるかを予測することはできない。しかし、繰り返し試行錯誤の議論と同様に、**安定的に観察される人々の選択、すなわち確立された慣習は、ナッシュ均衡となっている**。言い換えれば、ある戦略の組が慣習として成立するには、それがナッシュ均衡であることが必要である。

■事前のコミュニケーション　ゲームを行う前のプレイヤーどうしのコミュニケーションにより、ある戦略の組を達成させることで合意し、互いにその合意を守ることに信憑性がある場合である。

> 例3.3　例3.2 の商品選択ゲームでは、Aタイプの方がBタイプより需要が多いと想定していたが、この設定を変えて、どちらの商品も需要は同程度であるとする。他の条件は 例3.2 と同じとして、各社の利得（億円単位の利益）は、表3.6のようになるとする。

表3.6　例3.3 の商品選択ゲームの利得表

		T社	
		Aタイプ	Bタイプ
S社	Aタイプ	5, 5	10, 10
	Bタイプ	10, 10	5, 5

　表3.6のゲームでは、互いに異なる商品を選択することが、どちらにとっても望ましい。そのため、意思決定に先立ち、両社でどのように販売する商品の「すみ分け」を行うか、（可能であるなら）相談することが考えられる。

　相談の結果、S社がAタイプ、T社がBタイプを選ぶことに合意したとする。ただし、合意を守るかどうかは各自の判断である。ここで、合意した戦略の組（Aタイプ，Bタイプ）はナッシュ均衡なので、互いに、相手が合意を守るなら自分

も合意を守った方がよい。したがって、どちらも相手が合意を守ると予想し、その予想のもと合理的に意思決定すれば、このナッシュ均衡が実現する。

この場合、事前の相談に基づく合意が、相手の選択についての正しい予想をもたらしたことになる。一般に、**ある戦略の組を選ぶという合意が信憑性を持つ、つまり各プレイヤーがその合意が守ると期待できるのは、その戦略の組がナッシュ均衡である場合**である。もしナッシュ均衡でないなら、いずれかのプレイヤーに、その合意を守らず別の戦略を選ぶ動機があるためである。そもそも、そのような戦略の組では、合意自体が難しいかもしれない。表3.6のゲームでは、（Aタイプ，Aタイプ）で合意することは考えにくいし、仮に合意しても、その合意が守られるとも考えにくい。

なお、ナッシュ均衡であったとしても、その戦略の組で合意できるかはまた別の問題であり、合意のしやすさは利得の構造にも依存する。表3.6のゲームでは、2つのナッシュ均衡があるが、どちらの会社にとってもそれらの望ましさは同じ（いずれも利得が10）なので、いずれかの均衡を実現することの合意は比較的得やすいと考えられる。一方、表3.5のゲームの場合は、どちらのナッシュ均衡がより望ましいかは両社で異なるため、いずれかの均衡を達成することで合意するのは容易ではないかもしれない。

3 ナッシュ均衡の求め方

利得表からナッシュ均衡を求めたい場合、全ての戦略の組について1つずつ、互いに最適反応になっているかをチェックしてもよいが、戦略の数が多い場合には作業量が多くて困難になる。そこで、次の手順で求めるとよい。

手順1 （一方のプレイヤーの最適反応の特定）一方のプレイヤーから見て、相手の各戦略に対して、最大になる利得の値にそれぞれ印を付ける。

手順2 （他方のプレイヤーの最適反応の特定）他方のプレイヤーについて、手順1と同様のことを行う。

手順3 （ナッシュ均衡の特定）両方のプレイヤーの利得に印がついているケースがあれば、その戦略の組がナッシュ均衡である。

手順1と手順2では、各プレイヤーについて、相手のそれぞれの戦略に対する最適反応を求めていることになる。互いに最適反応を選んでいる戦略の組が

ナッシュ均衡なので、手順3でナッシュ均衡を特定できる。

表3.7は、表3.1の利得表にこの手順を適用したものである。具体的には、以下のようにナッシュ均衡を求められる。

手順1 （S社の最適反応の特定）まずS社から見て、T社がAタイプを選択する場合には、自分はAタイプを選択すれば利得は3、Bタイプを選択すれば利得は8であり、後者の方が大きいので、「8」に印（表3.7では下線、以下同様）を付ける。同様に、T社がBタイプを選択する場合は、自分はAタイプを選択した方が利得は大きく、その利得「12」に印を付ける。

手順2 （T社の最適反応の特定）次にT社から見て、S社がAタイプを選択する場合には、自分はAタイプを選択すれば利得は9、Bタイプを選択すれば利得は8であり、前者の方が大きいので、「9」に印を付ける。同様に、S社がBタイプを選択する場合も、自分はAタイプを選択した方が利得は大きく、その利得「12」に印を付ける。

手順3 （ナッシュ均衡の特定）両社の利得に印がついている（Bタイプ, Aタイプ）が、このゲームのナッシュ均衡である。その他の戦略の組はナッシュ均衡ではない。

表3.7 表3.1の利得表におけるナッシュ均衡の求め方

		T社	
		Aタイプ	Bタイプ
S社	Aタイプ	3, <u>9</u>	<u>12</u>, 8
	Bタイプ	<u>8</u>, <u>12</u>	2, 6

4 利得表に表せないゲームのナッシュ均衡

ナッシュ均衡の定義は、プレイヤーや戦略の数によらず一般的なものである。したがって、利得表で表せないゲームでもナッシュ均衡を考えることはできる。例として、立地選択ゲームと呼ばれる次の状況を考えよう。

例3.4　ある街のまっすぐな通り沿いに、2つのコンビニエンスストアAとB
が出店を計画しており、どこに出店するかを検討している（図3.4）。どちらも、
この通り沿いのどこにでも出店が可能である。通り沿いには多数の住民が居住
しており、その分布は均一である（つまりどこかに偏っていない）。2つの店
は商品やサービスがほぼ同じであるため、住民たちは皆、自宅から近い方の店
を選んで利用する。2つの店が自宅から等距離にある場合には、Aを利用する
人が半数、Bを利用する人がもう半数いるとする。各店は、なるべく多くの利
用客を得たいと考えている。なお、通り沿いの住民以外の客は考えないことに
する。

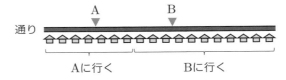

➡どちらの店も相手に近づけばより多くの客を獲得

図3.4　立地選択ゲーム（異なる場所に立地する場合）

　例3.4の状況は、プレイヤーはAとB、各店の戦略は出店場所（立地）、そし
て利得は獲得できる客の数、という戦略形ゲームと見ることができる。このゲー
ムでは、戦略が多くある。ここでは立地可能な場所の数を明示してはいないが、
たとえば候補となる土地が100個あれば、各プレイヤーの戦略の数も100となり、
その場合の利得表を作成するのは、不可能ではないがかなり大変である。それで
も、次のようにこのゲームのナッシュ均衡を考えることができる。

　図3.4のようにAとBが立地する場合、住民たちはそれぞれ自宅から近い方を
利用するため、両者の中間地点を境として、客を分け合うことになる。この状況
では、どちらの店も、少しでも相手の店に近づくことでより多くの客を獲得でき
る。つまり、どちらにとってもこの立地は、相手の立地に対して最適反応ではな
い。したがって、この状況はナッシュ均衡ではない。このことは、図3.4の状況
に限らず、AとBが異なる場所に出店するならいつでも同様である。よって、出
店場所がどこであれ、両者の立地が異なるなら、ナッシュ均衡にはならない。

　次に、図3.5のように、AとBが同じ場所に立地するケースを考える。この場合、
どの住民にとっても2つの店は自宅から等距離だから、客を半分ずつ分け合うこ

とになる（現実には全く同じ場所に店を構えることは不可能なので、これ以上なく隣接しており、どの住民にとっても2つの店は事実上等距離にある状況と考えてもよい）。ここで、もしその出店場所が通りの中央でないなら、どちらも、少しでも中央に近づくことで、より多くの客を獲得できる。したがって、この状況もナッシュ均衡ではない。

図3.5 立地選択ゲーム（同一の場所に立地する場合）

　一方、図3.6のように、**両者とも通りの中央に立地するのはナッシュ均衡である**。このときAとBは客を半分ずつ分け合うが、どちらもそこから少しでも移動すれば客がそれより減ってしまうためである[11]。現実にも、コンビニエンスストアやガソリンスタンドなど、同じ業種の店が隣接して（あるいは非常に近い位置に）立地する状況はしばしば観察される。

図3.6 立地選択ゲームのナッシュ均衡

5 パレート最適

　ナッシュ均衡が実現することは、プレイヤーたちにとって望ましいことなのだろうか、という問題について考えよう。

---

11) ただし、いずれの店も通りの中央に立地するのがナッシュ均衡であるというここでの結論は、プレイヤー（出店者）が3者以上の場合には成り立たない。

例3.5 S社とT社は、同じ商品を同じ価格で販売しており、いずれも年間5億円の利益を得ている。いま、各社は来年に向けて価格の見直しを検討しており、現在の価格を維持するか、引き下げるかを決めるとする（以下、それぞれ「維持」「引き下げ」という）。互いに相手の選択を知る前に意思決定をする必要がある。両社とも、来年の利益をなるべく大きくしたい。各社の選択によって、結果（来年の利益）は次のようになると予想される。

- 両社とも「維持」を選んだ場合、どちらも現在の利益5億円を維持。
- 両社とも「引き下げ」を選んだ場合、どちらも利益が3億円に減少。
- どちらか一方のみが「引き下げ」を選んだ場合、客は価格が安い方に流れる。その結果、「引き下げ」を選んだ方は、利益が7億円に増加。一方、「維持」を選んだ方は、利益が2億円に減少。

例3.5 の状況は、来年の利益（単位：億円）を利得とすると、表3.8の戦略形ゲームとなる。これを価格決定ゲームと呼ぶことにする。

表3.8 価格決定ゲームの利得表

		T社	
		維 持	引き下げ
S社	維 持	5, 5	2, 7
	引き下げ	7, 2	3, 3

　S社としては、T社の選択がどちらであっても、自分は「引き下げ」を選択した方が利得が大きい。つまり、「引き下げ」は支配戦略である。同様に、T社にとっても「引き下げ」が支配戦略である。したがって、（引き下げ, 引き下げ）が支配戦略均衡であり、またこのゲームで唯一のナッシュ均衡である。
　このナッシュ均衡では、両社とも利得は3である。一方、仮に（維持, 維持）が実現すると、両社とも利得は5である。これは、両社にとって、ナッシュ均衡よりも望ましい。このとき、（維持, 維持）は、（引き下げ, 引き下げ）のパレート改善であるという。

> **定義 3.5** 2つの戦略の組XとYについて、全てのプレイヤーにとってXでの利得がYでの利得以上であり、かつ少なくとも1人のプレイヤーにとってXでの利得がYでの利得より大きいとき、XはYの**パレート改善**（Pareto improvement）であるという。

つまり、パレート改善とは、**どのプレイヤーの利得も損なうことなく、少なくとも1人のプレイヤーの利得を改善する（大きくする）**こと、またはそのような改善後の状態のことである。

図3.7は、あるゲームでプレイヤー1と2の2人がいるとして、それぞれの利得を横軸と縦軸にしたものである。点A〜Dは、このゲームで起こり得る結果を表すとする。各プレイヤーの利得はその点の位置で示される。ここで、点Aのパレート改善は、図のグレーの領域に含まれる点である。この領域は、境界上の点も含むが、点A自身は含まない。したがって、この場合、点Bと点Cは、点Aのパレート改善である。点Aに比べて、点Bでは両者の利得が大きくなっている。また点Cでは、プレイヤー1の利得は変わらないが、プレイヤー2の利得は大きくなっている。一方、点Dは点Aのパレート改善ではない。点Aに比べて、点Dではプレイヤー2の利得が小さいためである。

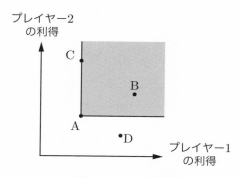

図3.7 パレート改善

パレート改善の概念を用いて、次のパレート最適の概念が定義される。

> **定義 3.6** ある戦略の組について、そのパレート改善となる戦略の組が他にないとき、その戦略の組は**パレート最適**（Pareto optimal）であるという。

　つまり、**パレート最適とは、それ以上パレート改善できない状態**である。図3.7では、点Bと点Cが点Aのパレート改善であるため、点Aはパレート最適ではない。仮にグレーの領域に他の結果が存在しなければ、点Aはパレート最適となる。

　ある結果が別の結果のパレート改善であるとき、プレイヤーたちにとって、前者の方が後者より「望ましい」と考えるのは、自然に思われる。この考えに従うならば、パレート最適でない結果については、他により望ましい結果が存在することになる。これは、個別のプレイヤーではなく、全員にとっての望ましさの基準である[12]。なお、パレートの名称は、この考え方を提唱した経済学者パレート（Vilfredo Pareto）に由来する。

　表3.8の価格決定ゲームでは、（引き下げ, 引き下げ）は、唯一のナッシュ均衡だが、パレート最適ではない。すでに述べたように、（維持, 維持）がそのパレート改善となるためである。図3.7と同様に、S社とT社の利得をそれぞれ横軸と縦軸に取り、このゲームの4つの戦略の組をプロットすると、図3.8のようになる。（引き下げ, 引き下げ）は（3,3）の点、（維持, 維持）は（5,5）の点に、それぞれ相当する。

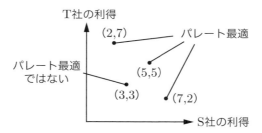

図3.8　価格決定ゲームにおけるパレート最適な結果

　この例からわかるように、**ある結果がナッシュ均衡であることと、それがプレイヤーたちにとって（パレート最適の意味で）望ましいことは、必ずしも同じではない**。ナッシュ均衡はあくまである結果の実現可能性を考えるための条件であり、その結果がプレイヤーたちにとって望ましいかどうかは、また別の話である。

---

12)　パレート最適の概念が公平性に言及していないことには注意が必要である。たとえば、ある人が世界中の富を全て独占するのは、非常に不公平な状態だが、その他の状態を実現するためにはその人の富を減らす必要があるなら、パレート最適である。

　一般に、パレート最適な結果は1つとは限らない。表3.8では、(引き下げ, 引き下げ) 以外の戦略の組はいずれもパレート最適である (図3.8で確認できる)。複数ある場合には、それらの間で望ましさの程度を比較することは、他の基準を用いない限りできない。

　表3.8のゲームでは、両方のプレイヤーに支配戦略があり、どちらも合理的に考えてそれらを選んだ結果、パレート最適でない結果が実現する。このような特徴を持つゲームは、**囚人のジレンマ** (prisoners' dilemma) 型のゲームと呼ばれ、他にも様々な状況に当てはまることが知られている。

6 ナッシュ均衡を意思決定にどう活かすか

　ここまで述べてきたとおり、ナッシュ均衡の概念を用いることで、ゲームの結果としてどの戦略の組が実現しそうかを知ることができる。そのため、ナッシュ均衡は、過去の出来事が起きた理由の説明や、将来起こり得ることの予測に有用である。これは、ゲームのプレイヤーというより、そのゲームを分析する者の視点でのナッシュ均衡の活用の仕方である (もちろん、プレイヤー自身が分析者を兼ねることもあり得る)。

　では、ナッシュ均衡を用いた分析は、個別のプレイヤーにとっては、どのような意義があるのだろうか。あるプレイヤーが、直面しているゲームのナッシュ均衡を知ることで、何らかの意味で意思決定の改善につなげられる可能性はあるだろうか。以下で、この問題について考察する。

　ナッシュ均衡により予測される結果が、そのプレイヤーにとって望ましい (少なくとも特に不満のない) ものであれば、そのナッシュ均衡が実現するように戦略を選べばよい。しかし、そうでない場合は、望ましくないナッシュ均衡の実現を回避して、より大きい利得が期待できる方法を探る方がよい場面もあり得る。

　例3.5 の価格決定ゲーム (表3.8) を再び考えよう。このゲームの唯一のナッシュ均衡は両社とも価格を引き下げることだが、それはパレート最適ではなかった。そのため、どちらのプレイヤーにとっても、可能なら避けたい事態だろう。このとき、各社の立場で考えられる対策として、次のようないくつかの可能性がある。

■ゲームの利得を変える　何らかの方法でゲームの利得を変えることで、より望ましい結果を達成できる場合がある。

例3.6 例3.5 では、どちらか一方のみが「引き下げ」を選択した場合、客が安価な方に流れることを想定していた。もし相手が価格を引き下げても、自社の客の流出を防ぐことができれば、ゲームの利得は変わってくる。そのための手段としては、商品を差別化することや、客にとってのスイッチングコストを高める（ポイントやマイレージの導入など）ことが考えられる。

　いま仮に、両社ともこのように考えて対策をした結果、どちらか一方のみが「引き下げ」を選ぶ場合、元の状況と比べて客の移動が起こりにくくなり、価格を引き下げた方は、新規顧客の獲得により得る利益より、価格を下げたことで失う利益の方が大きくなるとする。その結果、4億円の利益（利得4）になるとする。ここで「維持」を選んだ方も、一部の客を失うので、利益は現状より少し減って4億円（利得4）とする。

　表3.9は、 例3.6 の状況の利得表である。表3.8と比べて、一方のプレイヤーのみが「引き下げ」を選択する場合の両社の利得が変わっている。このゲームでは、両社とも「維持」が支配戦略であり、したがって、（維持，維持）のみがナッシュ均衡となる。このナッシュ均衡では、両社とも利得は5であり、元の状況（表3.8）のナッシュ均衡で得られる利得より大きい。

表3.9　 例3.6 の価格決定ゲームの利得表

T社

		維　持	引き下げ
S社	維　持	5, 5	4, 4
	引き下げ	4, 4	3, 3

■ゲームに参加しない　再び表3.8の状況に戻ると、このゲームのナッシュ均衡における各社の利得は3であった。ここで仮に、一方の会社から見て、もしこの商品の製造・販売に割くリソースを他の事業に費やせば確実に5億円の利益（よって利得5）を得ることが可能なら、その方がよい。つまり、表3.8のゲームに「参加しない」という選択をする方がよい。このゲームに「参加する」場合は、ナッシュ均衡で利得が3になると予想されるためである（この例は、3.6節にて展開形ゲームを用いてモデル化、分析する）。

■**新たな選択肢を作る**　ゲームに参加しないことは、「維持」でも「引き下げ」でもない、いわば第3の選択肢を選ぶことである。このような新たな選択肢の候補は、他にもあるかもしれない。

例3.7　例3.5 の価格決定ゲームの状況（表3.8）に、各社は「条件付き引き下げ」という戦略を追加したとする。「条件付き引き下げ」を選択した場合、相手の選択に応じて次のように行動する。

　・相手が「引き下げ」を選択した場合、自社も価格を引き下げる。
　・相手が「維持」または「条件付き引き下げ」を選んだ場合には、価格は引き下げず、現在の価格を維持する。

例3.7 の状況は、表3.10のようになる。ここでは、表3.8の利得表に、両社とも「条件付き引き下げ」の戦略が追加されている。一方が「条件付き引き下げ」を選ぶ場合の各社の利得は、他方が「維持」なら（維持，維持）の場合と同じ、他方が「引き下げ」なら（引き下げ，引き下げ）の場合と同じである。両社とも「条件付き引き下げ」を選ぶ場合の利得は、（維持，維持）の場合と同じである。

表3.10　「条件付き引き下げ」が追加された利得表

		T社		
		維　持	引き下げ	条件付き引き下げ
S社	維　持	5, 5	2, 7	5, 5
	引き下げ	7, 2	3, 3	3, 3
	条件付き引き下げ	5, 5	3, 3	5, 5

　このゲームには、2つのナッシュ均衡がある。1つは、元のゲーム（表3.8）と同じく、（引き下げ，引き下げ）である。もう1つは、（条件付き引き下げ，条件付き引き下げ）である。後者では、両社とも利得は5であり、前者のパレート改善となっている。新たな選択肢が加わったことで、このように両社にとって望ましい均衡が実現する可能性が生じたことになる。

　現実にも、家電量販店などで、他店よりも価格が高ければ値下げする方針が明示されていることがあるが、「条件付き引き下げ」は、そのような価格設定の仕方を想定したものである。ここでの考察から、このような方針が取られることの

意義を推測することができる。すなわち、競合店が互いにこの方針を取り合うことで、結果的にどの店も値下げをしなくてすむ。

■長期的な利得を考慮する　現実の企業間の関係では、ある戦略的意思決定の状況が、一度きりではなく、何度も繰り返されることも多い。ゲーム理論では、あるゲームが複数回繰り返される状況は、**繰り返しゲーム**（repeated game）として分析される。繰り返しゲームでは、プレイヤーは短期的な目先の利得だけでなく、全体の期間を通じた長期的な利得を考慮して意思決定を行う。

　表3.8のゲームにおいて、パレート最適な（維持, 維持）は、一度きりのゲームではナッシュ均衡とならない。しかし、このゲームが繰り返して行われる場合、プレイヤーたちの合理的な意思決定の結果、各社は価格を維持し続けることもあり得ることが示される。本書では省略するが、繰り返しゲームについては多くのゲーム理論のテキストに解説があるので、参照されたい。

　以上で述べたような対策は、他の戦略的状況においてもしばしば応用可能である。ただし、その具体的な手段はケースバイケースであり、有効な対策を見つける一般的な手続きがあるわけではない。状況の特性に応じた検討が必要である。また、ゲームの構造によっては、上記以外にも利得を改善できる方法があるかもしれない。いずれの場合も、まずは直面する戦略的状況をゲームとして表現し、ナッシュ均衡を把握することが出発点となる。

3.4 混合戦略

　前節で定義したナッシュ均衡（ 定義3.4 ）は、いつも存在するとは限らない。たとえば2人のじゃんけんを考えると、互いに相手の手に対して最適反応を取り合う状況はあり得ない。勝ち負けがついた場合は、負けた方のプレイヤーには「これを出していれば勝てた」という手が存在するはずであり、あいこになった場合も同様に、どちらのプレイヤーも別の手を出せば勝てたからである。

　本節では、このような場合でも、**「確率的な選択」を1つの戦略と見なし、プレイヤーは期待利得（利得の期待値）の最大化を目指すと考えれば、ナッシュ均衡が存在し得る**ことを見ていく（期待値については2.2節参照）。確率的な選択とは、じゃんけんであれば、たとえばグー、チョキ、パーを1/3ずつの確率で選

ぶことである。実際にどのようにこの確率で選ぶかは、サイコロを振る、ルーレットを回すなど何でもよい。このような確率的な選択の可能性を考えると、それぞれの手をどれくらいの確率で選ぶかを決める意思決定の問題になる。

これまで考えていた戦略を**純粋戦略**（pure strategy）と呼び、個々の純粋戦略を選ぶ確率を定めるものを**混合戦略**（mixed strategy）と呼んで、区別する。じゃんけんでは、グー、チョキ、パーの3つの純粋戦略がある。これに対して、「それぞれの手を確率1/3で選ぶ」というのが1つの混合戦略である。確率の割り当て方はこれだけではないので、混合戦略は他にも無数にある。また、この見方では、純粋戦略は、ある選択肢を確率1で選ぶような混合戦略でもある。以下、混合戦略という場合、このような純粋戦略も含む。

1 混合戦略のナッシュ均衡

混合戦略を扱う場合でも、ナッシュ均衡の考え方は同じである。すなわち、互いに最適反応を選択し合っている状態である。ただし、ここで**「最適」とは、期待利得を最大化すること**を指す。なぜ期待利得を考えるかというと、自分も相手も確率的な選択を行うので、その結果どの純粋戦略の組が実現するか、したがって利得がどうなるかも、意思決定の時点では確率的にしかわからないためである。これは、リスク下の意思決定における期待利得最大化（2.4節）と同様の考え方である。混合戦略を考える場合には、期待値の計算を行うので、基数的な利得（2.2節）を想定する必要がある。

混合戦略も考慮した際の最適反応およびナッシュ均衡を、次のように定義する。前節の 定義 3.3 および 定義 3.4 で、「戦略」を「混合戦略」に、「利得」を「期待利得」にそれぞれ置き換えただけである。

定義 3.7 あるプレイヤーにとって、他のプレイヤーが混合戦略（複数いる場合は混合戦略の組）Yを選択する場合に、自身は混合戦略Xを選ぶと期待利得が最大になるとき、Xを、Yに対する**最適反応**という。

定義 3.8 ある混合戦略の組において、どのプレイヤーの混合戦略も他のプレイヤーの混合戦略（複数いる場合は混合戦略の組）に対する最適反応となるとき、その混合戦略の組を**ナッシュ均衡**という。

前述したように純粋戦略も1つの混合戦略であるので、これまで見てきた純粋戦略のナッシュ均衡（定義3.4）も、この定義に含まれる。

2 | 混合戦略ナッシュ均衡の例と求め方

混合戦略のナッシュ均衡があるゲームの例として、次のような状況を考えてみよう。

例3.8 ある店のオーナーと従業員がいる。従業員は、きちんと働くか、怠けるか（以下、それぞれ「働く」「怠ける」という）を選択する。オーナーは、従業員が怠ける可能性があることを知っているので、従業員を監視するか、しないか（以下、それぞれ「監視する」「監視しない」という）を選択する。

店の収益は従業員の働きに依存し、従業員がきちんと働く場合は10万円、怠ける場合は5万円である。オーナーは収益から従業員に報酬4万円を支払うことになっている。残りはオーナーの収入となる。ただし、従業員が怠ける場合、オーナーが監視すれば、従業員が怠けていることが発覚し、従業員への報酬は一切支払われない。一方、監視しなかった場合は、従業員が怠けたことがわからないので、報酬は支払われる[13]。オーナーが従業員を監視するには、2万円相当の費用がかかるとする[14]。また、従業員は、きちんと働く場合、怠けるときに比べて1万円相当の費用がかかるとする。

例3.8 の状況は、従業員とオーナーがそれぞれ得る金額（単位：万円）を利得とすると（費用がかかる場合はそれを差し引く）、表3.11のゲームになる。これを監視ゲームと呼ぶことにする。従業員の利得は得られる報酬である。「働く」を選択する場合は、利得1相当の費用が差し引かれ、利得は $4 - 1 = 3$ となっている。オーナーの利得は収入、すなわち店の収益から従業員の報酬を差し引いた分である。「監視する」を選択する場合は、さらに利得2相当の費用が差し引

---

13) 店の収益を見れば従業員が怠けたかどうかわかるが、ここではオーナーが収益を知るより前に報酬が支払われるとする。

14) 監視に要する費用と考えてもよいし、監視することの機会費用と考えてもよい（たとえば、監視せずに他の仕事をしていれば2万円を稼げる）。従業員のきちんと働くことの費用も同様。

かれている。たとえば、（働く，監視する）の場合、オーナーの利得は$10-4-2$
$=4$となる。

表3.11 監視ゲームの利得表

		オーナー	
		監視する	監視しない
従業員	働　く	3, 4	3, 6
	怠ける	0, 3	4, 1

　このゲームには、純粋戦略のナッシュ均衡が存在しない。どの戦略の組について
も、どちらかのプレイヤーの選択が最適反応になっていない。そこで、混合戦
略を導入する。たとえば、「1/2の確率で働き、1/2の確率で怠ける」といった
選択の仕方である。
　一般的に混合戦略のナッシュ均衡を求める方法は複雑だが、この例のようにプ
レイヤーが2人で、それぞれ2つの純粋戦略を持つケースでは、以下に示す方法
で比較的簡単に求められる。ナッシュ均衡を求めるには、それぞれのプレイヤー
から見て、相手が取り得る混合戦略に対して、自分はどの混合戦略を用いれば期
待利得を最大化できるかを明らかにする必要がある。互いに最適反応になる混合
戦略の組があれば、それがナッシュ均衡である。
　従業員が「働く」を選ぶ確率をp（したがって「怠ける」を選ぶ確率は
$1-p$）、オーナーが「監視する」を選ぶ確率をq（したがって「監視しない」
を選ぶ確率は$1-q$）とする。pとqはいずれも0以上1以下の値である。そ
れぞれのプレイヤーにとって、どの混合戦略を取るかを決めることは、pまた
はqの値を決めることと同じである（従業員はp、オーナーはqの値を決める）。
　まず、従業員の立場から、最適反応について検討する。従業員がいずれかの純
粋戦略を選ぶ場合の期待利得は、次のように計算される。従業員には、オーナー
が「監視する」を選ぶ確率はわからないので、ここではqとしておく。

　　・「働く」を選択する場合：$3 \times q + 3 \times (1-q) = 3$
　　・「怠ける」を選択する場合：$0 \times q + 4 \times (1-q) = -4q+4$

　よって、従業員が確率pで「働く」を選ぶような混合戦略を取る場合、確率
pで利得は3、確率$1-p$で利得は$-4q+4$になるので、期待利得は、

$$3 \times p + (-4q + 4) \times (1 - p) \tag{3.1}$$

となる。

　ここで、もし「働く」を選ぶ場合の期待利得 3 が、「怠ける」を選ぶ場合の期待利得 $-4q + 4$ より大きいなら、式(3.1)の値は、$p = 1$ のときに3で最大となる（$p < 1$ なら式(3.1)の値は必ず3より小さくなるため）。このことから、

$$3 > -4q + 4 \tag{3.2}$$

すなわち $q > 1/4$ の場合には、従業員は、$p = 1$ とする、つまり純粋戦略「働く」を選ぶことが最適である。

　同様に考えて、

$$3 < -4q + 4 \tag{3.3}$$

すなわち $q < 1/4$ であるなら、純粋戦略「怠ける」が従業員の最適反応となる。

　また、

$$3 = -4q + 4 \tag{3.4}$$

すなわち $q = 1/4$ の場合は、式(3.1)より、p をどのように選んでも従業員の期待利得は常に3となる。よって定義上、全ての混合戦略が最適反応となる。

　まとめると、従業員の最適反応は次のようになる。

- ・$q < 1/4$ の場合、$p = 0$ （すなわち純粋戦略「怠ける」）
- ・$q = 1/4$ の場合、$0 \leq p \leq 1$ の範囲でどのような p でもよい
- ・$q > 1/4$ の場合、$p = 1$ （すなわち純粋戦略「働く」）

　次に、オーナーの最適反応について検討する。オーナーがいずれかの純粋戦略を選ぶ場合の期待利得は、次のように計算される。オーナーには、従業員が「働く」を選ぶ確率はわからないので、ここでは p としておく。

- ・「監視する」を選択する場合：$4 \times p + 3 \times (1 - p) = p + 3$
- ・「監視しない」を選択する場合：$6 \times p + 1 \times (1 - p) = 5p + 1$

　従業員の場合と同様に考えて、オーナーの最適反応は次のようになる（計算は省略）。

・ $p < 1/2$ の場合、 $q = 1$ （すなわち純粋戦略「監視する」）
・ $p = 1/2$ の場合、 $0 \leq q \leq 1$ の範囲でどのような q でもよい
・ $p > 1/2$ の場合、 $q = 0$ （すなわち純粋戦略「監視しない」）

図3.9は、各プレイヤーの最適反応をグラフで表したものである。横軸が従業員が「働く」を選ぶ確率 p 、縦軸がオーナーが「監視する」を選ぶ確率 q である。2つのグラフのうち、実線のグラフは、従業員の最適反応を表している。これは、縦軸の q の値ごとに、上で求めた最適反応となる p の値をプロットしたものと見ればよい。 $q = 1/4$ に対してはグラフが水平になっているが、これは、確率 p がどのような値でも最適になることを示している。同様に、点線のグラフは、オーナーの最適反応を表す。こちらは、横軸の p の値ごとに、上で求めた最適反応となる q の値をプロットしたものである。

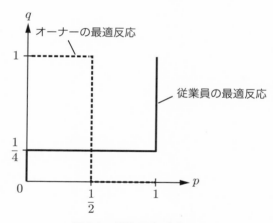

図 3.9 最適反応のグラフ

これら2つのグラフの交点は、両方のプレイヤーにとって最適反応となる p と q の組み合わせであり、したがってナッシュ均衡である点を示す。 図3.9より、そのような点は1つだけあり、 $(p, q) = (1/2, 1/4)$ である。よって、従業員は確率1/2で「働く」を選び、オーナーは確率1/4で「監視する」を選ぶ混合戦略の組が、このゲームのナッシュ均衡である。

3 | より簡単な混合戦略ナッシュ均衡の求め方

　表3.11の監視ゲームの混合戦略ナッシュ均衡では、どちらのプレイヤーにとっても、相手がそのナッシュ均衡のとおりの混合戦略を選ぶなら、自分はどのような混合戦略を選んでも最適となる。たとえば、従業員にとっては、オーナーが $q = 1/4$ とするのであれば、p をどのように選んでも期待利得は同じである。よって、どちらの純粋戦略を選んでも期待利得は等しい。オーナーにとっても、同様のことが言える。実はこのようなことは一般的に成り立ち、監視ゲームの例では、この性質を利用して、以下のようにより簡単にナッシュ均衡を求めることができる。

　従業員が純粋戦略「働く」を選択する場合の期待利得は 3 、「怠ける」を選択する場合の期待利得は $-4q + 4$ であった。オーナーがナッシュ均衡における混合戦略を用いる場合、この2つの値は等しくなる。つまり、式(3.4)が成立して、$q = 1/4$ となる。

　同様に、オーナーが純粋戦略「監視する」を選択する場合の期待利得は $p + 3$ 、「監視しない」を選択する場合の期待利得は $5p + 1$ であった。従業員がナッシュ均衡における混合戦略を用いる場合、これらの値は等しくなるので、

$$p + 3 = 5p + 1 \tag{3.5}$$

すなわち $p = 1/2$ である。

　したがって、$p = 1/2$ かつ $q = 1/4$ である混合戦略の組は、ナッシュ均衡となる。これはたしかに、上で求めた均衡と同じである。このように、**ナッシュ均衡における各プレイヤーの混合戦略は、相手がどちらの純粋戦略を選んでも期待利得が等しくなるように定まるという関係がある。**

4 | ナッシュ均衡の存在

　すでに見たように、純粋戦略のナッシュ均衡は存在しない場合もある。しかし、混合戦略まで含めて考えると、次のことが成り立つ。

> **定理 3.1**　プレイヤーの数と各プレイヤーの純粋戦略の数がいずれも有限で
> ある（無限ではない）戦略形ゲームでは、混合戦略まで考えると必ず少なく
> とも1つはナッシュ均衡が存在する。

　この定理は、ナッシュ均衡の提唱者であるナッシュ自身が数学的に証明したものである。ナッシュ均衡がゲームの結果を予測するための中心的概念であることをふまえると、この性質は非常に重要である。なぜなら、もしナッシュ均衡が存在しないケースも多くあるなら、いくらナッシュ均衡という概念自体が優れていてもその有用性が損なわれてしまうが、定理 3.1 は、そのような心配をする必要はほとんどないことを示唆するためである。

　なお、純粋戦略のナッシュ均衡がある場合でも、それとは別に混合戦略のナッシュ均衡が存在することもある。たとえば、前節の表3.6の商品選択ゲームでは、純粋戦略のナッシュ均衡が2つあるが、これら以外に、各プレイヤーが互いにそれぞれの純粋戦略を1/2ずつの確率で選ぶ混合戦略を取り合うこともナッシュ均衡となる。

3.5 　展開形ゲーム

　ここまで見てきた戦略形ゲームは、プレイヤーが互いの選択を知らずに意思決定を行う状況であった。これに対して、戦略的状況には、他のプレイヤーの行動を見てから自分の選択を行う場合や、さらにその自分の選択に対して再び相手が行動する場合などもある。これらは、プレイヤーが順番に時間をおいて意思決定を行うことから、逐次決定の状況と呼ばれる。本節では、そのような状況を扱う**展開形ゲーム**を導入する。

　展開形ゲームでは、プレイヤーが意思決定するときに、それまでになされた選択を知っているかどうかが重要になり得る。どのプレイヤーも、意思決定の時点で過去の選択を全て把握している場合は、それらについての情報を完全に有しているという意味で、**完全情報ゲーム**（game with perfect information）という。身近な例では、将棋や囲碁、チェスなどのゲームは、プレイヤーが互いの選択を観察できるので、完全情報ゲームである。本節では、完全情報のケースを扱う。次節以降では、そうではないケースである、**不完全情報ゲーム**（game with imperfect information）も含めて議論する。

1 │ ゲームの木

　逐次決定では、時間の流れを考慮する。このことは、2.6節で扱った決定木と同様であり、展開形ゲームも木の形で表現される。これは、**ゲームの木**（game tree）とも呼ばれる。

> 例3.9 │ 例3.2 の商品選択ゲーム（表3.5）の状況で、同時決定ではなく、S
> 　社が先に意思決定をして、次いで、そのS社の選択を知ってから、T社が意思
> 　決定を行う。

　図3.10は、 例3.9 の状況をゲームの木を用いて表現したものである。決定木と同様に、出発点（図の左端）から始まり、どの選択肢が選ばれるかによって枝分かれしていく。

（S社の利得, T社の利得）

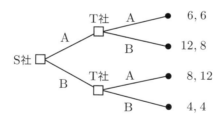

図3.10　逐次決定の商品選択ゲーム

　これらの分岐点、およびそれ以上分岐がない末端の点を**ノード**という。分岐点のノードは**意思決定ノード**と呼ばれ、いずれかのプレイヤーがそこで意思決定を行う。それぞれの意思決定ノードの付近に、そのノードで意思決定を行うプレイヤーが記されている。プレイヤーXが意思決定を行うノードを、「プレイヤーXの意思決定ノード」と言うことにする。意思決定ノードからの分岐の一つ一つは**枝**と呼ばれ、そこで意思決定をするプレイヤーがその時点で取り得る選択肢を表す。末端の点は**末端ノード**と呼ばれ、ゲームの結果を表しており、そこまでのプレイヤーたちの選択に応じて、各プレイヤーの利得が定まる。本書では、決定木と同様に、意思決定ノードを四角（□）、末端ノードを点（●）で示す。

　図3.10では、まずS社がAタイプまたはBタイプを選択する（図ではそれぞれ「A」「B」と記す、以下同様）。次に、そのS社の選択を知ってから、T社がAタイプまたはBタイプを選択する。T社の2つの意思決定ノードは、S社がAタイプを選んだ場合と、Bタイプを選んだ場合の各ケースにそれぞれ対応している。そして、両社の選択により、利得が確定する。末端ノードにある2つの数値は、左から順に、S社の利得、T社の利得を示す。これらの利得は、各社の選択によって、表3.5と同じである。

2 ｜ 後ろ向き帰納法

　最初に意思決定をするのはS社だが、S社の取るべき選択肢は、その後のT社の意思決定に依存する。そのため、相手の選択を「先読み」して、自分の選択を決める必要がある。これは、2.6節で決定木の分析方法として述べた、**後ろ向き帰納法**と同様の考え方である。

　展開形ゲームにおいても、プレイヤーの合理的な意思決定は、後ろ向き帰納法により求めることができる。 すなわち、末端ノードに近い方の意思決定ノードから、それぞれのノードで各プレイヤーが最適な、つまり利得が最も大きくなるような選択を行うものとして、順次、1つずつ手前の意思決定ノードに戻り、同様の操作を行っていけばよい。

　図3.10のゲームに後ろ向き帰納法を適用すると、図3.11のようになる。図では、後ろ向き帰納法の結果、各意思決定ノードで選ばれる選択肢の枝を太線で示している。これは、次の手順により求まる。

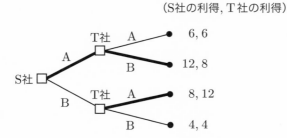

（S社の利得, T社の利得）

図3.11　図3.10のゲームに後ろ向き帰納法を適用

1．T社の2つの意思決定ノードのうち、上のノードでは、T社はAタイプを選ぶと利得は6、Bタイプを選ぶと利得は8であるから、Bタイプを選ぶ。下のノードでは、T社はAタイプを選ぶと利得は12、Bタイプを選ぶと利得は4であるから、Aタイプを選ぶ。

2．これをふまえて、S社の意思決定ノード（出発点）において、S社はAタイプを選ぶと、その後にT社はBタイプを選ぶであろうから、S社の利得は12である。一方、S社はBタイプを選ぶと、その後にT社はAタイプを選ぶであろうから、S社の利得は8である。前者の方が利得が大きいので、S社はAタイプを選ぶ。

　したがって、両社が後ろ向き帰納法にしたがって意思決定をするなら、まずS社がAタイプを選択して、次にT社がBタイプを選択する。この結果、S社の利得は12、T社の利得は8となる。

　このように、後ろ向き帰納法を用いることで、全ての意思決定ノードについて、「合理的なプレイヤーであれば、仮にそのノードで意思決定をすることになったらどの選択肢を選ぶ（べき）か」が明らかになる。そして、出発点からそれらの選択肢をたどっていくことで、実際になされるであろう一連の選択を特定することができる。後ろ向き帰納法の考え方は、各プレイヤーは合理的であるだけでなく、互いに他のプレイヤーも合理的だと考えていることが前提である。

3 ｜ 意思決定のタイミングの重要性

　もし意思決定の順番が図3.10とは逆で、T社が先に意思決定を行うなら、同様の分析より、T社がAタイプを選択して、次にS社がBタイプを選択する。このとき、S社の利得は8、T社の利得は12である。よって、この商品選択ゲームでは、先に意思決定した方が高い利得を得られることになる。また、3.3節で検討したとおり、同時決定の場合（表3.5）には、互いに異なるタイプを選択する2つの戦略の組は、いずれもナッシュ均衡であった。

　以上のことは、**プレイヤーの選択肢や利得は同じでも、意思決定のタイミングによってゲームの結果が変わり得る**という、当然ではあるが重要なことを示唆している。意思決定の順番も含めて戦略的状況を展開形ゲームとして表現することで、その違いを具体的に分析することが可能となる。

　上の商品選択ゲームの例は、先に意思決定するプレイヤーの方が高い利得を得られる「先手必勝」のケースであるが、どのような戦略的状況でもそうとは限らない。たとえばじゃんけんでは、後出しした方が必ず勝てる。ビジネスでは一般に、他社より先行することのメリットと、後発になることのメリットの両方が、状況によってあり得る。意思決定のタイミングを選べる場合には、先に動く場合と後で動く場合のどちらが良いのかを判断するのに、展開形ゲームの分析を応用できる。なお、表3.8の価格決定ゲームのように、両方のプレイヤーに支配戦略がある場合は、タイミングによらずどちらも支配戦略を選ぶので、意思決定の順番によって結果は変わらない。

4 ｜ 展開形ゲームの戦略とナッシュ均衡

　展開形ゲームにおけるプレイヤーの**戦略**は、**自分の意思決定ノードのそれぞれについて、そこに到達した場合にどの選択肢を選ぶかを定めるもの**として定義される（これは完全情報ゲームの場合であり、不完全情報ゲームも含める場合については次節で述べる）。実際には到達するかわからないノードについても全て、「仮にこのノードで意思決定を行うなら何を選ぶか」を明示するので、事前に全ての意思決定の場面における選択を定めた行動計画のようなものと見なせる。なお、展開形ゲームについても、3.4節で議論したような確率的な選択を考えることができるが、本書では省略する。

　図3.10のゲームでは、S社の意思決定ノードは1つだけなので、S社の戦略は、そこでの選択肢である、AタイプとBタイプの2つである。一方、T社には2つの意思決定ノードがあり、それぞれのノードにおいてAタイプかBタイプのどちらを選ぶかを並べたものが戦略となる。上の意思決定ノードでの選択がXタイプ、下の意思決定ノードでの選択がYタイプであるようなT社の戦略を「XY」と表すとすると（XとYはいずれもAまたはB）、T社には、AA、AB、BA、BBの4つの戦略がある。たとえば、BAは、上の意思決定ノードではBタイプ、下の意思決定ノードではAタイプを選択するという戦略である。

　T社が実際に意思決定を行うのはいずれか1つのノードなので、そうでない方のノードの選択も考えるのは冗長に思われるかもしれない。しかし、このように戦略を定義することで、**あるプレイヤーの戦略が、他のプレイヤーの戦略に対して最適になっているかどうかを判断できる**という利点がある。これにより、後述

する展開形ゲームの均衡を定義することができる。

　たとえば図3.10のゲームで、S社がBタイプ、続いてT社がAタイプを選択したとする。このとき、S社の選択は最適かどうかを判断するには、「仮にS社がAタイプを選んでいたなら、T社はどちらを選択したか？」も考える必要がある。もしS社がAタイプを選ぶとT社はAタイプを選ぶなら、S社はBタイプを選ぶ方が利得は大きいので、最適であったと言える。しかし、もしS社がAタイプを選ぶとT社はBタイプを選ぶなら、S社はAタイプを選ぶ方がよかったことになる。上で定義した戦略を用いて言えば、S社のBタイプは、T社のAAに対しては最適だが、BAに対しては最適ではない。

　以上のように戦略を定義すると、**展開形ゲームの状況を、戦略形ゲームとしても表現することができる**。表3.12は、図3.10のゲームを戦略形ゲームとして表したものである。これを元の展開形ゲームの**戦略形表現**（strategic-form representation）という。各プレイヤーの戦略は、上で定義した展開形ゲームでの戦略である。利得は、各プレイヤーの選ぶ戦略によって、元の展開形ゲームで実現する結果の利得となっている。たとえば、S社がAタイプ、T社がBAを選ぶ場合、まずS社がAタイプを選び、続いてT社がBタイプを選ぶので、図3.10より、S社の利得は12、T社の利得は8である。

表3.12　図3.10のゲームの戦略形表現

		T社			
		AA	AB	BA	BB
S社	Aタイプ	6, 6	6, 6	12, 8	12, 8
	Bタイプ	8, 12	4, 4	8, 12	4, 4

　3.3節で述べたとおり、戦略形ゲームではナッシュ均衡を求めることができるので、展開形ゲームのナッシュ均衡を次のように定義できる。

> **定義 3.9**　展開形ゲームにおいてある戦略の組が**ナッシュ均衡**であるとは、その戦略の組が、そのゲームの戦略形表現におけるナッシュ均衡であることである。

　表3.12の戦略形ゲームのナッシュ均衡を求めるため、3.3節の表3.7と同様に各プレイヤーの最適反応に印を付けると、表3.13のようになる。このゲームには、

（Aタイプ，BA）、（Aタイプ，BB）、（Bタイプ，AA）の3つのナッシュ均衡が
ある。よって、これらは元の展開形ゲームのナッシュ均衡でもある。

表3.13　表3.12のゲームのナッシュ均衡

T社

		AA	AB	BA	BB
S社	Aタイプ	6, 6	<u>6</u>, 6	<u>12</u>, <u>8</u>	<u>12</u>, 8
	Bタイプ	<u>8</u>, <u>12</u>	4, 4	8, <u>12</u>	4, 4

　ここで、後ろ向き帰納法の結果（図3.11）を思い出すと、S社はAタイプを
選び、T社は上の意思決定ノードではBタイプ、下の意思決定ノードではAタ
イプを選ぶのであった。この戦略の組は、上の1つ目のナッシュ均衡、（Aタイプ，
BA）と同じである。このように、**後ろ向き帰納法により求まる戦略の組は必ず
ナッシュ均衡になる**。

　それでは、他の2つのナッシュ均衡には、どのような意味があるのだろうか。
このうち、（Bタイプ，AA）という均衡について検討しよう。図3.12は、このナッ
シュ均衡において、各ノードで選ばれる選択肢の枝を太線で示したものである。
この戦略の組がたしかにナッシュ均衡であることは、以下のように確認できる。

（S社の利得, T社の利得）

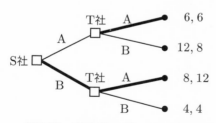

図3.12　図3.10のゲームの1つのナッシュ均衡

・T社がAAを選ぶ場合、S社はAタイプを選ぶと利得が6、Bタイプを選
　ぶと利得が8であるから、Bタイプが最適反応である。

・S社がBタイプを選ぶ場合、T社は下の意思決定ノードでAを選ぶと利得
　が12、Bを選ぶと利得は4であるから、下の意思決定ノードでAを選ぶ

戦略なら最適反応となる（上の意思決定ノードでの選択はどちらでもよい）。AAはこれに該当する。

　ここで、T社のAAという戦略は、もしT社が上の意思決定ノードで選択を行うならAタイプを選ぶことを意味する。しかし、仮にそのような場面が実現した場合、T社は合理的ならば、利得が6になるAタイプではなく、より大きな利得8が得られるBタイプを選ぶと考えられる。

　このように考えると、AAという戦略には、**合理的なプレイヤーであれば実際には取らないであろう選択が含まれている**と言える。特にこの場合、T社がAAを選ぶ前提では、S社はBタイプを選ぶ方がよく、そうするとT社はこのゲームで達成可能な最大の利得12を得ることができる。しかし、いま述べたとおり、T社は上の意思決定ノードでAタイプを選ぶとは考えにくいので、そのような選択は、**信憑性のない脅し**（non-credible threat）と呼ばれる。これを「脅し」というのは、T社からS社に対して、「もしそちらがAタイプを選んだらこちらもAタイプを選ぶ（なのでBタイプを選びなさい）」というメッセージがあるようにも解釈できるためである。

　（Bタイプ, AA）がナッシュ均衡であるという事実は、3.3節の議論より、もし各社が互いにこれらの戦略を取り合うと予想し、合理的に意思決定すれば、このナッシュ均衡が実現することを示唆する。しかし、S社は、T社が合理的ならAAのような戦略は選ばないと考えるだろう。また仮に、このゲームを始める前にT社が戦略AAを取ることを宣言したとしても、そのような宣言には信憑性がない。これらのことから、（Bタイプ, AA）というナッシュ均衡が実現することは考えにくい。

　このような意味で非合理的な選択を含むことは、もう1つのナッシュ均衡である（Aタイプ, BB）におけるT社の戦略BBも同様である。T社にとって、下の意思決定ノードでは、BタイプよりAタイプを選ぶ方が利得が大きい。

　結局、3つのナッシュ均衡のうち、そこでの戦略が、信憑性のない脅しのような非合理的な選択を一切含まないのは、後ろ向き帰納法の結果とも一致する、（Aタイプ, BA）のみである。このことから、**展開形ゲームでは、プレイヤーの合理的な選択を考えるときに、ナッシュ均衡ではなく、後ろ向き帰納法を用いる。**上の例のように、後ろ向き帰納法で求まる戦略の組は必ずナッシュ均衡となるが、妥当でないナッシュ均衡がそれ以外にも存在し得るためである。

　ただし、（Ａタイプ, BB）では、実際になされる選択は、まずＳ社がＡタイプを選び、次にＴ社がＢタイプを選ぶというものであり、これは（Ａタイプ, BA）の場合と同じである。このように、展開形ゲームにおいて、ある均衡に従ってプレイヤーが選択をする結果、実際になされる一連の選択を並べたものをその均衡の**均衡経路**（equilibrium path）という。図3.11や図3.12では、出発点のノードから、太線となっている枝のみを末端ノードまでたどった経路が均衡経路に該当する。（Ａタイプ, BA）と（Ａタイプ, BB）は、均衡経路が同じになる。（Ｂタイプ, AA）は、他の2つのナッシュ均衡とは均衡経路が異なる。

5 コミットメント

　意思決定においては、**選択肢は多い方が良い（少なくともデメリットはない）ように思われるが、戦略的状況ではこのことは自明ではない。**展開形ゲームによる分析の例として、このことを検討しよう。

例3.10　ある地域に飲食店Ａがある。Ａは現在、1日に30万円の利益を得ている。この地域に、別の飲食店Ｂが出店を検討している。もしＢが出店してきた場合、両店の客の入りや収益は次のように見込まれる。

- ・Ａの利用客の一部がＢに流れて、Ａの利益は20万円に減少する。一方、Ｂは1日あたり10万円の利益を得る。
- ・Ａは対抗措置として、自店の商品を値下げすることができる。もしＡが値下げした場合、客の流出を抑えることができるが、販売単価が低くなるため、Ａの利益はさらに減少して10万円となる。一方、Ｂは売り上げが十分出ず、5万円の赤字になる。

　例3.10の状況は、1日の利益（単位：万円）を利得とすると、図3.13の展開形ゲームとして表せる。初めにＢが出店するか、しないか（以下、それぞれ「出店する」「出店しない」という）の選択を行う。Ｂが「出店しない」を選択した場合には、現状維持でゲームの結果が確定する。このときＢの利得は0とする。一方、Ｂが「出店する」を選択した場合、Ａはそのことを知ってから、値下げをするか、しないか（以下、それぞれ「値下げする」「値下げしない」という）の選択を行う。これらの選択によって、各店の利得が決まる。末端ノードの利得は、

Aの利得、Bの利得の順に記している。

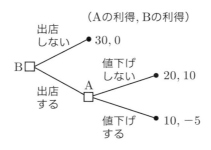

図3.13　　例3.10　のゲーム

　このゲームで後ろ向き帰納法を適用すると、図3.14のようになる。Aは、自らの意思決定ノードでは、「値下げしない」を選ぶと利得は20、「値下げする」を選ぶと利得は10であるから、「値下げしない」を選ぶ方がよい。これを前提として、Bは、「出店しない」を選ぶと利得は0、「出店する」を選ぶと利得は10であるから、「出店する」を選ぶ方がよい。したがって、Bが出店し、続いてAは値下げしない、という結果になる。

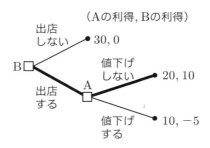

図3.14　図3.13のゲームに後ろ向き帰納法を適用

　ここで、Bが出店してきた場合に、Aは「値下げしない」を絶対に選ばない、あるいは選べないとしたらどうなるかを考えてみよう。つまり、Bの出店に対して、Aは値下げする以外に選択肢がないと想定する。この場合、図3.15のゲームの状況となる。Aが「値下げしない」を選択できないことは、その枝上の×印で示されている。

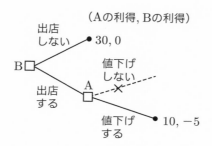

図3.15 図3.13のゲームでAが値下げにコミットする場合

図3.15のゲームに後ろ向き帰納法を適用すると、図3.16のようになる。Aは「値下げする」の選択肢しかないので、これを選択する。それを前提として、Bは、「出店しない」を選ぶと利得は0、「出店する」を選ぶと利得は−5であるから、先のケースと異なり、出店しない方がよいことになる。

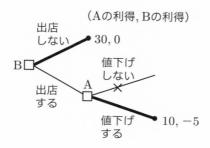

図3.16 図3.15のゲームに後ろ向き帰納法を適用

Aにとって、以上の2つのケースでの利得を比較すると、「値下げしない」を選べる場合は利得が20（図3.14）、「値下げしない」を選べない場合は利得が30であり（図3.16）、**後者の方が選択肢が少ないにもかかわらず、より大きな利得を得られる**ことがわかる。この理由は、上で見たとおり、Aが「値下げしない」を選べるかどうかで、後ろ向き帰納法に基づくBの出店の選択が変わるためである。この場合、Aは「値下げしない」の選択肢を選べなくすることで、相手の選択を自分にとって有利な方向に変えていることになる。

このように、**本来は複数の選択肢があるものの、ある特定の選択肢を選ぶと決**

め、その他の選択肢は選ばない（選べない）ようにすることを、**コミットメント**（commitment）、あるいはその選択肢に**コミット**するという。戦略的状況では、上の例のように、コミットメントによって、相手の選択を変えることで自分にとって有利な結果を達成できる場合がある。このようなことを意図したコミットメントを、特に**戦略的コミットメント**（strategic commitment）という。戦略的コミットメントは、それによって後ろ向き帰納法の結果が変わることを利用している。

コミットメントは、単にそのノードで最適な選択肢を選ぶことに決めることとは違う。図3.13のゲームで、Aはもし値下げするか否かの意思決定に直面したら、値下げしない方が利得は大きい。したがって、「値下げする」は、その場面では最適な選択肢ではない。それにもかかわらず、その最適でない方の選択肢にコミットすることで、自分にとって有利な結果を導けるのである。

コミットメントが有効に機能するためには、その他の選択肢は絶対に選ばない、あるいは選べないことが相手にも確実に理解される必要がある。図3.16の後ろ向き帰納法による推論は、Bが「Aには値下げする以外の選択肢はない」と認識していることが前提である。値下げにコミットしたことを相手に知らせる手段は様々あり得るが、たとえば、「出店してきた場合には値下げで対抗する」と予め公言しておくことや、実際にそうした実績を持つことが考えられる。

3.6 ｜ 部分ゲーム完全均衡

前節では、完全情報ゲーム、すなわちプレイヤーは意思決定の時点で過去になされた選択を全て知っている状況を想定していた。本節では、そうではないケースである不完全情報ゲームも導入したうえで、展開形ゲームの分析で一般的に用いられる均衡の概念について述べる。

1 ｜ ゲームにおける情報の表現

不完全情報ゲームも展開形ゲームの一種なので、完全情報ゲームと同様にゲームの木を用いて表現できる。ただし、**プレイヤーは、過去になされた選択がわからない場合には、自分が今いる意思決定ノードを1つに特定できず、複数の可能性を考えなければならない。**

例3.11　例3.9 の逐次的な商品選択のゲーム（前節の図3.10）を再び考える。
S社、T社の順に意思決定を行う。図3.9では、T社はS社の選択を知ってか
ら意思決定を行うと想定していたが、この設定を変えて、T社は、S社がどち
らの商品を選んだのかを知らずに意思決定を行うとする。

　例3.11 の状況は、意思決定の順番や選択肢は 例3.9 と同じなので、ゲーム
の木（ノードと枝）は図3.10と同様に表せる。しかし、T社は意思決定の時点
でS社の選択を知らないので、2つある自らの意思決定ノードのうち、自分がい
まどちらのノードにいるのかわからない。このことは、図3.17のように、これ
ら2つの意思決定ノードを点線で結ぶことで表現される。それ以外は、図3.17
は図3.10と同じである。

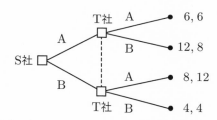

（S社の利得, T社の利得）

図3.17　T社がS社の選択を知らない場合（ 例3.11 ）

　展開形ゲームでは、プレイヤーが意思決定の時点で過去の選択に関してどのよ
うな情報を持つかを、**情報集合**（information set）という概念を用いて表現する。
情報集合は、あるプレイヤーの意思決定ノードを1つ以上集めたものである。**同
じ情報集合に含まれる意思決定ノードについては、そのプレイヤーは意思決定時
にそれらを区別できない**、つまりそれらのノードのうちどこにいるのかわからな
いことを表す。この場合には、図3.17のように、それらのノードどうしを点線
で結ぶことで表現する。すなわち、T社の2つの意思決定ノードは、同じ情報集
合に含まれる。プレイヤーXの意思決定ノードを含む情報集合を、「プレイヤー
Xの情報集合」と呼ぶことにする。
　他のどのノードとも点線で結ばれない意思決定ノードは、そのノードだけで1
つの情報集合を構成するものとする。この場合、そこで意思決定を行うプレイヤー

は、そのノードにいることを知っていることを意味する。

　情報集合を明示して、図3.17のゲームを、図3.18のように表すこともある。出発点のS社の意思決定ノードのみを含む円は、S社の情報集合を表す。また、T社の2つの意思決定ノードを含む楕円は、これら2つのノードからなるT社の情報集合を表す。

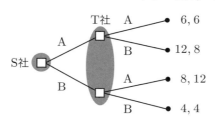

（S社の利得, T社の利得）

T社　A　　6, 6

B　　12, 8

S社

A

B

A　　8, 12

B　　4, 4

図3.18　図3.17のゲームにおける情報集合

　このように情報集合を定義した結果、各プレイヤーの意思決定ノードは、必ずいずれかの情報集合に含まれることになる。このとき、同じ情報集合に含まれるノードでは、そこで意思決定するプレイヤーが取り得る選択肢は同じでなければならない。もしそうでなければ、ノードによって異なる選択肢があることから、そのプレイヤーはこれらのノードを区別できることになり、情報集合の解釈と矛盾するためである。

　情報集合の概念を用いて、完全情報ゲームと不完全情報ゲームを、次のように定義できる。すなわち、**完全情報ゲームとは、全ての情報集合が1つの意思決定ノードのみを含むゲームであり、不完全情報ゲームとは、そうでないゲームである**。図3.10は完全情報、図3.17は不完全情報のゲームである。

　ところで、図3.17のゲームでは、両社は互いに相手の選択を知らずに意思決定を行う。これは実質的に、3.3節の表3.5の戦略形ゲームと同じ状況である。よって、図3.17は、表3.5のゲームを展開形ゲームとして表したものとも見なせる。前節で展開形ゲームの戦略形表現について述べたが、その逆に、**戦略形ゲームを展開形ゲームとして表現することもできる**。

2 ｜ 不完全情報の場合も含めた戦略の定義

　前節で、完全情報ゲームにおけるプレイヤーの戦略は、そのプレイヤーの各意思決定ノードでの選択を定めるものであると述べた。しかし、不完全情報ゲームでは、そのように戦略を定義するのは適切でない。同じ情報集合に含まれる意思決定ノードでは、ノードによって異なる選択肢を選ぶことはできないためである。

　このため、**不完全情報の場合も含めた一般的な展開形ゲームにおけるプレイヤーの戦略は、そのプレイヤーの各情報集合について、そこでの選択を定めたもの**として定義される。ある情報集合である選択肢を選ぶとは、その情報集合の中のどのノードにいるとしてもその選択肢を選ぶことにするということである。完全情報ゲームでは、情報集合と意思決定ノードが1対1に対応するので、結局、前節で述べた戦略の定義と同じになる。

　このように戦略を定義することで、不完全情報ゲームについても、戦略形ゲームに変換することができ、ナッシュ均衡も同様に定義される。図3.17のゲームでは、T社の情報集合は1つだけなので、T社の戦略はそこでの選択肢であるAタイプとBタイプの2つである。このゲームの戦略形表現は、表3.5と同じになる。前述のとおり、元々この不完全情報ゲームは、表3.5の戦略形ゲームと実質的に同じなので、そのことと整合的である。

3 ｜ 後ろ向き帰納法の拡張

　前節で述べたように、完全情報ゲームにおけるプレイヤーの合理的な意思決定は、後ろ向き帰納法を用いて分析する。しかし、**不完全情報ゲームでは、後ろ向き帰納法をそのまま適用することはできない**。前述のとおり、同じ情報集合に含まれる意思決定ノードでは、別々の選択をすることができないためである。図3.17のゲームでは、T社は上の意思決定ノードにいるならBタイプ、下の意思決定ノードにいるならAタイプを選ぶのが最適だが、どちらにいるのかわからないので、ノードによって選択を変えることはできない。しかしながら、不完全情報の場合でも、後ろから逆算して考える推論の仕方は応用することができる。

例3.12 例3.5 の価格決定ゲーム（3.3節の表3.8）を再び考える。いまS社には、このT社とのゲームを行う前に、この事業から撤退する選択肢もあるとする。S社が撤退しない場合には、表3.8の戦略形ゲームの状況となる。一方、S社が撤退する場合には、S社は他の事業にリソースを割くことで確実に5億円の利益（利得5）を得られるとする。このとき、T社は、S社の撤退によってより多くの客を得ることができ、利益が7億円（利得7）になるとする（この状況は、3.3節で簡単に考察したものである）。

例3.12 の状況は、図3.19の展開形ゲームとして表せる[15]。最初にS社が撤退するか、しないか（以下、それぞれ「撤退する」「撤退しない」という）の選択を行う。「撤退する」を選ぶ場合は、そこでゲームの結果が確定する。一方、「撤退しない」を選ぶと、以降は表3.8の戦略形ゲームと同じ状況である。

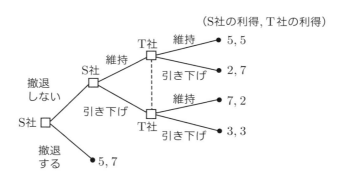

図3.19　価格決定ゲーム（表3.8）に先立ち撤退するか否かの選択を行うゲーム

このゲームは不完全情報なので、後ろ向き帰納法をそのまま用いることはできない。しかし、S社は次のように推論することができる。「撤退しない」を選ぶと、表3.8のゲームのナッシュ均衡が実現し、両社とも「引き下げ」を選ぶ。その結果、S社の利得は3である。一方、「撤退する」を選ぶ場合のS社の利得は5である。したがって、撤退する方がよい。

---

15)　もしT社も同様に撤退するか否かを選択するとしたら、状況はより複雑になる。ここでは、T社には撤退の選択肢はないものとする。

　このように、不完全情報ゲームでも、**末端に近い方の「部分的なゲーム」から考えて、そこでナッシュ均衡が実現することを前提に、順次前の方に遡り、最適な選択を考えていく**ことができる。以下では、そのように後ろ向き帰納法の手順を拡張することを考えよう。

　そのために、まず部分ゲームという概念を定義する。

> **定義3.10**　ある展開形ゲームの**部分ゲーム**（subgame）とは、その展開形ゲームの一部であり、次の2つの条件を満たすものである。
>
> 【条件1】　1つの意思決定ノードから始まり、それ以降のノードと枝を全て含む。
>
> 【条件2】　元の展開形ゲームのどの情報集合についても、それを完全に含むか含まないかのいずれかである。つまり、1つの情報集合の中で、あるノードは含むが、別のノードは含まないということはない。

　図3.19のゲームでは、図3.20に示す2つの部分ゲームがある。まず、**定義3.10**を見ると、元の展開形ゲーム全体もこの条件を満たしていることがわかる。したがって、全体のゲームも1つの部分ゲームである（部分ゲーム1）。次に、「撤退しない」を選んだ後のS社の意思決定ノードから始まる部分ゲームがある（部分ゲーム2）。この部分ゲームは、表3.8の戦略形ゲームに相当する。この部分ゲームも**定義3.10**の条件を満たしていることは容易に確かめられる。一方、T社のいずれかの意思決定ノードから始まる部分は、部分ゲームではない。T社の情報集合の2つのノードのうち1つしか含まず、**定義3.10**の【条件2】を満たさないためである。

　図3.10のゲームでは、全体のゲームに加えて、T社の上下それぞれの意思決定ノードから始まる部分ゲームがあり、あわせて3つの部分ゲームがある。一方、図3.17のゲームでは、部分ゲームは全体のゲームの1つのみである。

　部分ゲームは、それ自体が1つの展開形ゲームになっており、そのナッシュ均衡を求めることができる。このことを利用して、後ろ向き帰納法を次の手順に拡張する。これを「拡張された後ろ向き帰納法」と呼ぶことにする。

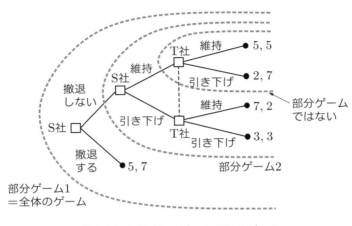

図3.20　図3.19のゲームの部分ゲーム

手順1　最も小さい（末端に近い）部分ゲームで、ナッシュ均衡となる戦略
　　　　の組が選ばれるとする。
手順2　その部分ゲームを、そのナッシュ均衡の利得で置き換える。
手順3　以上の手順を繰り返す。

　これを図3.19のゲームに適用してみよう。まず手順1で「最も小さい部分ゲー
ム」は、図3.20の部分ゲーム2である。この部分ゲームは表3.8の戦略形ゲーム
と同じなので、そのナッシュ均衡は両社とも「引き下げ」を選ぶことである。次
に手順2で、この部分ゲームをそのナッシュ均衡での利得（両社とも3）で置き
換えると、図3.21の展開形ゲームを得る。この操作により得られるゲームを**縮
約ゲーム**（truncated game）という。この縮約ゲームでは、全体が唯一の部分ゲー
ムである。再び手順1に戻り、そのナッシュ均衡を求めるが、ここでは意思決
定するのはS社だけなので、S社の最適な選択を考えることと同じである。した
がって、S社にとって利得が大きい「撤退する」が選ばれる。

　整理すると、この拡張された後ろ向き帰納法の結果、各プレイヤーの選ぶ戦略は図3.22のようになる。図では、各意思決定ノードで選ばれる選択肢の枝を太線で示してある。T社の情報集合のように複数のノードを含む情報集合では、その中のノードでは必ず同じ選択をするので、結局、これらはプレイヤーの各情報集合での選択、つまり戦略を表している。

図3.21　縮約ゲーム

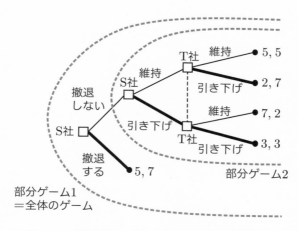

図3.22　図3.19のゲームに後ろ向き帰納法を適用

　完全情報ゲームでは、拡張された後ろ向き帰納法は、前節で述べた後ろ向き帰納法と同じになる。 この場合、最も小さい部分ゲームのナッシュ均衡を求めることは、最も末端に近い意思決定ノードで最適な選択を求めることと同じためである。

4 | 部分ゲーム完全均衡：展開形ゲームの均衡概念

　拡張された後ろ向き帰納法は、プレイヤーが、後ろの方の部分ゲームでナッシュ均衡が実現すると予想して、その予想をもとに合理的に意思決定するという考え方に基づいている。実際にプレイヤーたちがこのように意思決定を行うとすると、展開形ゲームでは、次のように定義される部分ゲーム完全均衡が実現すると考えられる。

> 定義3.11　ある戦略の組が、どの部分ゲームにおいてもナッシュ均衡を達成するものである場合、その戦略の組を**部分ゲーム完全均衡**（subgame perfect equilibrium）という。

　部分ゲーム完全均衡は、拡張された後ろ向き帰納法により求まる戦略の組と一致する[16]。したがって、図3.22で太線で示した戦略の組は、このゲームの部分ゲーム完全均衡である。また、完全情報の場合には、前節で述べた後ろ向き帰納法の結果（たとえば図3.11に示す戦略の組）が部分ゲーム完全均衡となる。

　全体のゲームも1つの部分ゲームなので、定義3.11より、**部分ゲーム完全均衡は必ず（全体のゲームの）ナッシュ均衡である**。しかし、その逆は必ずしも成り立たない。部分ゲーム完全均衡は、全体のゲームのナッシュ均衡であることに加えて、全ての部分ゲームにおいてもナッシュ均衡を達成することを要求しているためである。

　完全情報ゲームについては、ナッシュ均衡が必ずしも部分ゲーム完全均衡（後ろ向き帰納法の結果）と一致しないことは、前節で見たとおりである。部分ゲーム完全均衡ではないナッシュ均衡は、信憑性のない脅しのような、非合理的な選択が含まれるため、そのような均衡の実現を予測するのは妥当ではないのであった。部分ゲーム「完全均衡」という名称には、このような妥当でない、「不完全な」ナッシュ均衡を排除したものというニュアンスがある。不完全情報の場合も考え方は同様である（図3.19のゲームについて、ナッシュ均衡と部分ゲーム完全均衡の比較を演習問題**3.6**とした）。以上のことから、**展開形ゲームの分析では、ナッ**

---

16)　証明は、章末の文献ガイドにある専門的な文献を参照されたい。

シュ均衡ではなく部分ゲーム完全均衡を用いる[17]。

3.7 ゲームにおける情報の価値

　本節では、部分ゲーム完全均衡を用いた分析の応用例として、ゲームにおける不確実性の扱いと情報の価値について述べる。

1 不確実性を含むゲーム

　本章の冒頭で述べたように、戦略的状況においてはそもそも互いに相手の選択が不確実である。しかしそれ以外にも、ゲームの利得に影響するが、プレイヤーたちには制御できない不確実性がある場合がある[18]。そのような状況も、展開形ゲームを用いて分析することができる。

例3.13　例3.1の商品選択ゲーム（3.2節の表3.1）を再び考える（表3.14として再掲）。例3.1では、Aタイプの方が需要が多いと想定していたが、いまどちらのタイプが人気になるかは、両社とも意思決定の時点ではわからないとする。Bタイプの方が需要が多い可能性もあり、その場合の利得表は表3.15のようになる（利得は表3.14でAタイプとBタイプを入れ替えた場合と同じ）。商品の需要は、両社には制御できない不確実な環境要因であるとする（世間の流行や景気に左右されるなど）。両社とも、AタイプとBタイプのどちらの需要が多くなるか、可能性は半々だと予想している。すなわち、ゲームの利得は確率0.5で表3.14、確率0.5で表3.15のようになると考えているとする。

---

17)　本書の範囲を超えるので説明は省略するが、不完全情報ゲームの場合には、部分ゲーム完全均衡を用いてもなお妥当とは言えない均衡が得られることがある。そのため、他の均衡の概念も提案されている。

18)　このように、プレイヤーたちがゲームの構造（利得など）を完全に知っているわけではない状況を、不完備情報（incomplete information）のゲームという（不完全情報とは意味が異なる用語である）。ゲームにおける一般的な不完備情報の取り扱いについては本書の範囲を超えるので、章末の文献ガイドに挙げるより専門的な文献を参照されたい。

表3.14　Aタイプの方が需要が多い場合の商品選択ゲームの利得表
（表3.1の再掲）

		T社	
		Aタイプ	Bタイプ
S社	Aタイプ	3, 9	12, 8
	Bタイプ	8, 12	2, 6

表3.15　Bタイプの方が需要が多い場合の商品選択ゲームの利得表

		T社	
		Aタイプ	Bタイプ
S社	Aタイプ	2, 6	8, 12
	Bタイプ	12, 8	3, 9

　例3.13 の状況は、図3.23のような展開形ゲームとして表現できる。まず、各社の選択に先立ち、Aタイプの方が需要が多いか、Bタイプの方が需要が多いか（以下、それぞれ「A人気」「B人気」という）が決まる。このことは、最初のノードからの分岐により表現されている。これは2.6節の決定木における不確実性ノードの扱いと同様だが、ゲーム理論では、**偶然手番**（chance move）による選択と見なす。つまり、偶然手番という第三者のような存在が、確率0.5で「A人気」、確率0.5で「B人気」を選ぶと考える。これらの確率はそれぞれ枝上のカッコ内に記してある。図中では、偶然手番のノードを丸（○）で示す。

　各社は、偶然手番がこのような確率で選択を行うことは知っているが、実際にどちらが選ばれたかは知らないまま、AタイプかBタイプか（図ではそれぞれ「A」「B」と記す）の選択を行う。また、このとき、互いに相手がどちらの商品を選ぶかも知らない。よって、各社とも情報集合は1つだけであり、戦略はAタイプとBタイプの2つである。

　偶然手番のノードも1つの意思決定ノードと見なすと、部分ゲーム完全均衡を前節と同様に定義できる。図3.23の場合、部分ゲームは全体のゲームのみなので、部分ゲーム完全均衡は、このゲームのナッシュ均衡と一致する。

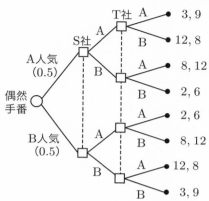

図3.23　不確実性のある商品選択ゲーム

　ただし、偶然手番がない場合にはある戦略の組のもとで到達する末端ノードは1つに決まるのに対して、偶然手番がある場合はそうではない。その代わり、どの末端ノードにどれだけの確率で到達するかが決まる。たとえば図3.23のゲームで両社ともAタイプを選択する場合、確率0.5で一番上の末端ノード、確率0.5で上から5番目の末端ノードに到達する（その他の末端ノードに到達する確率は0）。

　戦略を定めても利得は確率的にしかわからないため、各社は期待利得の最大化を目指すとする。そこで、それぞれの戦略の組について、各社の期待利得を求める。たとえば両社ともAタイプを選択する場合、S社にとって、確率0.5で利得は3、確率0.5で利得は2となるので、期待利得は

$$3 \times 0.5 + 2 \times 0.5 = 2.5 \tag{3.6}$$

となる。同様にして、全ての戦略の組について、表3.16のとおり各社の期待利得を計算できる。この利得表は、図3.23の展開形ゲームの戦略形表現であるが、ここでは各社の期待利得を利得とみなしている。

　各社が期待利得を最大化するという想定のもとで、元のゲーム（図3.23）の部分ゲーム完全均衡は、結局表3.16の戦略形ゲームのナッシュ均衡と同じになる。このゲームのナッシュ均衡は、（Aタイプ, Bタイプ）と（Bタイプ, Aタイプ）の2つである（本節では、混合戦略は考えないこととする）。

表3.16　図3.23のゲームの戦略形表現

<table>
<tr><td></td><td></td><td colspan="2" align="center">T社</td></tr>
<tr><td></td><td></td><td align="center">Aタイプ</td><td align="center">Bタイプ</td></tr>
<tr><td rowspan="2">S社</td><td>Aタイプ</td><td align="center">2.5, 7.5</td><td align="center">10, 10</td></tr>
<tr><td>Bタイプ</td><td align="center">10, 10</td><td align="center">2.5, 7.5</td></tr>
</table>

　なお、「A人気」の場合のゲーム（表3.14）のナッシュ均衡は（Bタイプ, Aタイプ）のみであり、一方、「B人気」の場合のゲーム（表3.15）のナッシュ均衡は（Aタイプ, Bタイプ）のみである。 例3.13 の不確実性がある状況では、そのいずれも均衡になる。

2 | 情 報 の 価 値

　戦略的状況においても、2.5節で述べたような**情報の価値**を議論することができる。情報の価値とは、簡単に言えば、情報を利用できることによる利得の改善の程度であった。ただし、2.5節では単一の意思決定者を扱っていたのに対して、ゲームでは複数のプレイヤーがいるため、同じ情報であっても、誰がその情報を知っているのかによって、プレイヤーの意思決定や利得は変わってくる。そのこともふまえて、情報の価値を定義する必要がある。以下では、偶然手番の選択を確実に知ることができる情報の価値について述べる。

　再び 例3.13 の不確実性がある商品選択ゲーム（図3.23）を考える。いま、一方または両方の会社が、非常に予測精度の高い需要調査を実施する、あるいは第三者によるそのような調査結果を入手するなどして、AタイプかBタイプのどちらの需要が多いかを、商品選択の前に確実に知ることができるとする。これはゲームで言えば、偶然手番の選択に関する情報である。

　プレイヤーがこのような情報を入手できるということは、元のゲーム（図3.23）の情報集合が変化することを意味する（具体的にどのように変化するかは後で例示する）。そして**情報集合が変われば、ゲームの結果である部分ゲーム完全均衡も変わり、よってプレイヤーの利得も変わる可能性がある**。この結果、もしあるプレイヤーの利得が、情報がない場合よりも大きくなるなら、この情報はそのプレイヤーにとって価値をもたらすことになる。

　以上の考え方に基づき、ゲームにおける情報の価値を、次のように定義する。

情報を得る前の元のゲームを「情報がない場合のゲーム」とする。ここから一部または全てのプレイヤーが情報を得られるときのゲームを「情報がある場合のゲーム」と呼ぶことにする。後者については、同じ情報でも、それを誰が知っているか、あるいは知らないかによって、各プレイヤーの情報集合のあり方は異なる。ただし、情報集合以外の要素（ゲームの木の形や各結果での利得）は「情報がない場合のゲーム」と同じとする。それぞれのゲームにおいて、あるプレイヤーが部分ゲーム完全均衡において得る期待利得を「情報がない場合（またはある場合）の均衡利得」と呼ぶことにする。

> **定義 3.12**　あるプレイヤーにとっての**情報の価値**は、次式で定義される。
> ［情報がある場合の均衡利得］－［情報がない場合の均衡利得］

　すなわち、**情報があることで、ない場合に比べてどれだけ期待利得を改善できるかが、そのプレイヤーにとっての情報の価値である**（2.5節の用語では完全情報の期待価値に相当するが、本章では単に情報の価値と呼ぶことにする）。ここでは、情報がある場合とない場合のそれぞれで、ゲームの結果として部分ゲーム完全均衡が実現することを前提としている。

　ここで、着目するゲームで部分ゲーム完全均衡が1つだけであるときには問題にならないが、複数ある場合には、そのうちどの均衡の利得を考えればよいかが明らかではないので、**定義 3.12** では不十分である。複数の均衡がある場合でも、何らかの理由でそのうちいずれかに着目してよいなら、その均衡での利得を考えればよい。そうでなければ、どの均衡が実現するかによって、情報の価値が最小になる場合と最大になる場合を求め、その上限と下限を明らかにする考え方もある。以下の例では、こうした問題を避けるため、均衡が1つか、複数あってもそれらの間では各プレイヤーの期待利得が等しくなる場合のみを扱う。

　以下の例で見るように、**ゲームにおいては、あるプレイヤーが情報を得ることが、別のプレイヤーに利益もしくは損失をもたらす場合がある**。そのため、情報の価値も、情報を得るプレイヤーだけでなく、各プレイヤーについて計算する。

　例 3.13（図 3.23 のゲーム）に戻り、この状況を「情報がない場合のゲーム」とする。前述のとおり、このゲームの部分ゲーム完全均衡（すなわち表 3.16 のナッシュ均衡）は2つあり、いずれにおいても各社の期待利得は10であった。したがって、「情報がない場合の均衡利得」は、両社とも10とする。

以下では、偶然手番の選択に関する情報をどのプレイヤーが入手するかによって、次の3つのケースを比較検討する。

【1】 S社のみが情報を持つ場合
【2】 T社のみが情報を持つ場合
【3】 両社とも情報を持つ場合

■ **【1】S社のみが情報を持つ場合**　まず、S社のみがこの情報を入手できる場合を考える。このように、一部のプレイヤーだけが持つ情報を**私的情報**（private information）という。この場合、S社は意思決定の際に、「A人気」か「B人気」のどちらが実現するかを知っている。一方、T社は知らないままである。ただし、T社は、S社がこの情報を入手できることは知っているとする。

この状況は、図3.24の展開形ゲームとして表せる。情報がない場合（図3.23）にはS社の2つの意思決定ノードが同じ情報集合に含まれていたのに対して、図3.24では、これらのノードは別々の情報集合に含まれる。このことは、S社が意思決定の時点で、偶然手番の選択を知っていることを表現している。一方、T社の情報集合は図3.23と変わらない。

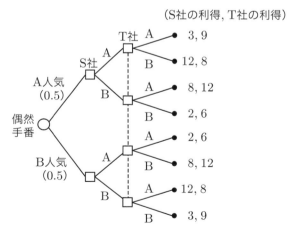

図3.24　S社が私的情報を持つ場合の商品選択ゲーム

　このゲームの部分ゲームは全体のゲームのみなので、部分完全ゲーム均衡は
ナッシュ均衡と一致する。ナッシュ均衡を求めるため、図3.24のゲームを戦略
形ゲームとして表すと、表3.17のようになる。偶然手番があるため、表3.16と
同様に、それぞれの戦略の組のもとでの期待利得を表にしたものである。S社の
戦略については、上の意思決定ノードでX、下の意思決定ノードでYを選択す
るような戦略（X、YはA（タイプ）またはB（タイプ）のいずれか）を「XY」
と記している。

表3.17　図3.24のゲームの戦略形表現

		T社	
		Aタイプ	Bタイプ
S社	AA	2.5, 7.5	10, 10
	AB	7.5, 8.5	7.5, 8.5
	BA	5, 9	5, 9
	BB	10, 10	2.5, 7.5

　このゲームのナッシュ均衡は、（AA, Bタイプ）と（BB, Aタイプ）の2つで
ある。いずれの均衡においても、両社とも期待利得は10なので、「情報がある場
合の均衡利得」は、両社とも10となる。
　「情報がない場合の均衡利得」は両社とも10だったので、このケースでは、ど
ちらの会社にとっても情報の価値は、10 − 10 ＝ 0 である。図3.24のゲームの
2つの均衡は、図3.23の情報がない場合のゲームの2つの均衡と、それぞれ各意
思決定ノードでの選択は同じである（たとえば、図3.24のゲームの均衡である
（AA, Bタイプ）と、図3.23のゲームの均衡である（Aタイプ, Bタイプ）では、
各ノードでの選択は同じ）。2.5節にて、**意思決定を全く変えないような情報は
価値をもたらさない**ことを述べたが、戦略的状況においても同じことが言える。
この場合、S社にとって、この私的情報を得るメリットはないことになる。

■【2】T社のみが情報を持つ場合　次に、【1】のケースとは逆に、T社が私
的情報を持つ場合を考える。この場合のゲームは、図3.25のようになる。情報
がない場合のゲーム（図3.23）との違いは、T社の情報集合が2つに分かれてい
ることである。すなわち、T社は意思決定の時点で、偶然手番の選択を知ってい

る。一方のＳ社は、知らないままである。

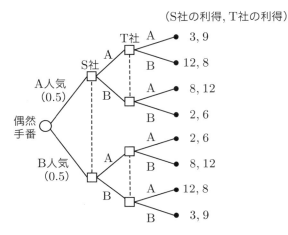

図3.25　Ｔ社が私的情報を持つ場合の商品選択ゲーム

このゲームの部分ゲームも全体のゲームのみである。戦略形ゲームに変換する
と表3.18のようになる。Ｔ社の戦略については、上の情報集合でＸ、下の情報
集合でＹを選択するような戦略（Ｘ、ＹはＡ（タイプ）またはＢ（タイプ）のい
ずれか）を「ＸＹ」と記している。

表3.18では、Ｔ社にとって、ＡＢが支配戦略である。すなわち、Ｔ社は、「Ａ
人気」であればＡタイプ、「Ｂ人気」であればＢタイプと、偶然手番の選択によっ
て、需要が多い方の商品を選ぶことが常に最適となる。そのとき、Ｓ社はどちら
の商品を選んでも期待利得は同じなので、ナッシュ均衡は、（Ａタイプ, ＡＢ）と
（Ｂタイプ, ＡＢ）の２つである。

表3.18　図3.25のゲームの戦略形表現

		T社			
		AA	AB	BA	BB
S社	Aタイプ	2.5, 7.5	5.5, 10.5	7, 7	10, 10
	Bタイプ	10, 10	5.5, 10.5	7, 7	2.5, 7.5

　いずれの均衡においても、T社の期待利得は10.5なので、T社にとっての情報の価値は、$10.5 - 10 = 0.5$となる。すなわち、T社が私的情報を有することは、T社にプラスの価値をもたらす。情報の内容に応じて選択を変えられるためである。

　一方、S社の期待利得はいずれの均衡でも5.5なので、S社にとっての情報の価値は、$5.5 - 10 = -4.5$となる。S社の情報集合自体は情報がない場合のゲームと変わらないにもかかわらず、T社が情報を持つようになることで、S社の期待利得は小さくなる。このように、あるプレイヤーが情報を持つことで、別のプレイヤーに正または負の価値をもたらすこともある。

■【3】両社とも情報を持つ場合　続いて、両社とも偶然手番の選択に関する情報を入手できる（さらにそのことを互いに知っている）場合を考える。このように、全てのプレイヤーが持つ情報を**公的情報**（public information）という。この場合のゲームは図3.26のようになり、各社とも2つの情報集合を持つ。

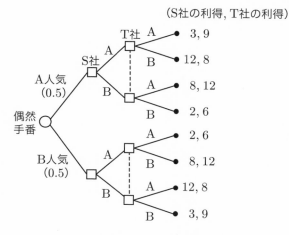

図3.26　公的情報がある場合の商品選択ゲーム

　このゲームの部分ゲームは、全体のゲームに加えて、S社の上の意思決定ノードから始まる部分ゲーム、下の意思決定ノードから始まる部分ゲームの3つがある。このうち、上の部分ゲームは「A人気」の場合の戦略形ゲーム（表3.14）、下の部分ゲームは「B人気」の場合の戦略形ゲーム（表3.15）と、それぞれ同じである。つまり図3.26のゲームは、偶然手番の選択は確率的になされるが、両社ともその結果を知ったうえで、これら2つのうちいずれかの戦略形ゲームを行う、という状況である。

　すでに見たとおり、表3.14のゲームのナッシュ均衡は（Bタイプ, Aタイプ）であり、表3.15のゲームのナッシュ均衡は（Aタイプ, Bタイプ）である。よって、図3.26のゲームの部分ゲーム完全均衡は、それぞれの部分ゲームでこれらのナッシュ均衡が達成されるような戦略の組である。

　この部分ゲーム完全均衡では、確率0.5で上から3番目の末端ノード、確率0.5で下から3番目の末端ノードに到達する。いずれのノードでも、S社の利得は8、T社の利得は12なので、これらが各社の「情報がある場合の均衡利得」となる。したがって、公的情報がある場合、S社にとって情報の価値は $8 - 10 = -2$、T社にとって情報の価値は $12 - 10 = 2$ となる。この場合、表3.14または表3.15の戦略形ゲームを行うことと同じなので、T社はいずれの場合も自分に有利な（利得が12になる）結果を導くことができる。

　以上の【1】〜【3】のケースを表3.19にまとめた。このように、同じ情報でも、誰がそれを入手できるのかによって、各プレイヤーの均衡利得、そしてその情報の価値は変わり得る。

表3.19　不確実な商品選択ゲームにおける均衡利得（カッコ（ ）内は情報の価値）

	S社の均衡利得	T社の均衡利得
情報がない場合	10	10
【1】S社のみが情報を持つ場合	10（0）	10（0）
【2】T社のみが情報を持つ場合	5.5（−4.5）	10.5（0.5）
【3】両社とも情報を持つ場合	8（−2）	12（2）

　2.5節にて、不確実性下の意思決定では、情報の価値は、意思決定に先立ちその情報を取得するのに支払ってよい費用の上限として解釈できることを述べた。戦略的意思決定の場合には、情報の価値は、自分が情報を取得するかだけでなく、

相手がその情報を取得するかにも依存することをふまえて、その解釈を考える必要がある。

　たとえば、T社が私的情報を持つことの価値が0.5であることは、T社は、S社は情報を取得しないという前提で、自分がこの情報を私的情報として持つ状況を達成するために、利得0.5相当の費用（つまり0.5億円）までなら支払ってもよいことを意味する。どちらの商品の需要が多いかを予め知ることのできる情報にはそれだけの価値があることになる。逆に言えば、この情報の取得費用がそれを上回るなら、情報を入手しない方がよい。

　ただし、公的情報の場合のT社の情報の価値は2なので、たとえばT社は情報を入手したらそれを公開してS社にも知らせるようにする場合を考えると、それには利得2相当の費用（つまり2億円）までなら支払う価値がある。

　一方、S社にとっては、いずれのケースでも情報の価値は0以下であるから、自ら情報を得るメリットは全くない。情報の価値が負の場合には、むしろ情報がない場合のゲーム（図3.23）の状況の方が、S社にとって望ましいことになる。

　以上の議論は、プレイヤーが自ら情報を取得する場合だけでなく、プレイヤーと何らかの利害関係がある第三者が、プレイヤーへの情報提供を検討する場合にも応用できる。すなわち、あるゲームのプレイヤーに情報提供を行うことが、そのプレイヤーにとってどれだけの利益または損失になり得るかを、情報の価値に基づいて判断することができる。

3.8 数学的補足

1 戦略形ゲーム

3.2節で導入した戦略形ゲームは、次のように定式化できる。

n 人のプレイヤー $1, ..., n$ がいるとする。各プレイヤーは1つ以上の（純粋）戦略を持つ。以下、プレイヤー i（ $1 \sim n$ のどれか）の戦略を a_i 、戦略の組（各プレイヤーの戦略を1つずつ並べたもの）を $(a_1, ..., a_n)$ などと書く。$(a_1, ..., a_n)$ を、単に a とも記す。戦略の組 a が選ばれたときのプレイヤー i の利得を $g_i(a)$ と記す。利得は実数値であり、値が大きいほど、そのプレイヤーにとって、その戦略の組の実現が望ましいことを意味する。

また、戦略の組 a について、そこでのプレイヤー i 以外の戦略を並べたもの、すなわち $(a_1, ..., a_{i-1}, a_{i+1}, ..., a_n)$ を、a_{-i} と書くことにする。プレイヤー i が a_i 、その他のプレイヤーが a_{-i} を選択した際のプレイヤー i の利得を $g_i(a_i, a_{-i})$ とする。

戦略の支配については、次のように定義される。

> **定義3.13** レイヤー i の2つの戦略 a_i と a_i' について、他のプレイヤーのどの戦略の組 a_{-i} に対しても
>
> $$g_i(a_i, a_{-i}) > g_i(a_i', a_{-i}) \tag{3.7}$$
>
> となるとき、a_i は a_i' を**支配する**という。

> **定義3.14** プレイヤー i の戦略 a_i が他の全ての戦略を支配するとき、a_i を**支配戦略**という。

定義3.13 および **定義3.14** は、それぞれ **定義3.1** および **定義3.2** を言い換えたものである。

例3.14 3.2節の表3.1の戦略形ゲームで、戦略の組(Aタイプ, Bタイプ)が選ばれるとき、S社の利得が12、T社の利得が8であることを、それぞれ

$$g_S(\text{A タイプ}, \text{B タイプ}) = 12 \tag{3.8}$$

および

$$g_T(\text{A タイプ}, \text{B タイプ}) = 8 \tag{3.9}$$

と表す。ただし、式中の S と T は、それぞれS社とT社を表す（本節の他の例でも同様）。

このゲームにおいて、T社のAタイプが支配戦略であることは、次のように確認できる。

$$g_T(\text{A タイプ}, \text{A タイプ}) = 9 > g_T(\text{A タイプ}, \text{B タイプ}) = 8 \tag{3.10}$$

かつ

$$g_T(\text{B タイプ}, \text{A タイプ}) = 12 > g_T(\text{B タイプ}, \text{B タイプ}) = 6 \tag{3.11}$$

であるから、定義3.13 より、T社のAタイプはBタイプを支配する。T社の戦略はこの2つのみなので、定義3.14 より、T社のAタイプは支配戦略である。

2 ナッシュ均衡

3.3節で述べた最適反応およびナッシュ均衡の定義は次のとおりである。

定義3.15 プレイヤー i の戦略 a_i および他のプレイヤーの戦略の組 a_{-i} について、 i のどの戦略 a_i' についても

$$g_i(a_i, a_{-i}) \geq g_i(a_i', a_{-i}) \tag{3.12}$$

となるとき、 a_i を a_{-i} に対する**最適反応**という。

定義3.16 戦略の組 a において、全てのプレイヤー i にとって、a_i が a_{-i} に対する最適反応であるとき、a を**ナッシュ均衡**という。

定義3.15 および 定義3.16 は、それぞれ 定義3.3 および 定義3.4 を言い換えたものである。

例3.15 3.3節の表3.5のゲームにおいて、戦略の組（Bタイプ , Aタイプ）はナッシュ均衡であるが、このことは次のように確認できる。

$$g_S(\text{B タイプ}, \text{A タイプ}) = 8 > g_S(\text{A タイプ}, \text{A タイプ}) = 6 \quad (3.13)$$

なので、S社のBタイプは、T社のAタイプに対する最適反応である。また、

$$g_T(\text{B タイプ}, \text{A タイプ}) = 12 > g_T(\text{B タイプ}, \text{B タイプ}) = 4 \quad (3.14)$$

なので、T社のAタイプは、S社のBタイプに対する最適反応である。よって、定義3.16 より、（Bタイプ , Aタイプ）はナッシュ均衡である。

また、パレート最適の概念は、次のように定義される。

定義3.17 2つの戦略の組 a と a' について、全てのプレイヤー i にとって

$$g_i(a) \geq g_i(a') \quad (3.15)$$

であり、かつ少なくとも1人のプレイヤー j にとって

$$g_j(a) > g_j(a') \quad (3.16)$$

であるとき、a は a' の**パレート改善**であるという。

定義3.18 戦略の組 a について、そのパレート改善となる戦略の組が他にないとき、a は**パレート最適**であるという。

定義3.17 および 定義3.18 は、それぞれ 定義3.5 および 定義3.6 を言い換えたものである。

例3.16　3.3節の表3.8のゲームにおいて、（引き下げ，引き下げ）がパレート最適ではないことは、次のように確認できる。

$$g_S(維持, 維持) = 5 > g_S(引き下げ, 引き下げ) = 3 \qquad (3.17)$$

および

$$g_T(維持, 維持) = 5 > g_T(引き下げ, 引き下げ) = 3 \qquad (3.18)$$

であるから、定義3.17より、（維持，維持）は（引き下げ，引き下げ）のパレート改善である。したがって、定義3.18より、（引き下げ，引き下げ）はパレート最適ではない。

3 混合戦略

　続いて、3.4節で扱った混合戦略について述べる。以下では、プレイヤーの純粋戦略の数は有限とする。

　プレイヤー i のある混合戦略を p_i とする。この混合戦略のもとで、純粋戦略 a_i が選ばれる確率を $p_i(a_i)$ と書く（ $0 \leq p_i(a_i) \leq 1$ ）。純粋戦略と同様に、各プレイヤーの混合戦略の組を $p = (p_1, ..., p_n)$ とする。また、このうちプレイヤー i 以外の混合戦略の組を p_{-i} とする。

　全ての純粋戦略の組に、 $a^1, a^2, ...$ と通し番号を付けることにする（下付きの a_1 はプレイヤー1のある純粋戦略、上付きの a^1 は1番目の純粋戦略の組と、意味が異なることに注意）。各プレイヤー i の純粋戦略の数を m_i 個とすると、純粋戦略の組は $m_1 \times \cdots \times m_n$ 個ある。この数を m とする。つまり、純粋戦略の組は、 $a^1, ..., a^m$ の m 個ある。また、純粋戦略の組 a^j におけるプレイヤー i の戦略を a_i^j とする。つまり、 $a^j = (a_1^j, ..., a_n^j)$ である。

　混合戦略の組 p が用いられるとき、純粋戦略の組 a^j が実現する確率は、 $p_1(a_1^j) \times \cdots \times p_n(a_n^j)$ である。これを $p(a^j)$ とする。以上の記号を用いて、混合戦略の組 p のもとでプレイヤー i の期待利得は、

$$\sum_{j=1}^{m} g_i(a^j) p(a^j) \qquad (3.19)$$

となる。

混合戦略も考える場合の最適反応およびナッシュ均衡は、次のように定義される。プレイヤー i は混合戦略 p_i、その他のプレイヤーは p_{-i} を選ぶときのプレイヤー i の期待利得を $E_i(p_i, p_{-i})$ と記す。

> **定義3.19** プレイヤー i の混合戦略 p_i および他のプレイヤーの混合戦略の組 p_{-i} について、i のどの混合戦略 p_i' についても
>
> $$E_i(p_i, p_{-i}) \geq E_i(p_i', p_{-i}) \tag{3.20}$$
>
> となるとき、p_i を p_{-i} に対する**最適反応**という。

> **定義3.20** 混合戦略の組 p において、全てのプレイヤー i にとって、p_i が p_{-i} に対する最適反応であるとき、p を**ナッシュ均衡**という。

定義3.19 および **定義3.20** は、それぞれ **定義3.7** および **定義3.8** を言い換えたものである。

例3.17 表3.20は、3.4節の監視ゲームの利得表(表3.11)に戦略の組を表す記号 $a^1 \sim a^4$ を追記したものである。コロン(:)の後ろには表3.11と同様の利得が示されている。

表3.20 監視ゲームの利得表(戦略の組の記号を追記)

		オーナー	
		監視する	監視しない
従業員	働く	$a^1 : 3, 4$	$a^2 : 3, 6$
	怠ける	$a^3 : 0, 3$	$a^4 : 4, 1$

従業員とオーナーを数式中ではそれぞれ E および O と記す。例として、次のような従業員の混合戦略 p_E およびオーナーの混合戦略 p_O を考える。

- $p_E($働く$) = 2/3$, $p_E($怠ける$) = 1/3$
- $p_O($監視する$) = 1/3$, $p_O($監視しない$) = 2/3$

これらの混合戦略の組を p とする。

混合戦略の組 p が用いられる場合、純粋戦略の組 a^1 が実現する確率は、

$$p(a^1) = p_E(\text{働く})p_O(\text{監視する}) = \frac{2}{3} \times \frac{1}{3} = \frac{2}{9} \tag{3.21}$$

である。他も同様に計算して、$p(a^2) = 4/9$、$p(a^3) = 1/9$、$p(a^4) = 2/9$ となる。したがって、このとき従業員の期待利得は、次のように計算される。

$$
\begin{aligned}
&\sum_{j=1}^{4} g_E(a^j)p(a^j) \\
&= g_E(a^1)p(a^1) + g_E(a^2)p(a^2) + g_E(a^3)p(a^3) + g_E(a^4)p(a^4) \\
&= 3 \times \frac{2}{9} + 3 \times \frac{4}{9} + 0 \times \frac{1}{9} + 4 \times \frac{2}{9} = \frac{26}{9}
\end{aligned}
\tag{3.22}
$$

オーナーの期待利得も同様に計算できる。ナッシュ均衡の求め方は、3.4節で述べたとおりである。

4 | 展開形ゲームと部分ゲーム完全均衡

3.5節で導入した展開形ゲームについて、不完全情報のケースも含めて、次のように定式化できる。

■偶然手番がない場合　まず、偶然手番がない場合について述べる。n 人のプレイヤー $1, ..., n$ がいるとする。また、ゲームの木を構成するノードと枝が与えられているとする。2つのノード x と y について、x から y への枝があるときは、その枝を (x, y) と記す（この場合、x の方が出発点に近いノードとする）。それぞれのノードは、意思決定ノードまたは末端ノードのいずれかである。以下、意思決定ノードと末端ノードを一般に、それぞれ d および z などと記す。

各意思決定ノードでは、いずれか1人のプレイヤーが意思決定を行う。意思決定ノード d で意思決定するプレイヤーを $n(d)$ とする。$n(d) = i$ のとき、ノード d を i の意思決定ノードという。この場合、枝 (d, x) は、d における i のある選択肢を表す（ただし、x は d からの枝で結ばれるノード）。

プレイヤー i の情報集合 h_i は、i が意思決定時に区別できない意思決定ノードを集めたものである。情報集合 h_i が意思決定ノード $d, d', ...$ からなる場合、$h_i = \{d, d', ...\}$ と書く。ノード d が h_i に含まれるなら、必ず $n(d) = i$ である。

また、異なる意思決定ノード d と d' が h_i に含まれるなら、 d と d' で i が取り得る選択肢は同じでなければならない。全ての i の意思決定ノードは、必ずいずれか1つの i の情報集合に含まれる。

末端ノードでは、プレイヤーの利得が決まる。末端ノード z におけるプレイヤー i の利得を $g_i(z)$ と表す。

プレイヤーの戦略は、そのプレイヤーの各情報集合での選択を指定するものである。プレイヤー i の戦略を s_i などと記す。戦略 s_i において、 i の情報集合 h_i で選ばれる選択肢を $s_i(h_i)$ とする。

各プレイヤーの戦略の組 $(s_1, ..., s_n)$ を、 s と書く。戦略の組が決まると、到達する末端ノードも1つに決まる。戦略の組 s のもとで到達する末端ノードを $z(s)$ とする。よって、戦略の組 s が実現したときのプレイヤー i の利得を $g_i(s)$ とすると、 $g_i(s) = g_i(z(s))$ である。このように定義された戦略と利得からなる戦略形ゲームを、元の展開形ゲームの戦略形表現という。

例 3.18 図3.27は、3.6節の図3.19の展開形ゲームにノードの記号を追記したものである。4つの意思決定ノードを $d_1 \sim d_4$ 、5つの末端ノードを $z_1 \sim z_5$ とした。枝は、

$$(d_1, d_2), (d_1, z_5), (d_2, d_3), (d_2, d_4), (d_3, z_1), (d_3, z_2), (d_4, z_3), (d_4, z_4)$$

の8つがある。それぞれの枝は、図に示す選択肢に対応している。

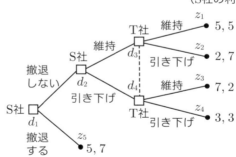

図3.27 図3.19の展開形ゲーム（ノード記号を追記）

意思決定ノードの割り当ては、 $n(d_1) = n(d_2) = S$ および $n(d_3) = n(d_4) = T$ である。S社の情報集合は、 $h_{S1} = \{d_1\}$ と $h_{S2} = \{d_2\}$ の2つ（S

社の情報集合は2つあるので、このように通し番号を付ける）、T社の情報集合は、 $h_T = \{d_3, d_4\}$ の1つである。利得は、たとえば末端ノード z_1 では、$g_S(z_1) = 5$ および $g_T(z_1) = 5$ である。

S社の戦略は、

$$s_{S1}(h_{S1}) = \text{撤退しない} \quad \text{および} \quad s_{S1}(h_{S2}) = \text{維持}$$
$$s_{S2}(h_{S1}) = \text{撤退しない} \quad \text{および} \quad s_{S2}(h_{S2}) = \text{引き下げ}$$
$$s_{S3}(h_{S1}) = \text{撤退する} \quad \text{および} \quad s_{S3}(h_{S2}) = \text{維持}$$
$$s_{S4}(h_{S1}) = \text{撤退する} \quad \text{および} \quad s_{S4}(h_{S2}) = \text{引き下げ}$$

として、$s_{S1} \sim s_{S4}$ の4つである（1〜4はS社の戦略の通し番号）。T社の戦略は、$s_{T1}(h_T) = \text{維持}$、$s_{T2}(h_T) = \text{引き下げ}$として、$s_{T1}$ と s_{T2} の2つである（1, 2はT社の戦略の通し番号）。

利得については、たとえば戦略の組 (s_{S2}, s_{T1}) について、$z(s_{S2}, s_{T1}) = z_3$ なので、$g_S(s_{S2}, s_{T1}) = g_S(z_3) = 7$ および $g_T(s_{S2}, s_{T1}) = g_T(z_3) = 2$ である。

　展開形ゲームのナッシュ均衡は、その戦略形表現のナッシュ均衡として定義される。さらに、定義3.10 のように部分ゲームを定義したうえで、部分ゲーム完全均衡は定義3.11 のとおり定義される。

■偶然手番がある場合　続いて、偶然手番がある場合について述べる。偶然手番を記号で c と書くことにする。偶然手番が選択を行うノード d については、$n(d) = c$ とする。このノードにおいて、偶然手番がある選択肢 X を選ぶ確率を $p_d(X)$ と表す（$0 \le p_d(X) \le 1$）。

　このような偶然手番の選択確率を所与とすると、プレイヤーたちの戦略の組が決まれば、各末端ノードに到達する確率が決まる。戦略の組 s のもとで末端ノード z に到達する確率を $p(z, s)$ とする。末端ノードが $z_1, ..., z_k$ の k 個あるとき、戦略の組 s のもとでプレイヤー i の期待利得は、

$$\sum_{j=1}^{k} g_i(z_j) p(z_j, s) \tag{3.23}$$

となる。

例3.19 3.7節の図3.23の展開形ゲームに以上の定式化を当てはめる。偶然手番が選択を行うノードを d_1 とすると、 $n(d_1) = c$ である。 $p_{d_1}(\text{A 人気}) = p_{d_1}(\text{B 人気}) = 0.5$ である。

図3.23の8つの末端ノードを、上から順に $z_1 \sim z_8$ とする。このゲームでは両社とも情報集合は1つだけである。両社とも各自の情報集合でAタイプを選択するような戦略の組を s とすると、 $p(z_1, s) = p(z_5, s) = 0.5$ である(その他の末端ノードについては s のもとで到達確率は0)。したがって、この戦略の組が選ばれる場合のS社の期待利得は、

$$\sum_{j=1}^{8} g_S(z_j) p(z_j, s) = g_S(z_1) p(z_1, s) + g_S(z_5) p(z_5, s)$$

$$= 3 \times 0.5 + 2 \times 0.5 = 2.5 \tag{3.24}$$

となる(これは式(3.6)の計算と同じである)。

演習問題

3.1 社会、経済、ビジネスあるいは日常生活などから、次のそれぞれに該当する、プレイヤーが2者のゲームの例を考えて、戦略形ゲームとして利得表に表し、ナッシュ均衡を求めよ。

(a) 囚人のジレンマ型ゲーム

(b) 複数のナッシュ均衡があるゲーム

(c) 純粋戦略のナッシュ均衡がないゲーム

3.2 表3.21の戦略形ゲームについて、以下の問いに答えよ。ただし、混合戦略は考えなくてよい。

表3.21　演習問題**3.2**の利得表

プレイヤーB

		b_1	b_2	b_3	b_4
	a_1	1, 7	1, 5	7, 0	0, 1
プレイヤーA	a_2	5, 2	3, 3	5, 2	0, 1
	a_3	7, 0	2, 5	1, 3	0, 1
	a_4	0, 0	0, 1	0, 3	9, 0

（a）　支配される戦略の逐次消去の結果残る戦略の組を求めよ。

（b）　ナッシュ均衡を求めよ。

3.3 図3.28は、プレイヤー1, 2, 3の3人がいる展開形ゲームである。このゲームに後ろ向き帰納法を適用せよ。

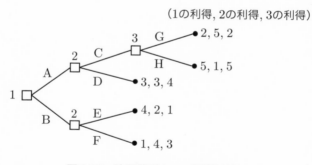

（1の利得, 2の利得, 3の利得）

図3.28　演習問題**3.3**の展開形ゲーム

3.4 図3.29は、プレイヤー1, 2の2人がいる展開形ゲームである。末端ノードの利得は、左から順に、プレイヤー1, 2の利得をそれぞれ示す。このゲームに後ろ向き帰納法を適用せよ。また、自分がプレイヤー1の立場であったら、後ろ向き帰納法の結果のとおりに意思決定したいと思うか、考察せよ。

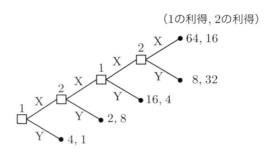

図3.29　演習問題**3.4**の展開形ゲーム

3.5　同じ業種のC社，D社の2社は，ある新製品の開発投資を行うか否かを検討している。いずれか1社のみが投資をして新製品を市場に投入した場合，その会社は10億円の利益を得る。しかし，両社とも投資をして市場投入した場合，供給過多となり，両社とも5億円の損失となる。投資をしない場合は，利益も損失も出ない。各社の利得は利益または損失（単位：億円）で表されるとする。

（a）　各社は互いに相手の選択を知らずに投資をするか否かの決定を行うとする。この状況を戦略形ゲームとして利得表に表し，ナッシュ均衡を求めよ（ただし，混合戦略は考えなくてよい）。

（b）　いまC社は，D社よりも先に意思決定するか，後に意思決定するかを選べるとする。いずれの場合も，先に意思決定を行う会社の選択を知ってから，後の会社が意思決定を行うとする。C社は，先と後のどちらに意思決定するのがよいか，考察せよ。ただし，上記の互いの選択に応じた利益や損失は，意思決定の順番によらないものとする。

3.6　3.6節の図3.19の展開形ゲームについて，その戦略形表現を書き，ナッシュ均衡を求めよ（ただし，混合戦略は考えなくてよい）。また，その結果に基づき，定義3.11 に従って部分ゲーム完全均衡を求め，それが拡張された後ろ向き帰納法の結果（図3.22）と一致することを確かめよ。

文献ガイド

　ゲーム理論の教科書として比較的易しいものには、次の文献がある。いずれも本書では扱いきれなかったモデルや分析手法にも広く触れられている。

- ・武藤（2001）『ゲーム理論入門』，日本経済新聞出版
- ・神戸（2004）『入門 ゲーム理論と情報の経済学』，日本評論社
- ・岡田（2014）『ゲーム理論・入門 新版―人間社会の理解のために』，有斐閣
- ・土橋（2018）『ゲーム理論』，日本評論社

　よりしっかり学びたい場合、次の文献がある。

- ・ギボンズ（2020）『経済学のためのゲーム理論入門』，岩波書店（福岡・須田訳）
- ・渡辺（2021）『一歩ずつ学ぶゲーム理論―数理で導く戦略的意思決定』，裳華房

　さらに専門的に学びたい場合（学部上級〜大学院レベル）、次の文献がある。

- ・岡田（2021）『ゲーム理論 第3版』，有斐閣
- ・Osborne and Rubinstein（1994）"A Course in Game Theory," The MIT Press

　また、ゲーム理論はミクロ経済学において重要な一分野として扱われており、たとえば下記のミクロ経済学の教科書にも丁寧な解説がある。

- ・梶井・松井（2000）『ミクロ経済学 戦略的アプローチ』，日本評論社
- ・神取（2014）『ミクロ経済学の力』，日本評論社

　3.7節で述べた情報の価値を扱った文献は少ないが、次の文献に解説がある。

- ・鈴木（1994）『新ゲーム理論』，勁草書房

　ゲーム理論の分析は複雑な計算を伴うこともあるが、そうした場合に有用なコンピュータ（R）を用いた分析を扱う文献もある。

- ・上條・矢内（2023）『Rで学ぶゲーム理論』，朝倉書店

　上に挙げた文献はいずれも理論の説明が中心だが、応用に焦点を当てた文献には、次のようなものがある。

- ・坂井（2010）『マーケットデザイン入門：オークションとマッチングの経済学』，ミネルヴァ書房
- ・大林（2014）『ビジネス意思決定 - 理論とケースで決断力を鍛える』，ダイヤモンド社
- ・伊藤・小林・宮原（2019）『組織の経済学』，有斐閣
- ・浅古・図斎・森谷（2023）『活かすゲーム理論』，有斐閣

　最後に、一般向けの書籍だが、ゲーム理論の専門家が執筆した、ゲーム理論の経営への応用を扱った文献に、次のものがある。

・ブランデンバーガー・ネイルバフ（2003）『ゲーム理論で勝つ経営：競争と協調のコーペティション戦略』，日本経済新聞出版（嶋津・東田訳）
・マクアダムス（2017）『世界の一流企業は「ゲーム理論」で決めている - ビジネスパーソンのための戦略思考の教科書』，ダイヤモンド社（上原訳）

第 **4** 章　多目的意思決定

4.1　多目的意思決定とは

　本章では、**多目的意思決定**（multi-objective decision-making）、すなわち**意思決定の目的あるいは評価基準が単一ではなく、複数ある状況**について議論する[1]。

　このような意思決定の状況に直面することはよくある。ランチのお店を選ぶにしても、「こちらの店は安いが味はいまいちであり、一方あちらの店は美味しいが少々高い」といった評価をすることがある。この場合は、おいしい料理を食べたいことと、支払いを抑えたいことの2つの目的があるのだが、両方を同時に満足する選択肢はない、という悩ましい状況である。ビジネスにおいても、たとえば製品開発において、環境性能を向上させたいがそうすると費用がかかる、しかし費用もなるべく抑えたい、といった状況があり得る。**多目的意思決定では、ある目的を追求すると、別の目的を犠牲にせざるを得ないという、トレードオフにどのように対処するかが問題となる。**

　本章の以降の節では、4.2節および4.3節で目的ごとの利得が明確である場合の意思決定の考え方について説明する。4.4節では、そうでない場合でも多目的意思決定において望ましい選択肢を決定する手法として広く用いられる階層化意思決定法を紹介する。

4.2　利得表による表現

　多目的意思決定は、次の要素により特徴付けられる。

- どのような**選択肢**があるか

---

1)　多基準意思決定（multi-criteria decision-making）あるいは多属性意思決定（multi-attribute decision-making）とも呼ばれる。その場合、目的は基準あるいは属性と呼ばれる。

・どのような**目的**があるか

・**それぞれの目的の観点で、各選択肢の望ましさ**はどの程度か

　他の章で扱う意思決定状況と異なるのは、複数の目的があり、それらを明示的に考慮している点である。各選択肢は、それぞれの目的の観点で評価される。そのため、ある目的に関しては望ましいが、別の目的に関してはそうではない、ということもあり得る。本節と次節では、こうした目的別の選択肢の評価について、前章までと同様に、利得と呼ばれる数値で与えられている状況を考える（利得については2.2節参照）。なお、ここでは不確実性を考慮していないため、結果ではなく、選択肢を直接評価の対象とする。

> 例4.1　ある会社の経営者が、次のプロジェクトのリーダーに誰を任命するか検討している。候補者はA氏、B氏、C氏の3名である。このリーダー選択の目的として、次の3つを考えている。
>
> ・「実績」：なるべく実績のある人物を選びたい。
> ・「年齢」：なるべく若い人物を選びたい。
> ・「統率力」：なるべく統率力（リーダーシップ）のある人物を選びたい。
>
> 各候補者について、それぞれの目的の観点から10点満点で評価を済ませており、その結果は表4.1のとおりである。たとえば、A氏は「実績」が4点、「年齢」が9点、「統率力」が7点である。点数が高いほど、目的に適っていることを表す。

表4.1　リーダー選択の利得表

		実　績	年　齢	統率力
	A氏	4	9	7
選択肢	B氏	10	5	6
	C氏	8	4	5

　表4.1に示す点数は、値が大きいほど意思決定者である経営者にとって望ましいので、これらを利得として扱うことにする。このように、選択肢ごとに各目的の利得を表にまとめたものを、多目的意思決定の**利得表**という。

1 選択肢の支配とパレート最適

　多目的意思決定の利得表と、第2章で扱った不確実性下の意思決定の利得表との違いは、「状態」を「目的」に置き換えたことだけである。このため、選択肢の支配の関係を、第2章と同様に定義できる。次の支配および弱支配の定義は、2.3節で述べたそれぞれの定義（ 定義2.1 および 定義2.2 ）における「状態」を「目的」に置き換えることで得られる。

> 定義 4.1 　2つの選択肢XとYについて、どの目的についてもXを選択した際の利得がYを選択した際の利得より大きい場合、XはYを**支配する**という。YはXに支配されるともいう。

> 定義 4.2 　2つの選択肢XとYについて、どの目的についてもXを選択した際の利得がYを選択した際の利得以上であり、かつ少なくとも1つの目的について前者が後者より大きい場合、XはYを**弱支配する**という。YはXに弱支配されるともいう。

　支配の関係が成り立つなら弱支配の関係も成り立つが、その逆は必ずしも成り立たない。

　表4.1では、どの目的についてもC氏よりB氏の方が利得は大きいので、C氏はB氏に支配される。したがって、これらの3つの目的を考える限り、C氏を選択するのは合理的ではない。多目的意思決定においても、**他の選択肢に支配される（あるいは弱支配される）選択肢を選ぶメリットはない**。

　多目的意思決定ではしばしば、この考えに基づき、次のように定義されるパレート最適な選択肢に分析の焦点を絞る[2]。

> 定義 4.3 　ある選択肢が、他のどの選択肢にも弱支配されないとき、**パレート最適**であるという。

---

[2]　第2章では明示的に導入しなかったが、不確実性下の意思決定においても同様の概念を定義することはできる。

　第3章にて戦略的意思決定の文脈で議論したパレート最適の概念（3.3節）は、複数の意思決定者（プレイヤー）の利得の関係に着目したものであったが、ここでは複数の目的の利得の関係により定義される。

　表4.1では、C氏はB氏に弱支配されるので、パレート最適ではない。一方、A氏とB氏については、これらを弱支配する選択肢が存在しないため、いずれもパレート最適である。このように、**他のいずれかの選択肢に弱支配されるものは全て除外し、残った選択肢が、パレート最適となる**。「最適」といっても、この例のように、パレート最適な選択肢は1つとは限らず、複数存在し得る。

　パレート最適の概念は、支配される選択肢だけでなく、弱支配される選択肢も「最適」なものから除外している。この要件を緩めて、支配される選択肢のみを除外する、つまり、支配されないが弱支配される選択肢は残すような、弱い意味でのパレート最適性を考えることができる。

> **定義 4.4**　ある選択肢が、他のどの選択肢にも支配されないとき、**弱パレート最適**（weakly Pareto optimal）であるという。

　パレート最適と弱パレート最適で違いが生じるのは、表4.2のように、「支配されないが弱支配される選択肢」が存在する場合である。この利得表は、表4.1の利得の値を一部変えたものである（「実績」についてのB氏の利得が10から8になっている）。この場合、B氏とC氏の比較で、「年齢」と「統率力」の利得はいずれもB氏の方が大きいが、「実績」の利得は両者で等しい。したがって、B氏はC氏を弱支配するが、支配していない。また、A氏とC氏の間には支配、弱支配の関係はない。よって、C氏は、B氏に弱支配されるのでパレート最適ではないが、誰にも支配されていないので弱パレート最適となる（一方、表4.1の場合は、C氏は弱パレート最適ではない）。

　なお、表4.1と表4.2のいずれにおいても、A氏とB氏はどちらもパレート最適であり、かつ弱パレート最適である。一般的に、**パレート最適であれば弱パレート最適だが、その逆は必ずしも成り立たない**。これは、弱パレート最適の方が要件が緩いことから明らかである。

　支配的な選択肢についても、2.3節の 定義2.3 と同様に定義される。

表4.2 支配されないが弱支配される選択肢がある場合（表4.1を一部変更）

		目　　的		
		実　績	年　齢	統率力
選択肢	A氏	4	9	7
	B氏	8	5	6
	C氏	8	4	5

定義 4.5 　他の全ての選択肢を支配する選択肢を、**支配的な選択肢**という。

　もし支配的な選択肢があるなら、選ぶべき選択肢はその1つに絞ることができる。たとえば、表4.3の利得表は、表4.1の利得の値を一部変えたものだが（「実績」についてのA氏とB氏の利得を入れ替えた）、A氏が他の2人の候補者をいずれも支配しており、どの目的についてもA氏の利得が最も大きくなっている。この場合には、トレードオフがないため、総合的にA氏が最も望ましいと判断することは容易であろう。

表4.3 支配的な選択肢がある場合（表4.1を一部変更）

		目　　的		
		実　績	年　齢	統率力
選択肢	A氏	10	9	7
	B氏	4	5	6
	C氏	8	4	5

4.3 多目的意思決定の意思決定基準

　不確実性下の意思決定と同様に、多目的意思決定においても、支配的な選択肢は存在しないことが多い。前節で見たように、パレート最適（あるいは弱パレート最適）な選択肢は複数存在し得るので、それらの中からどれを選択すべきかという問題は残る。

　この選択に関する指針として、多目的意思決定のための意思決定基準がいくつか提案されており、本節ではそれらについて述べる。意思決定基準とは、意思決定問題が与えられたとき、選ぶべき選択肢を定める方針や手続きのことである（2.3節）。以下に紹介するのは、通常は多目的計画法という数理最適化（第6章）の手法で用いられるものである[3]。ここでは、利得表で表現できる多目的意思決定の状況に当てはめて、議論を簡単にして説明する。

　以下では、それぞれの意思決定基準について、この分野の慣例により、「〜法」として述べる。いずれも、トレードオフがある場合でも、何らかの単一の基準で選択肢の優劣を比較可能にする方法である。パレート最適あるいは弱パレート最適な選択肢の中からの選択を行うものであるため、それぞれの方法で選ばれる選択肢とパレート最適性との関係についても述べる。

■**加重和法**（weighted sum method）　**目的ごとの重要度や優先度に応じて重み付けされた利得の合計値（加重和）が最大となる選択肢を選ぶ方法**である。典型的には、各目的の重みは0以上1以下とし、合計が1となるように設定する（この場合、加重和は加重平均となる）。重みが大きいほどその目的を重要視していることを表す。

　たとえば、前節の表4.1のリーダー選択の状況で、「実績」「年齢」「統率力」が6:1:3の比で重要だと考えているなら、各目的の**重み**（weight）をそれぞれ0.6、0.1、0.3と設定する。各選択肢について、これらの重みを用いて利得の加重和を求めると、次のようになる。

---

3)　多目的計画法は、目的関数が複数ある最適化問題の分析手法である（本書の第6章では、目的関数が単一の最適化問題のみを扱う）。多目的計画法では、パレート最適な選択肢のことをパレート最適解（または効率的フロンティア）、支配的な選択肢のことを完全最適解という。

A氏：$4 \times 0.6 + 9 \times 0.1 + 7 \times 0.3 = 5.4$
B氏：$10 \times 0.6 + 5 \times 0.1 + 6 \times 0.3 = 8.3$
C氏：$8 \times 0.6 + 4 \times 0.1 + 5 \times 0.3 = 6.7$

よって、加重和が最大のB氏を選択すべきという結論になる。

　重みが異なると、分析の結論も異なり得る。もし、「実績」「年齢」「統率力」の重みがそれぞれ0.2、0.6、0.2だったなら、各選択肢の利得の加重和は、次のようになる。

A氏：$4 \times 0.2 + 9 \times 0.6 + 7 \times 0.2 = 7.6$
B氏：$10 \times 0.2 + 5 \times 0.6 + 6 \times 0.2 = 6.2$
C氏：$8 \times 0.2 + 4 \times 0.6 + 5 \times 0.2 = 5.0$

したがって、この場合はA氏が選ばれる。

　しかし、どのような重みを考えても、C氏が選ばれることはない。C氏はパレート最適ではなかったことを思い出そう。加重和法では、一般に次のことが成り立つ。

・どのような重みであっても、必ず弱パレート最適な選択肢が選ばれる。
・特に、**どの目的の重みも0ではない場合、必ずパレート最適な選択肢が選ばれる。**

　1点目について、弱パレート最適ではあるが、パレート最適ではない選択肢が選ばれることはあり得る（演習問題**4.1**）。しかし、2点目のとおり、どの目的も0でない重みを持つなら、必ずパレート最適な選択肢が選ばれる。

　加重和法は、意思決定者にとって妥当と考えられる重みが設定できれば、簡易に選択を決定することができ、考え方もわかりやすい。

　ただし、**パレート最適な選択肢であっても、どのような重みを設定しても選ばれないケースもある。**例として、目的が「実績」「年齢」の2つのみである、表4.4の状況を考える。ここで、どの選択肢もパレート最適であるが、どのように重みを設定しても、B氏が選ばれることはない。このことは以下のように確認できる。「実績」の重みを w （$0 \leq w \leq 1$）、したがって「年齢」の重みを $1 - w$ とすると、各選択肢の利得の加重和は、次のようになる。

表4.4　目的が2つのリーダー選択の利得表

目　的

		実　績	年　齢
	A氏	10	1
選択肢	B氏	5	5
	C氏	1	10

A氏：$10 \times w + 1 \times (1 - w) = 9w + 1$
B氏：$5 \times w + 5 \times (1 - w) = 5$
C氏：$1 \times w + 10 \times (1 - w) = -9w + 10$

　$w \geq 0.5$ なら、A氏の利得の加重和は5.5以上となる。一方、$w \leq 0.5$ なら、C氏の利得の加重和は5.5以上となる。したがって、w が（$0 \leq w \leq 1$ の範囲で）どのような値であっても、B氏の利得の加重和が最大になることはない。

　表4.4では、A氏とC氏は強みと弱みが極端であるのに対して、B氏はどちらも中間程度である。このようなとき、B氏が良いとする考え方もあり得るが、この場合には、加重和法を用いるとB氏が選ばれる可能性を排除することになる。

　また、加重和法を用いる際には、目的ごとの利得が同じスケール（尺度）で計測されていることが前提である。上の例では、いずれも10点満点での評価であったので問題ない。しかし、たとえば、「統率力」は10点満点とする一方、「実績」は100点満点とすると、同じ重みを付けてもこれらを同程度に評価に反映することはできない。そのような場合には、評価の単位を揃えて、スケールを統一しておく必要がある（もしくは、スケールの違いも考慮した重みを設定する）。

■**辞書式順序化法**（lexicographical ordering method）　全ての目的に同順位がないように優先順位を付けたうえで、次の手順により選ぶ選択肢を決定する方法である。

　手順1　最も優先順位が高い目的に関して利得が最大の選択肢を選ぶ。もし複数ある場合は次の手順へ。
　手順2　手順1で選ばれた選択肢の中で、2番目に優先順位が高い目的に関して利得が最大の選択肢を選ぶ。もし複数ある場合は次の手順へ。（以下同様）

　表4.1の例では、優先順位が「実績」＞「年齢」＞「統率力」の順であるとすると、手順1でB氏を選ぶことが決まる。もし「年齢」または「統率力」の優先順位が最も高ければ、A氏を選ぶことになる。

　表4.2のように等しい利得がある場合、優先順位が「実績」＞「年齢」＞「統率力」の順だと、手順1でB氏とC氏が該当するため、手順2に進み、両者のうち「年齢」の利得が大きいB氏を選ぶことになる。

　辞書式順序という名前は、上記の手順により、選択肢の優劣があたかも辞書の単語の掲載順のように決められるためである。目的ごとの優先順位を明確に付けられる場合には有用な意思決定基準となり得る。

　辞書式順序化法では、必ずパレート最適な選択肢が選ばれる。ただし、加重和法と同様に、パレート最適な選択肢であっても、どのような優先順位を考えても選ばれないケースもある。たとえば表4.4において、優先順位を「実績」＞「年齢」とすればA氏、「年齢」＞「実績」とすればC氏が選ばれる。したがって、B氏が選ばれるような優先順位の付け方はない。

■**制約化法**（constraint method）　ある1つの目的（目的Xとする）を除いて、全ての目的にそれぞれ達成すべき利得のしきい値を設ける。そして、**X以外の目的の利得は全てしきい値以上である選択肢の中から、目的Xの利得が最大の選択肢を選ぶ**方法である。目的Xを除く全ての目的を、一定の利得水準を満たさなければならないとする制約条件として扱うことになる。

　たとえば、表4.1で、「年齢」と「統率力」を制約化して、ともにしきい値を5としたうえで、「実績」の利得が最大の選択肢を選ぶとする。この場合、まずこの制約（「年齢」と「統率力」の利得がともに5以上）をクリアするのはA氏とB氏であり、次いでこのうち「実績」の利得が大きいB氏を選ぶ、ということになる。

　制約化法による選択に関して、一般に次のことが成り立つ。

・必ず弱パレート最適な選択肢が選ばれる。
・特に、**ただ1つの選択肢が選ばれる場合、それは必ずパレート最適**である。

　制約化法では、どのパレート最適な選択肢も、制約化する目的としきい値の設定次第で選ばれ得る。これは、本節で述べた他の方法にはない特徴である。表4.4の例では、B氏はパレート最適だが、加重和法でも辞書式順序化法でも（次に述

べるマキシミン法でも）、選ばれることはなかった。制約化法では、たとえば「実績」を制約化して、しきい値を3とすると、B氏が選ばれることになる。

　制約化法を用いる際には、どの目的を制約化するか、その利得のしきい値をいくらにするかが問題となるが、これに関しては一般的な決定方法があるわけではない。しきい値については、2.4節で扱った要求水準のような意味合いとして解釈することもできる。その場合、制約化する目的については利得がその値以上であればよいという、満足化に近い意思決定となる。

■**マキシミン法**（maximin method）　不確実性下の意思決定のマキシミン基準（2.3節）と同様の考え方、手順である。まず、それぞれの選択肢について、利得が最も小さくなる目的と、その利得の値を考える。表4.1の例では、次のとおりである。

　　A氏：「実績」について利得が4
　　B氏：「年齢」について利得が5
　　C氏：「年齢」について利得が4

　次に、この値が最大となる選択肢を選ぶ。すなわち、B氏が選択される。

　マキシミン法は、最も利得が小さくなる目的について、その利得をなるべく小さくしたくない、という動機に基づく。異なる目的間の利得の比較が含まれるので、加重和法と同様に、目的ごとの利得のスケールが統一されていることが前提である。

　マキシミン法による選択に関して、一般に次のことが成り立つ。

　　・必ず弱パレート最適な選択肢が選ばれる。
　　・**ただ1つの選択肢が選ばれる場合は、それは必ずパレート最適**である。

　以上、多目的意思決定の4つの意思決定基準を紹介した（これらの他に考えられる意思決定基準もあり得る）。表4.1のリーダー選択の状況にこれらを適用した場合の結果を、表4.5に整理した。このように、採用する意思決定基準あるいは設定する条件によって、選ばれる選択肢は異なり得る。ただし、どの方法も必ず弱パレート最適なものを選ぶ。表4.1の例では、弱パレート最適ではないC氏を選ぶことはない。

表4.5　表4.1のリーダー選択で各意思決定基準により選ばれる選択肢

意思決定基準	選ばれる選択肢
加重和法	A氏またはB氏（重みによる）
辞書式順序化法	A氏またはB氏（優先順位による）
制約化法	A氏またはB氏（制約化する目的、しきい値による）
マキシミン法	B氏

　それぞれの方法には一長一短があり、どのような場合に使用が適切であるかも異なる。これらの使い分けに関して、たとえば次のような考え方がある。

目的ごとの重みが明らかである　　　　　　→　加重和法

目的間の優先順位が決まっている　　　　　→　辞書式順序化法

1つの目的を除いて制約条件としてもよい　→　制約化法

あまりに低い利得を含む選択肢は避けたい　→　マキシミン法

4.4 階層化意思決定法

　本節では、**階層化意思決定法**（analytic hierarchy process）を紹介する。階層化意思決定法（階層分析法とも訳される）は、多目的意思決定の支援に広く用いられる手法であり、数理科学者のサーティ（Thomas L. Saaty）により提案された。英語の略称であるAHPという呼び方が普及しているので、以降はAHPという。

　前節までは、目的ごとの利得が明確である状況を想定していたが、AHPではそのような明確な利得を把握していることは前提としない。現実の意思決定では、目的ごとに厳密な利得を設定することは容易でないことも多い。前述のリーダー選択のような場面では、各候補の「実績」や「統率力」について一律に数量的な評価をするのは簡単ではないかもしれない。

　AHPでは、ペアごとの**一対比較**（pairwise comparison）、つまり**どちらがどの程度よいか、あるいは重要であるかの検討を通じて、望ましい選択肢を決定していく**。たとえば、実績の点でA氏とB氏を比較するとどうか、といったより直感的に答えやすい問題に落とし込むことができるのが利点である。

　AHPの分析の流れは次のとおりである。

手順1　意思決定問題を階層図として構造化する。
手順2　それぞれの目的の重みを求める。
手順3　各目的の観点でそれぞれの選択肢の重みを求める。
手順4　各選択肢の総合的な評価値を求める。

　最後の手順4で求める総合評価値が最も大きい選択肢を選ぶとよい、ということが分析の結論である。以下、前節までと同様に、「実績」「年齢」「統率力」の3つの目的があり、A氏、B氏、C氏の3人の候補者がいるリーダー選択の状況（ただし、表4.1のような評価は行っていない）を例にして、順に説明する。

1 ｜ 手順1：階層図の作成

　まず、手順1では、意思決定問題を、上から「問題」「目的」「選択肢」の順にそれぞれ1つの階層とした階層図として整理する。図4.1は、リーダー選択の状況を階層図で表現したものである。

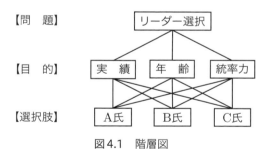

図4.1　階層図

　AHPでは、**このような階層構造を考え、問題をいくつかの段階に分解して分析を行う**。図中で、各階層にある項目どうしを上下につなぐ線は、以降の分析で重みを求める手順に対応している。本書では取り上げないが、目的の層は1つである必要はなく、複数の層からなる状況を考えてもよい。

2 | 手順2：目的の重みの算出

　次に手順2では、それぞれの目的の重みを求める。これは、**各目的の相対的な重要度や優先度を表すもの**で、前節の加重和法で扱ったものと同じと考えてよい。各目的の重みは0以上1以下であり、全ての目的についての合計が1になるような数値とする。重みが大きいほどその目的を重要視していることを表す。加重和法では重みは所与であったが、AHPでは、以下に述べる目的どうしの一対比較により算出する。ここでの作業は大きく分けて、次の2つである。

【1】　2つの目的の組み合わせごとに重要度の一対比較を行うこと
【2】　それをもとに各目的の重みを算出すること

　まず、【1】の一対比較について述べる。重みの比は重要度の比を表すので、もし目的が「目的1」と「目的2」の2つだけであり、前者の方が4倍重要だと判断できるなら、重みを 0.8 : 0.2 と設定すればよい。しかし、目的の数が多く、4つや5つ、あるいはそれ以上あるときには、それらの重みの比を設定するのは容易ではないこともある。AHPを用いれば、そのような場合でも、一対比較によって直感的に答えやすい質問を通じて重みを求めることができる。
　ここで**一対比較とは、2つの目的について、「ある目的はもう一方の目的の何倍重要か？」を考えること**である。目的1が目的2の x 倍重要であるとき、x を「目的1の目的2に対する一対比較値」と呼ぶことにする。このとき、目的2から見ると、目的2の目的1に対する一対比較値はその逆数、つまり $1/x$ となる。これを、全ての目的の組み合わせについて求めていく。
　リーダー選択の例では、目的が3つあるので、そのペアの作り方（組み合わせ）は3通りである。よって、次の3つの問いに答える必要がある（順番も考慮するとペアの作り方は6通りであるが、前述のとおり、順番を入れ替えた一対比較値は逆数になるので、次の3つに答えれば十分である）。

　　・「実績」は「年齢」の何倍重要か？
　　・「実績」は「統率力」の何倍重要か？
　　・「年齢」は「統率力」の何倍重要か？

　これらの質問に直接回答できるなら、その答えを一対比較値として用いる。たとえば、1つ目の質問について、「実績」は「年齢」の7倍重要だと思うなら、「実

績」の「年齢」に対する一対比較値を7とする。同程度重要だと思うなら1とする。また、「年齢」の方が7倍重要であれば、1/7とする。

　しかし、実践的には、具体的な数値を答えるのは難しいことも多いので、しばしば表4.6のような尺度をもとにこれらの値を設定する。たとえば、「実績」は「年齢」に比べて「とても重要」だと思うなら、「実績」の「年齢」に対する一対比較値を7とする。逆に「年齢」の方が「実績」に比べて「とても重要」だと思うなら、その逆数の1/7とする。

表4.6　一対比較の尺度

同じくらい重要	1
やや重要	3
重　　要	5
とても重要	7
絶対的に重要	9

　いま、上記の3つの質問への答えは、次のようになったとしよう。

　　・「実績」は「年齢」の何倍重要か？　　→　　3倍
　　・「実績」は「統率力」の何倍重要か？　→　　1倍
　　・「年齢」は「統率力」の何倍重要か？　→　　1/3倍

　これにより、全ての目的の組み合わせについての一対比較値が定まる。それらを表にしたものを**一対比較表**（pairwise comparison table）と呼び、この場合は表4.7のようになる。この表では、いま3つの目的があるので、（同じ目的どうしの一対比較値も含めて）$3 \times 3 = 9$ 個の数値が記されている。これらの中で、**上から i 行目、左から j 列目の値は、i 番目の目的の j 番目の目的に対する一対比較値**である。たとえば、上から1行目、左から2列目は「3」であるが、これは「実績」の「年齢」に対する一対比較値が3である、すなわち「実績」は「年齢」の3倍重要であることを示す。

表4.7　目的の一対比較表

	実　績	年　齢	統率力
実　績	1	3	1
年　齢	1/3	1	1/3
統率力	1	3	1

一対比較表は、必ず次の2つの性質を満たすように作成する。

・同じ目的どうしの一対比較値は1とする。したがって、表の左上から右下への対角線上には全て「1」が入る。

・この対角線を挟んでちょうど反対側にある値どうしは、同じ目的のペアについて、一対比較の順番を入れ替えたものなので、必ず一方が他方の逆数である。

　続いて、この一対比較表をもとに、【2】の各目的の重みの算出を行う。これにはいくつかの方法があるが、以下では、最もよく用いられる方法の1つで、かつ計算が比較的簡単に行える、**幾何平均法**（geometric mean method）を説明する[4]。

　まず、幾何平均とは何かについて確認しておく[5]。幾何平均は、「平均身長」や「平均所得」という場合の平均、すなわち算術平均とは異なる。 n 個の正の数があるとき、それらの幾何平均とは、それら n 個の数を全て掛け合わせた数の n 乗根のうち正の数である。たとえば、2, 4, 8の幾何平均は、次のように計算される。

$$\sqrt[3]{2 \times 4 \times 8} = \sqrt[3]{64} = 4 \tag{4.1}$$

ただし、ある数 x の n 乗根とは、 n 乗すると x になる数である。そのうち正の数を $\sqrt[n]{x}$ あるいは $x^{\frac{1}{n}}$ と記す。

　幾何平均は、「平均的な比率」を求めたい場合に用いられる。たとえば、資産を運用して、1年後に2倍、2年後にその4倍、3年後にさらにその8倍になったとする。3年後に当初の （ $2 \times 4 \times 8 =$ ）64倍になったわけだが、では年平均

---

4)　幾何平均法と並び、固有値法という方法もよく使われる。4.5節参照。

5)　幾何平均、算術平均は、それぞれ相乗平均、相加平均とも呼ばれる。

で何倍になったと考えればよいだろうか。ここで算術平均を用いると、2, 4, 8 の算術平均は14/3だが、仮に3年間、毎年資産が14/3倍になるなら、3年後には当初の $(14/3)^3 \approx 101.6$ 倍となり、64倍よりも大きくなってしまう。一方、式(4.1)のとおり2, 4, 8の幾何平均は4である。$4^3 = 64$ であるから、幾何平均を用いて年平均4倍になったと考えるのは妥当である。

　表4.7の一対比較表から幾何平均法により重みを求める手順は以下のとおりである。まず、それぞれの目的について、各行の一対比較値の幾何平均を次のように算出する。

「実績」　：$\sqrt[3]{1 \times 3 \times 1} = \sqrt[3]{3} \approx 1.442$

「年齢」　：$\sqrt[3]{\dfrac{1}{3} \times 1 \times \dfrac{1}{3}} = \sqrt[3]{\dfrac{1}{9}} \approx 0.481$

「統率力」：$\sqrt[3]{1 \times 3 \times 1} = \sqrt[3]{3} \approx 1.442$

　直感的な説明としては、これらの値は、それぞれの目的について、他の目的に対する（自分自身との比較も含めて）一対比較値の「平均」を求めたものである。したがって、この値が大きいほど、その目的の重要度が大きい。

　次に、これらの比を保存したまま合計が1になるよう補正する（つまり、上で求めた幾何平均のシェアを求める）ことで、各目的の重みを得る。たとえば、「実績」の重みは、次のように計算される。

$$\frac{1.442}{1.442 + 0.481 + 1.442} \approx 0.429 \tag{4.2}$$

　同様に計算して、「年齢」の重みは0.143、「統率力」の重みは0.429となる（四捨五入しているため合計は1にならない）。

3 ｜ 手順3：各目的から見た選択肢の重みの算出

　続いて手順3では、それぞれの目的の観点から選択肢の重みを求める。これは、**目的別に見て、各選択肢の相対的な評価や望ましさの程度を表す**ものであり、手順2で求めた目的の重みと同様に、0以上1以下の値とする。一対比較を行い、幾何平均法により重みを算出する手順も、手順2と同様である。

　目的別に検討を行うので、まず「実績」について考えるなら、次の一対比較を

行う。

　　　・「実績」の観点では、A氏はB氏の何倍好ましいか？
　　　・「実績」の観点では、A氏はC氏の何倍好ましいか？
　　　・「実績」の観点では、B氏はC氏の何倍好ましいか？

　この結果をもとに一対比較表を作成し、表4.8のようになったとする。表の見方は、目的の一対比較表と同様である。たとえば、上から1行目、左から2列目は「7」であるが、これは、「実績」の点のみを考えると、A氏のB氏に対する一対比較値が7である、すなわちA氏はB氏の7倍好ましいことを表す。ここでは、他の目的、すなわち「年齢」と「統率力」については一切考慮せず、「実績」だけを考えている。

表4.8　「実績」から見た選択肢の一対比較表

	A氏	B氏	C氏
A氏	1	7	5
B氏	1/7	1	1/3
C氏	1/5	3	1

　同様にして、「年齢」および「統率力」についても選択肢の一対比較を行う。その結果、それぞれの一対比較表が表4.9、表4.10のようになったとする。これら3つの一対比較表に、それぞれ手順2と同様に幾何平均法を適用し、各目的についての選択肢の重みを算出すると、結果は表4.11のようになる（計算過程は省略。四捨五入しているため、合計が1にならない場合がある）。この表には、手順2で求めた目的の重みも記載している。

表4.9　「年齢」から見た選択肢の一対比較表

	A氏	B氏	C氏
A氏	1	1/5	1/5
B氏	5	1	1
C氏	5	1	1

表4.10　「統率力」から見た選択肢の一対比較表

	A氏	B氏	C氏
A氏	1	3	1
B氏	1/3	1	1/5
C氏	1	5	1

表4.11　各目的から見た選択肢の重み（カッコ内は各目的の重み）

	A氏	B氏	C氏
実　績（0.429）	0.731	0.081	0.188
年　齢（0.143）	0.091	0.455	0.455
統率力（0.429）	0.405	0.114	0.481

4 ｜ 手順4：総合評価値の算出

　最後に、ここまでの計算結果をもとに、各選択肢の総合評価値を算出する。**AHP分析の結論としては、総合評価値が最も大きい選択肢が最も望ましい**ということになる。

　総合評価値は、目的の重みで重み付けした、その選択肢の重みの加重和として算出する。つまり、手順3で選択肢の重みを目的別に求めたが、その結果を、手順2で求めたそれぞれの目的の重みに応じて総合的な評価に反映させている。表4.11をもとに、各選択肢の総合評価値は次のように計算される。

$$A氏：0.731 \times 0.429 + 0.091 \times 0.143 + 0.405 \times 0.429 \approx 0.500$$
$$B氏：0.081 \times 0.429 + 0.455 \times 0.143 + 0.114 \times 0.429 \approx 0.149$$
$$C氏：0.188 \times 0.429 + 0.455 \times 0.143 + 0.481 \times 0.429 \approx 0.352$$

　したがって、「総合評価値が最大であるA氏が最も望ましい」という結論を得る（厳密には、総合評価値の合計は1になるが、ここでは、四捨五入しているため合計は1にならない）。

5 ｜ 一対比較の整合性

　手順2または手順3では、上で説明した方法で、どのような一対比較表からも

目的または選択肢の重みを算出することができる。しかし、一対比較では、名前のとおりペアごとの比較なので、あるペアの比較と別のペアの比較は独立になされる。前述のとおり、これは問題を単純化できる利点でもあるのだが、一方で、それゆえにいくつかの一対比較の間の「不整合」が問題になる場合もある。

たとえば、仮に目的の一対比較表が表4.12のようになったとする。ここから次のことが読み取れる。

- 「実績」は「年齢」の3倍重要である。
- 「年齢」は「統率力」の3倍重要である。
- 「統率力」は「実績」の3倍重要である。

これでは、重要度は「実績」＞「年齢」＞「統率力」＞「実績」…となり、循環してしまう。このような場合、これらの一対比較には整合性がないと判断される。この一対比較表からでも幾何平均法により重みを算出することはできるが、そのような**不整合な一対比較に基づき算出される重みには信頼性がない**。

表4.12　目的の一対比較表

	実　績	年　齢	統率力
実　績	1	3	1/3
年　齢	1/3	1	3
統率力	3	1/3	1

以上は極端な不整合の例であるが、たとえば先の表4.8の一対比較表についても、次のことが読み取れる。「実績」から見てA氏はB氏の何倍好ましいか？という点について、まず、A氏とB氏の直接比較では、A氏はB氏の7倍好ましい。しかし、C氏はB氏の3倍好ましく、A氏はC氏の5倍好ましいので（いずれもそれぞれの直接比較より）、C氏を経由すると、A氏はB氏の $3 \times 5 = 15$ 倍好ましいことになる（図4.2）。

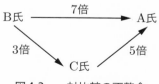

図4.2　一対比較の不整合

このように、直接の一対比較と、他を経由した場合の比較とで、結果が異なることがある場合、その一対比較表は整合的でない（不整合がある）といわれる。そのような不整合が一切ない一対比較表は、**整合的**（consistent）であるという。

一対比較を用いる以上、不整合を完全に排除することは通常期待できない。しかし、明らかに不整合の程度が大きい場合には結果の信頼性が損なわれる。したがって、どの程度の不整合なら許容できるかが問題となる。そのため、ある項目（目的または選択肢）について一対比較表を作成した際には、次の手順で、一対比較表の整合性の程度についての指標である**整合度**（consistency index）を計算する[6]。例として、表4.8の一対比較表の整合度の計算を示す。

1. 一対比較表で上から i 行目の項目を項目 i と呼ぶことにする。各項目 i について、次の計算を行う。［項目 i の項目 j に対する一対比較値]×[項目 j の重み（手順2または3で求めたもの）]を、全ての項目 j について求め、それらの総和を、項目 i の重みで割った値を求める。

A氏：$(1 \times 0.731 + 7 \times 0.081 + 5 \times 0.188) \div 0.731 \approx 3.062$

B氏：$\left(\dfrac{1}{7} \times 0.731 + 1 \times 0.081 + \dfrac{1}{3} \times 0.188\right) \div 0.081 \approx 3.063$

C氏：$\left(\dfrac{1}{5} \times 0.731 + 3 \times 0.081 + 1 \times 0.188\right) \div 0.188 \approx 3.070$

2. 1で求めた値の平均値を求める。

$$(3.062 + 3.063 + 3.070) \div 3 = 3.065 \qquad (4.3)$$

3. 次式の計算結果が整合度である。

$$\frac{[\,2\text{で求めた値}\,] - [\,\text{項目数}\,]}{[\,\text{項目数}\,] - 1} \qquad (4.4)$$

したがって、表4.8の一対比較表の整合度は次のように計算される。

---

[6] 整合度は、厳密には、一対比較表を行列と見た際の固有値に基づき計算するが（4.5節参照）、ここで紹介するのは、その値を近似的に推定する簡便な計算方法である。このような計算を行う理由の説明は、本書の範囲を超えるので省略する。

$$\frac{3.065 - 3}{3 - 1} \approx 0.033 \tag{4.5}$$

整合度は、値が小さいほど、その一対比較表の整合性が高いことを意味する。整合的な一対比較表では、整合度は0になる。

ただし、この整合度は、項目数が異なる場合には、単純にその大小だけでは整合性の程度を比較できないことが知られている。そのため、項目数の影響を補正すべく、整合度を、項目数に応じて決まる**ランダム指標**（random index）と呼ばれる数値（表4.13）で割った値で、整合性の判断を行う。この補正後の値を、**整合比**（consistency ratio）といい、次の式で表される。

$$[\,\text{整合比}\,] = \frac{[\,\text{整合度}\,]}{[\,(\text{項目数に応じた})\,\text{ランダム指標}\,]} \tag{4.6}$$

表4.13　ランダム指標

項目数	3	4	5	6	7	8	9
ランダム指標	0.525	0.882	1.109	1.248	1.342	1.406	1.450

ランダム指標とは、項目数を固定した際に、完全にランダムに一対比較表を作成した際の平均的な整合度である。したがって、整合比の値が大きくなるほど、ランダムに一対比較表を作成した場合に結果が近くなることになり、整合性は小さいと判断される（不整合が大きい場合、整合比は1を超えることもある）。

厳密な基準があるわけではないが、慣習として、**整合比が0.1を超える場合には、不整合が大きすぎると判断され、一対比較をやり直すなどの必要がある**とされる。この基準に従うと、先の表4.8の整合比は、

$$\frac{0.033}{0.525} \approx 0.063 < 0.1 \tag{4.7}$$

なので、不整合はあるものの、許容範囲ということになる。

先に示した一対比較表のうち、表4.7および表4.9は、完全に整合的なケースであり、整合度を求めると0になる（したがって整合比も0）。表4.10は、整合比が約0.028となるが、0.1以下なので許容範囲である。一方、表4.12の重要度が循環していたケースでは、整合度は約0.667で、整合比が1を上回り、許容範

囲ではないということになる。

このように、AHP分析では、一対比較表を作成した際に、整合比を求めて十分な整合性があるかどうかを判定する。もし十分な整合性がない場合には、そのまま分析しても結果の信頼性が不十分なため、一対比較をやり直すなどの再検討が必要である。

4.5 数 学 的 補 足

1 多目的意思決定問題

4.2節および4.3節で扱った多目的意思決定問題（目的ごとの利得が与えられている場合）は、次のように定式化できる。

m 個の選択肢 $a_1, a_2, \ldots, a_m$ 、および n 個の目的 $c_1, c_2, \ldots, c_n$ があるとする。以下で、一般的に選択肢を a_i 、目的を c_j などと書くが、その場合 i や j は $1, 2, \ldots, m$ （または n ）のどれかである。選択肢 a_i の、目的 c_j についての利得を $g(a_i, c_j)$ と表す。利得は実数値であり、値が大きいほど、その目的に関して望ましいことを意味する。

例4.2 4.2節の表4.1の例では、たとえば「実績」についてのA氏の利得が4であることを、次のように表す。

$$g(\text{A 氏}, \text{実績}) = 4 \tag{4.8}$$

選択肢の支配関係およびパレート最適性については、これらの記号を用いて次のように定義される。

定義 4.6 2つの選択肢 a_h と a_i に関して、全ての目的 c_j について

$$g(a_h, c_j) > g(a_i, c_j) \tag{4.9}$$

となるとき、 a_h は a_i を**支配する**という。
また、全ての目的 c_j について

$$g(a_h, c_j) \geq g(a_i, c_j) \tag{4.10}$$

であり、かつ少なくとも1つの目的 c_k について

$$g(a_h, c_k) > g(a_i, c_k) \tag{4.11}$$

となるとき、 a_h は a_i を**弱支配する**という。

定義 4.7　ある選択肢 a_i について、 a_i を弱支配する他の選択肢が存在しないとき、 a_i は**パレート最適**であるという。また、 a_i を支配する他の選択肢が存在しないとき、 a_i は**弱パレート最適**であるという。

定義 4.6 は、定義 4.1 および定義 4.2 を言い換えて、1つにまとめたものである。また、定義 4.7 は、定義 4.3 および定義 4.4 を言い換えて、1つにまとめたものである。

2 | 多目的意思決定の意思決定基準

4.3 節で述べた多目的意思決定の意思決定基準は、次のように定式化される。

■**加重和法**　各目的の重みを、 $w_1, w_2, .., w_n$ とする。 w_j は目的 c_j の重みを表す。どの目的 c_j についても $0 \le w_j \le 1$ であり、かつ $\sum_{j=1}^{n} w_j = 1$ とする。

各選択肢 a_i について

$$\sum_{j=1}^{n} g(a_i, c_j) w_j \tag{4.12}$$

を求め、それが最大となる選択肢を選ぶ。

例 4.3　表 4.1 の例で、 $c_1 =$ 実績, $c_2 =$ 年齢, $c_3 =$ 統率力 とする。各目的の重みが $w_1 = 0.6, w_2 = 0.1, w_3 = 0.3$ である場合、たとえば A 氏の利得の加重和は、次のように計算される。

$$\sum_{j=1}^{3} g(\text{A 氏}, c_j) w_j$$
$$= g(\text{A 氏}, 実績) w_1 + g(\text{A 氏}, 年齢) w_2 + g(\text{A 氏}, 統率力) w_3 \tag{4.13}$$

$$= 4 \times 0.6 + 9 \times 0.1 + 7 \times 0.3 = 5.4$$

■辞書式順序化法　4.3節で説明したとおり。

■制約化法　制約化しない目的を c_j とする。c_j を除く全ての目的についてそれぞれしきい値を設定し、目的 c_k（ $\neq c_j$ ）のしきい値を t_k とする（t_k は実数値）。このしきい値をいずれも満たす選択肢、すなわち「全ての c_k（ $\neq c_j$ ）について $g(a_i, c_k) \geq t_k$」となる選択肢の中から、$g(a_i, c_j)$ が最大となる選択肢を選ぶ。

■マキシミン法　各選択肢 a_i について

$$\min_j g(a_i, c_j) \tag{4.14}$$

を求め、それが最大となる選択肢を選ぶ。min は最小値を表す記号である（2.7節参照）。

3 ｜ 階層化意思決定法

　4.4節で述べたAHPについて、手順2と手順3は、いずれも項目（目的や選択肢）どうしの一対比較表を作成し、そこから幾何平均法で各項目の重みを算出するプロセスは共通である。このプロセスは次のように定式化される。

　一対比較を行う項目を、$x_1, \ldots, x_n$ の n 個とする。一対比較表は、次のような n 行 n 列の行列として表せる。

$$\begin{pmatrix} a_{11} & a_{12} & \ldots & a_{1n} \\ a_{21} & a_{22} & \ldots & a_{2n} \\ \vdots & \vdots & \ddots & \vdots \\ a_{n1} & a_{n2} & \ldots & a_{nn} \end{pmatrix} \tag{4.15}$$

　これは**一対比較行列**（pairwise comparison matrix）とも呼ばれる。その i 行目、j 列目の成分 a_{ij} は正であり、x_i の x_j に対する一対比較値、すなわち相対的な重要度や評価を表す。全ての i, j について $a_{ij} = 1/a_{ji}$ である。したがって、式(4.15)の一対比較行列は、次のような形になる。

$$\begin{pmatrix} 1 & a_{12} & \dots & a_{1n} \\ 1/a_{12} & 1 & \dots & a_{2n} \\ \vdots & \vdots & \ddots & \vdots \\ 1/a_{1n} & 1/a_{2n} & \dots & 1 \end{pmatrix} \tag{4.16}$$

幾何平均法では、x_i の重み w_i は、次のように計算される。

$$w_i = \frac{(a_{i1} \times a_{i2} \times \cdots \times a_{in})^{\frac{1}{n}}}{\displaystyle\sum_{j=1}^{n} (a_{j1} \times a_{j2} \times \cdots \times a_{jn})^{\frac{1}{n}}} \tag{4.17}$$

したがって、必ず $\displaystyle\sum_{i=1}^{n} w_i = 1$ となる。

例 4.4　4.4 節の目的の一対比較表（表 4.7）は、$x_1 = [実績], x_2 = [年齢],$ $x_3 = [統率力]$ とすると、次の行列として表現できる。

$$\begin{pmatrix} 1 & 3 & 1 \\ 1/3 & 1 & 1/3 \\ 1 & 3 & 1 \end{pmatrix} \tag{4.18}$$

ここで、

$$(a_{11} \times a_{12} \times a_{13})^{\frac{1}{3}} = (1 \times 3 \times 1)^{\frac{1}{3}} = 3^{\frac{1}{3}} \approx 1.442,$$

$$(a_{21} \times a_{22} \times a_{23})^{\frac{1}{3}} = \left(\frac{1}{3} \times 1 \times \frac{1}{3}\right)^{\frac{1}{3}} = \left(\frac{1}{9}\right)^{\frac{1}{3}} \approx 0.481, \tag{4.19}$$

$$(a_{31} \times a_{32} \times a_{33})^{\frac{1}{3}} = (1 \times 3 \times 1)^{\frac{1}{3}} = 3^{\frac{1}{3}} \approx 1.442$$

であるから、

$$w_1 = \frac{(a_{11} \times a_{12} \times a_{13})^{\frac{1}{3}}}{\displaystyle\sum_{j=1}^{3} (a_{j1} \times a_{j2} \times a_{j3})^{\frac{1}{3}}} = \frac{1.442}{1.442 + 0.481 + 1.442} \approx 0.429 \tag{4.20}$$

である（これは式 (4.2) の計算と同じである）。w_2, w_3 も同様に計算できる。

全ての i, j, h について、 $a_{ij} = a_{ih} \cdot a_{hj}$ が成り立つ場合、その一対比較行列は整合的であるという。整合的な一対比較行列では、次のようにそれぞれの一対比較値が重みの比と等しくなる（逆に言えば、重みと整合的に一対比較を行えば、幾何平均法によりその重みが求められる）。

$$
\begin{pmatrix}
a_{11} & a_{12} & \dots & a_{1n} \\
a_{21} & a_{22} & \dots & a_{2n} \\
\vdots & \vdots & \ddots & \vdots \\
a_{n1} & a_{n2} & \dots & a_{nn}
\end{pmatrix}
=
\begin{pmatrix}
w_1/w_1 & w_1/w_2 & \dots & w_1/w_n \\
w_2/w_1 & w_2/w_2 & \dots & w_2/w_n \\
\vdots & \vdots & \ddots & \vdots \\
w_n/w_1 & w_n/w_2 & \dots & w_n/w_n
\end{pmatrix}
\tag{4.21}
$$

4.4節で述べた一対比較行列の**整合度**をCIとすると、

$$
\mathrm{CI} = \frac{\alpha - n}{n - 1} \tag{4.22}
$$

である（これは式(4.4)と同じである）。ただし、

$$
\alpha = \frac{1}{n} \sum_{i=1}^{n} \left(\frac{1}{w_i} \sum_{j=1}^{n} a_{ij} w_j \right) \tag{4.23}
$$

である（式(4.3)はこれを用いて計算している）。

項目数 n のときのランダム指標（表4.13）を $\mathrm{RI}(n)$、**整合比**を CR とすると、

$$
\mathrm{CR} = \frac{\mathrm{CI}}{\mathrm{RI}(n)} \tag{4.24}
$$

である。4.4節で述べたとおり、通常は $\mathrm{CR} \leq 0.1$ であれば許容範囲とされる。

4.4節では説明を省略したが、一対比較行列から重みを求める際に、幾何平均法と並んでよく用いられるのが、**固有値法**（eigenvector method）という方法である。一般に、 n 行 n 列の行列

$$
A = \begin{pmatrix}
a_{11} & a_{12} & \dots & a_{1n} \\
a_{21} & a_{22} & \dots & a_{2n} \\
\vdots & \vdots & \ddots & \vdots \\
a_{n1} & a_{n2} & \dots & a_{nn}
\end{pmatrix} \tag{4.25}
$$

に対して、

$$
Ax = \lambda x \tag{4.26}
$$

を満たす定数 λ（ギリシア文字のラムダの小文字）および n 次元の列ベクトル

$$
x = \begin{pmatrix}
x_1 \\
x_2 \\
\vdots \\
x_n
\end{pmatrix} \tag{4.27}
$$

が存在するとき、λ を A の固有値、x を λ に属する固有ベクトルという。行列の固有値は複数存在し得るが、その中で絶対値が最大のものを最大固有値という。

固有値法は、一対比較行列の最大固有値に属する固有ベクトルを各項目の重みとするものである[7]。すなわち、

$$
\begin{pmatrix}
a_{11} & a_{12} & \dots & a_{1n} \\
a_{21} & a_{22} & \dots & a_{2n} \\
\vdots & \vdots & \ddots & \vdots \\
a_{n1} & a_{n2} & \dots & a_{nn}
\end{pmatrix}
\begin{pmatrix}
w_1 \\
w_2 \\
\vdots \\
w_n
\end{pmatrix}
= \lambda_{max}
\begin{pmatrix}
w_1 \\
w_2 \\
\vdots \\
w_n
\end{pmatrix} \tag{4.28}
$$

となる $w_1, w_2, \dots, w_n$ を求め、各 w_i を項目 x_i の重みとする。ただし、λ_{max} はこの一対比較行列の最大固有値である。また、$\displaystyle\sum_{i=1}^{n} w_i = 1$ とする。式

---

[7] 固有値と固有ベクトルについては、一般に大学レベルの線形代数で学習する。それらの求め方は、線形代数のテキストを参照されたい。また、そうした数学的知識がなくても固有値法の計算を行える、AHP 分析のための専用のソフトウェアもある。

(4.28)からわかるように、ある固有ベクトルを実数倍したものは全て固有ベクトルであるが、ここでは重みを求めたいので、合計が1になるものに着目する。なお、一対比較行列の条件を満たす行列については、必ず最大固有値が存在することが知られている。

一対比較行列が整合的な場合、幾何平均法と同様に、固有値法で求めた重みの比は一対比較値と一致する。したがって、これら2つの方法で結果に違いはない。また、整合的でない場合でも、両者の結果はかなり近似することが知られている。例として、4.4節の表4.8の一対比較行列について、固有値法で求めた重みは、小数第4位を四捨五入した場合、4.4節で示した幾何平均法で求めた重み（表4.11）と一致する。

整合度は本来、この最大固有値 λ_{max} を用いて、次のように定義される。

$$\text{CI} = \frac{\lambda_{max} - n}{n - 1} \tag{4.29}$$

上で述べた、幾何平均法を用いた際の整合度の式（式(4.22)）は、 α で λ_{max} を近似的に推定する、簡便な計算方法である。

幾何平均法と固有値法のいずれについても、ここでは計算方法のみを示した。これらの計算により重みを算出することの妥当性の説明は本書の範囲を超えるので、章末の文献ガイドにあるより専門的な文献を参照されたい。

演習問題

4.1 加重和法、制約化法、マキシミン法では、弱パレート最適ではあるが、パレート最適ではない選択肢が選ばれる場合がある。それぞれの例を考えよ。

4.2 自身にとって身近な多目的意思決定の問題を考えて、AHPを用いて分析せよ。

4.3 表4.14の一対比較表について、以下の問いに答えよ。

表4.14　演習問題**4.3**の一対比較表

	X	Y	Z
X	1	3	a
Y	1/3	1	3
Z	1/a	1/3	1

(a) この一対比較表が整合的であるためには、a の値はいくらである必要があるか。

(b) $a = 5$ のとき、幾何平均法によりX, Y, Zの重みを求めよ。また、4.4 節で述べた方法で整合比を求めて、一対比較表の整合性が許容範囲であるかどうかを判定せよ。$\sqrt[3]{15} = 2.466$ としてよい。

文献ガイド

4.2節と4.3節の議論は、多目的計画法に基づく。多目的計画法は、第6章で扱う数理最適化の一分野だが、次の文献で解説がある。

- ・坂和（2012）『線形計画法の基礎と応用』，朝倉書店
- ・北村（2015）『数理計画法による最適化 実際の問題に活かすための考え方と手法』，森北出版

4.4節で述べたAHPについては、次の文献がある。いずれも、本書で触れられなかった理論的な背景や様々な応用について解説されている。

- ・木下（2006）『よくわかるAHP－孫氏の兵法の戦略モデル』，オーム社
- ・加藤（2013）『例解AHP－基礎と応用』，ミネルヴァ書房
- ・高萩・中島（2018）『Excelで学ぶAHP入門 第2版』，オーム社
- ・Brunelli（2015）"Introduction to the Analytic Hierarchy Process," Springer

第 **5** 章 集団意思決定

5.1 集団意思決定とは

　本章では、**集団意思決定**、すなわち**複数の個人からなる集団として1つの意思決定を行う状況**（1.4節参照）について議論する。

　人は何らかの集団、あるいは組織や社会に属する以上、様々な集団意思決定の場面を経験し得る。たとえば、友人らとの会食場所をどこにするか、学校の文化祭でクラスの出し物を何にするか、といった身近な問題もあれば、会社としてある物事についての方針をどうするか、という経営上の問題もある。企業等の組織では、権限を持つ人物が独断でそのような方針決定を行うこともあるかもしれないが、何らかのプロセスを経て、複数の人々の意見をふまえて決めることも多いだろう。また、政治家を選ぶ選挙も、国や自治体として誰を代表に選ぶか、という集団意思決定の問題である。

　これらの場面では、**多様な価値観や好みを持つ個人の意見を、何らかの方法で集団としての意見に集約する**必要がある。全員の意見が完全に一致していれば苦労はないかもしれないが、人々の意見はしばしば異なるし、およそ民主的な決定プロセスを踏むなら、そうした多様な意見もなるべく考慮する必要がある。

　本章では、こうした意見集約の仕方、すなわち**集約方法**（aggregation method）について議論する。たとえば、多数決は最も身近な集約方法の1つである。しかし次節で見るように、他にも様々な集約方法があり、それによって集団としての選択も変わり得るので、どのような集約方法を用いるべきかが問題となる。**社会選択理論**（social choice theory）は、このような集団意思決定における意見集約の問題を研究する分野であり、本章では、その基礎を概説する[1]。

　なお、現実の集団意思決定の状況では、決定を行う前の意見調整や交渉が重要になることもあるかもしれないし、そもそも集団として何らかの決定をしようという合意形成をまずは確立する必要があるかもしれない。また、決定に関与でき

---

1) 「社会」というと、国や地域などの大きな単位を想像するかもしれないが、ここでは、集団意思決定を行う単位のことであり、2人以上の個人の集まりと捉えてよい。

る集団に誰を含めるか、含めないかが問題となることもある。本章では、こうした検討は（必要な場合には）すでに済ませているものとして、集団として決定を行うタイミングに焦点を絞り、そこでの意見集約の問題を扱う。

　本章の以降の節では、5.2節でいくつかの集約方法を簡単に比較する。続いて5.3節および5.4節で、社会選択理論における重要な話題である、アローの不可能性定理と戦略的操作の問題について説明する。5.5節では絶対評価に基づく集約方法を紹介する。

5.2 ｜ いくつかの集約方法

　集約方法の違いが集団意思決定の結果を左右し得る例として、次の状況を考えてみよう。

> | 例5.1 |　ある会社で、社内のビジネスプランコンテストが開催された。若手社員の有志がチームで応募し、審査の結果、最優秀に選出されれば、実際に事業化のための資金や支援が得られるものである。いま最終選考にA～Dの4チームが残り、これらの中から1チームを最優秀として選ぶ状況だとする。
>
> 　審査員を務めるのは、28人の管理職の社員である。彼らは、個別に各チームの評価を行う。そのため、審査員一人一人の評価は異なり得る。これらに基づき、最優秀チームを決定する。いま、審査員たちは表5.1に示す順位付けによる評価を（各自の心の中で）しているとする。表の見方は、たとえば「9人」の列については、「B、A、D、Cの順に良い」と考える審査員が9人いる、という意味である。他の列についても同様である。

表5.1　ビジネスプランコンテストでの審査員の評価

	9人	8人	5人	5人	1人
1位	B	C	D	A	D
2位	A	A	C	D	A
3位	D	D	A	C	C
4位	C	B	B	B	B

　例5.1は、28人の審査員たちが1つの集団として、どのチームを最優秀にするかの意思決定を行う集団意思決定の状況である。問題は、審査員たちの評価をどのように集約するか、ということである。以下、実際によく用いられる4つの集約方法を採用した場合を比較検討してみよう。

■多数決　通常の多数決である。各審査員は最も良いと思うチームに1票ずつ投票し、得票数が最も多いチームを最優秀とする。この場合、各チームの得票数は、多い順に、

$$B：9票　　　C：8票　　　D：6票　　　A：5票$$

となるので、Bが最優秀に選ばれる。

■順位評点法　各審査員は、1位〜4位の順位を付けて評価を申告する。その順位に応じて各チームに得点を与え、総得点が最も多いチームを最優秀にする。このような投票方法を提案した18世紀の数学者ボルダ（Jean-Charles de Borda）にちなみ、**ボルダ式**（Borda count）とも呼ばれる。

　1位に4点、2位に3点、3位に2点、4位に1点を与えることにすると、Aの得点は、Aを1位とする審査員が5人、2位とする審査員が18人、3位とする審査員が5人、4位とする審査員が0人なので、

$$4 \times 5 + 3 \times 18 + 2 \times 5 + 1 \times 0 = 84 〔点〕 \tag{5.1}$$

と計算される。同様にして、Bは55点、Cは68点、Dは73点を得る。したがって、最多得点のAが最優秀に選ばれる。

■上位二者決選投票あり多数決　多数決を行うが、過半数の票を得るチームがない場合は、上位2チームのみで多数決による決戦投票を行う。前述のとおり、多数決ではBが最多得票（9票）だが、過半数に達していないため、2位（8票）のCとの決戦投票を行う。決選投票では、各審査員はBとCの比較でより良いと考える方に投票すると、Bは9票、Cは19票を得るので、結果、Cが最優秀に選ばれる。

■勝ち抜き決選投票あり多数決　多数決を行うが、過半数の票を得るチームがない場合は、最下位のチームを除外し、残りのチームで決戦投票による多数決を行う。そこでも過半数の票を得るチームがない場合は、同様のプロセスを繰り返

し、過半数の票を得るチームが出たところで、そのチームを最優秀とする。

　最初の多数決では、前述のとおり、過半数の票を得るチームがない。そのため、続いて、最下位のＡを除外し、残り3チームで再び多数決を行う。各審査員は、Ａ以外で最も良いと考えるチームに投票すると、各チームの得票数は、多い順に、

Ｄ：11票　　　Ｂ：9票　　　Ｃ：8票

となる。再び過半数の票を得たチームがないため、ここで最下位となったＣを除外し、ＢとＤで決選投票を行う。各審査員はＢとＤの比較でより良いと考える方に投票すると、Ｂは9票、Ｄは19票を得るので、結果、Ｄが最優秀に選ばれる。

　以上の結果を整理すると、各集約方法を用いる場合の最優秀チームは、次のようになる。

多数決	：Ｂ
順位評点法	：Ａ
上位二者決選投票あり多数決	：Ｃ
勝ち抜き決選投票あり多数決	：Ｄ

　よって、この事例では、どの集約方法を用いるかによって全く異なる結果となり、どのチームも最優秀となり得る。

　このように、**集団意思決定の結果は集約方法に大きく依存し得る**。それでは、どの集約方法を用いるべきなのだろうか。

　多数決は、最もよく用いられる方法の1つであり、考え方がわかりやすく、集計も簡単という利点がある。しかし、実際の選挙などでもしばしば見られる「票の割れ」の問題がしばしば指摘される。これは選択肢が3つ以上の場合に起こり得る問題である。

　たとえば、 例5.1 で、仮にＡ、Ｃ、Ｄの3チームの内容は共通のテーマを扱っており、Ｂのテーマだけは全く異なるものだったとする。前者のテーマを支持した大半の審査員（表5.1でＡ、Ｃ、Ｄのいずれかを最も良いと評価した19名）は、これら3チームのうちどれを最も良いとするかで評価が分かれた。一方、後者のテーマを支持する審査員は比較的少数（表5.1でＢを最も良いと評価した9名）だったものの、全員がＢを最良と考えた。前述のとおり、ここで多数決を用いると、

Bが最優秀に選ばれる。このように多数決では、似たような選択肢間で票が割れた結果、必ずしも多数の支持を得ているわけではない別の選択肢が選ばれることがある。決選投票付きの多数決でも、同様の現象が起こり得る。

　順位評点法は、多数決とは異なり、各審査員の2位以下の評価の情報も反映するため、そのような問題は起こりにくいとされる。この点は順位評点法の利点であるが、一方で順位評点法にもいくつかの問題点はあり、これについては以降の節で触れる。

5.3 アローの不可能性定理

　それでは、欠点のない、理想的な集約方法は存在するのだろうか。この問いに対して、経済学者のアロー（Kenneth J. Arrow）は、1つの否定的な回答を提示した。それは、**およそ妥当な集約方法であれば満たすべき3つの条件を考えると、それらを全て満たす集約方法は存在しない**、というものである。この主張は数学的に証明されたものであり、**アローの不可能性定理**（Arrow's impossibility theorem）と呼ばれる。この定理は、社会選択理論における最も重要な知見の1つであり、本節ではこれを紹介する。

1 分析の前提

　アローの不可能性定理を導くための分析の前提について述べる。まず、集団意思決定の状況は、次の要素により特徴付けられる。

- ・集団の**メンバー**は誰か
- ・どのような**選択肢**があるか
- ・各メンバーは選択肢をどのように**評価（順位付け）**しているか

　集団のメンバーは2人以上いることが前提である。本章では以降、集団を構成する個人をメンバーと呼ぶ。

　各メンバーは、集団意思決定の結果としてどの選択肢が選ばれることが好ましいかについての評価を持っている。この評価は同順位のない順位付けの形でなされているとする。すなわち、「最も好ましいのはX、2番目に好ましいのはY、…」

といったランキングである[2]。このような形式である限り、どのように評価するかは各メンバーの自由である。すなわち、メンバーはどのような意見や好みを持っていてもよい。なお、同順位がある場合でも、条件を一部修正すれば同様の結論が得られる。本書では、説明を簡単にするため、後述する集団の評価（順位付け）も含めて、順位付けと言うときには同順位がないものとする。前節の 例5.1 は、28人の審査員がメンバー、A〜Dの4つのチームが選択肢であり、表5.1のように各メンバーが選択肢を順位付けしている状況である。

　集約方法とは、このような各メンバーの評価をもとに、集団としての評価を決定する手続きである。 この集団の評価も、選択肢の（同順位がない）順位付けの形式であるとする。図5.1に示すように、集約方法は、各メンバーの評価を入力すると、集団の評価を出力する機能を持つものと見ることができる。たとえば、例5.1 で多数決を用いる場合には、表5.1のメンバーの順位付けを入力すると（集計に必要なのは各メンバーの1位の情報だけであるが）、多数決での得票数が多い順に、「B、C、D、Aの順に好ましい」という集団の順位付けが出力される。その結果、集団、つまり審査員たちの総意として、最も順位が高いBを選ぶことになる。入力は同じでも、集約方法が異なれば異なる出力が得られる可能性があることは前節で述べたとおりである。

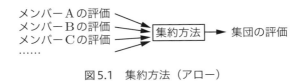

図5.1　集約方法（アロー）

2 ｜ 集約方法が満たすべき3つの条件

　アローは、妥当な集約方法が満たすべき3つの条件を考えた。1つ目の条件は、全会一致性である。

> **定義 5.1**　ある集約方法を用いたとき、「どのような選択肢XとYについても、もし全てのメンバーにとってXがYより好ましいなら、集団の評価においてもXがYより好ましい」ことが常に成り立つ場合、その集約方法は**全会一致性**（unanimity）を満たす。

　これは、「全員がXをYより良いと思っているなら、集団としてもそのように判断しよう」という、比較的自然に思われる要請に基づくものである。この性質が満たされない集約方法を用いると、全員がXをYより良いと思っているのに、Yが選ばれることが起こり得る。そのような集約方法には欠陥があると考えて良さそうだが、そうであれば全会一致性を要求してよいだろう。

　全会一致性は、**パレート改善**の概念（3.3節）を、集団にとっての選択肢の優劣の判断基準として採用することと同じである。「全てのメンバーにとってXがYより好ましい」ということは、XがYのパレート改善であることを意味する。そのような場合は必ず集団としてもXをYより好ましいと判断するなら、全会一致性が満たされる。

　現実に用いられる多くの集約方法は、全会一致性を満たす。たとえば順位評点法では、全員にとってXがYより好ましい場合、必ずXの得点はYの得点を上回る。

　次に、2つ目の条件は、無関係な選択肢からの独立と呼ばれる。

> **定義 5.2**　ある集約方法を用いたとき、「どのような選択肢XとYについても、集団のXとYの相対的な好ましさ（どちらがより好ましいか）は、各メンバーのXとYの相対的な好ましさによって決まり、他のあらゆる選択肢の評価に影響されない」ことが常に成り立つ場合、その集約方法は**無関係な選択肢からの独立**（independence of irrelevant alternatives）を満たす。

　無関係な選択肢からの独立が満たされないと、全員のXとYについての相対的な好ましさは変わらなくても、誰かが他の選択肢Zについての評価を変える（たとえば順位を上げる）と、集団としてのXとYの評価が逆転する可能性がある。「無関係な」とは、着目している2つの選択肢（この場合はXとY）以外の、という意味である。

　これがどのような現象なのか、順位評点法を用いた場合を例に説明する。

例5.2 3人のメンバーからなる集団が、4つの選択肢A〜Dからの選択を行う状況を考える。メンバーは、表5.2（a）のように選択肢の順位付けをしているとする（表の見方は表5.1と同じ）。

表5.2 無関係な選択肢からの独立が満たされない例

(a)

	2人	1人
1位	A	B
2位	B	A
3位	C	C
4位	D	D

(b)

	2人	1人
1位	A	B
2位	B	C
3位	C	D
4位	D	A

例5.2 の状況で順位評点法（1位に4点、2位に3点、3位に2点、4位に1点）を用いると、得点の高い順に、

$$A：11点 \quad B：10点 \quad C：6点 \quad D：3点$$

となる。よって、集団として、Aが最も良いと判断することになる。

表5.2（a）で「1人」と記されているメンバーをM氏としよう。仮にM氏が、（a）とは異なり、CとDをより高く評価して、「B、C、D、Aの順に好ましい」と評価していたすると、表5.2（b）の状況となる。他の2人の評価は変わらないとする。この場合に、同じく順位評点法を適用すると、得点の高い順に、

$$B：10点 \quad A：9点 \quad C：7点 \quad D：4点$$

となり、今度はBの得点が最も高い。

表5.2（a）と（b）では、M氏も含めて、どのメンバーにとっても、AとBの相対的な好ましさ、つまりどちらの順位が上かは変わらない。それにもかかわらず、（a）では集団としてAをBより好ましいと評価し、（b）ではその逆の評価をする結果となった。よって、定義5.2 の要件を満たさないため、順位評点法は無関係な選択肢からの独立を満たさない。

無関係な選択肢からの独立は、「誰もXとYの相対的な好ましさを変えないなら、集団としてXとYのどちらが好ましいかの判断は同じであるべきだ」ということを要求しているが、これは次のように考えると一理ある。「誰もXとYの

相対的な好ましさを変えない」なら、ＸとＹだけで多数決をした場合の結果は変わらないはずである。それにもかかわらず、その他の選択肢の評価が変わることで、集団としてＸとＹの評価が逆転し得るのは問題であろう。この考え方を受け入れるなら、無関係な選択肢からの独立も、妥当な集約方法が満たすべき条件となる。 例5.2 では、表5.2（a）、（b）いずれの場合も、ＡとＢだけで多数決を取れば2対1でＡが勝つが、表5.2（a）と（b）で集団としてのＡとＢの相対的な評価が変わるのは問題であろう、ということである。

最後に、3つ目の条件は、非独裁性である。

> 定義 5.3 　ある集約方法を用いたとき、ある特定のメンバーの順位付けが、常に集団の順位付けと同じになる場合、そのメンバーを（その集約方法における）**独裁者**（dictator）という。独裁者が存在しないような集約方法は、**非独裁性**（non-dictatorship）を満たすという。

独裁者が存在する集約方法では、その独裁者であるメンバーの評価がそのまま集団の評価となる。よってそれは、そのメンバーが集団意思決定の結果を常に望むとおりにできる「独裁制」のようなものである。非独裁性は、そのような意味での独裁者が存在し得ないことを要請している。

独裁者がいることの是非は状況によるかもしれない。権限を持つリーダーが一切の決定を行うことは、場合によっては望ましいこともあり得る。しかし、本章の冒頭で述べたような、メンバーの多様な意見や考えをどのように集約するか、という集団意思決定のそもそもの問題意識を考えると、独裁制ではない集約方法を検討すべきであろう。よって、ここで考えたい妥当な集約方法は、非独裁性も満たすべきである。

なお、ある集団意思決定の状況で、あるメンバーの順位付けが、たまたま集団の順位付けと同じになることはあり得る。しかし、それだけでは独裁者とは見なされない。独裁者とは、 定義5.3 が述べるように、「常に」、つまり他のメンバーの順位付けがどのようなものであっても、自身の順位付けが、そのまま集団の順位付けとなるメンバーのことである。前節で述べた集約方法はいずれも、ある1人の投票だけで結果が決まるわけではないので、非独裁性を満たすことは明らかである。

3 ┃ 不可能性定理

アローの不可能性定理とは、次の定理である。

> **定理 5.1** 　選択肢が3つ以上の場合、全会一致性、無関係な選択肢からの独立、
> 非独裁性を全て満たす集約方法は存在しない。

したがって、選択肢が3つ以上ならば、どのような集約方法を考えても、上の3つの条件のうち、少なくともどれか1つは満たされない。これらの条件はいずれも、妥当な集約方法であれば満たすべき性質として導入されたものであった。この定理は、それらを同時に満たす集約方法は存在し得ないことを述べているので、不可能性定理と呼ばれる。また、**全会一致性と無関係な選択肢からの独立をともに満たす集約方法は独裁制のみである**ことも示される。

なお、この定理は、選択肢が2つの場合には当てはまらない。選択肢が2つなら、無関係な選択肢からの独立は問題にならないためである[3]。

5.4 ┃ 戦 略 的 操 作

前節までの議論では、各メンバーは、自身の順位付けにもとづき「正直に」評価を申告することを、暗黙の前提としていた。たとえば、多数決であれば、自分が本当に最も好ましいと思う選択肢に投票することを想定した。しかし、集団意思決定では、**「虚偽の」評価を申告することで、自分にとってより好ましい結果を導くことが可能な場合がある**。このような行為は、**戦略的操作**（strategic manipulation）と呼ばれ、集団意思決定でしばしば議論の対象となる。なお、以下で「虚偽の申告をする」という表現を用いるが、これはあくまで真の評価と異なる内容を申告する行為自体を指すのであって、その倫理的な是非については

---

[3] 　定義 5.2において、選択肢がXとYの2つだけの場合、「XとYの相対的な好ましさ」は選択肢の順位付けそのものだから、どのような集約方法を用いても、「集団のXとYの相対的な好ましさ」は、「各メンバーのXとYの相対的な好ましさ」だけから決定される。つまり、無関係な選択肢からの独立は自動的に満たされる。

問わない。

1 | 戦略的操作とは

前節の 例5.2 の状況を再び考え、表5.3（表5.2の再掲）を用いて、戦略的操作の例を説明する。いま、表5.3（a）に示される順位付けが、各メンバーの「真の」好ましさの順であるとする。前述のように、集約方法として順位評点法を用いると、どのメンバーも表5.3（a）のとおりに順位を申告したなら、Aが最多の11点を得る。

表5.3　戦略的操作の例（表5.2の再掲）

	2人	1人			2人	1人
1位	A	B		1位	A	B
2位	B	A		2位	B	C
3位	C	C		3位	C	D
4位	D	D		4位	D	A

(a)　　　　　　　　　　　　　　　(b)

再び、表で「1人」と記されるメンバーをM氏とする。ここで、他の2人は正直に自分の順位を申告したが、M氏は、真の評価とは異なる、「1位がB、2位がC、3位がD、4位がA」という順位を申告したとする。すなわち、表5.3（b）が実際に申告された評価である。この表をもとに順位評点法で得点を集計すると、Bが最多の10点を得る。

よって、他の2人は真の評価を申告する場合に、M氏が真の評価を申告すればA、表5.3（b）のように虚偽の評価を申告するとBが選ばれる。ここで、M氏の真の評価では、Bを最も好ましいと考えている。したがって、M氏は虚偽の評価を申告したことで、集団意思決定の結果を自身にとってより好ましいものに変えたことになる。

このような虚偽の評価を申告することは、しばしば意図的に結果を操作することをねらって行われるので、実際にそのような結果の操作がなされる場合に、戦

略的操作と呼ばれる[4]。この例では、M氏が、「Bが選ばれてほしいので、他に有力と思われるAは低い点数になるように順位を申告しよう」と考えるのは、ありそうなことである。このような行動は、多数決でもしばしば見られる。選挙などで、「このままではX氏が当選しそうだが、それは避けたいので、本当はY氏が最も良いが、X氏に対抗できそうなZ氏に投票しよう」と考える有権者もいるかもしれない（筆者自身も、そのように考えて選挙で投票したことがある）。

　ただし、このように考えて意図的に真の順位付けと異なる評価を申告したとしても、もちろん必ずねらいどおりに結果を操作できるわけではない。表5.3の例では、M氏以外の2人は真の順位を申告するとしていたが、実際にそうする保証はない。他の2人も、何らかの戦略的意図に基づいて、Bの順位を引き下げるなど、虚偽の評価を申告する可能性がある。その結果、Bが選ばれてほしいという、M氏の意図が達成されるとは限らない。

　問題となるのは、戦略的操作が行われる可能性がある状況である。 つまり、「他のメンバーの申告の仕方によっては、自分は虚偽の申告をすれば結果をより好ましいものに変えることができる」と考えるメンバーがいるような状況である。そのようなメンバーは、虚偽の評価を申告する動機を持ち得る。そうして真の順位付けとは異なる評価を申告するメンバーがいると、何らかの集約方法を用いて集団としての選択を決定したとしても、それが元々のメンバーの評価をどのように反映したものなのか不明である。

　極端な場合、次の例のように、誰も望んでいない選択肢が選ばれることもあり得る。

> 例5.3　5人のメンバーからなる集団が、4つの選択肢A〜Dからの選択を行う状況を考える。メンバーの真の順位付けは、表5.4（a）のとおりとする。

---

4)　戦略的操作という名称が示唆するように、集団意思決定においてメンバーが真の評価を申告するとは限らない状況は、第3章で扱った戦略的意思決定の状況として見ることもできる。すなわち、プレイヤーは各メンバーであり、それぞれどのような評価を申告するかという戦略、および各選択肢の好ましさの評価（利得）を持っているようなゲームである。

表5.4 パレート最適でない選択肢が選ばれる例

(a)

	3人	2人
1位	A	B
2位	B	A
3位	C	C
4位	D	D

(b)

	3人	2人
1位	A	B
2位	C	C
3位	D	D
4位	B	A

例5.3 の状況で、集約方法に順位評点法（1位に4点、2位に3点、3位に2点、4位に1点）を用いるとする。仮に全員が真の評価のとおりに順位を申告すれば、得点の高い順に、

A：18点　　B：17点　　C：10点　　D：5点

となり、Aが選ばれる。

いま、各メンバーは実際には表5.4（b）のように順位を申告したとする[5]。ここで、(b) の「3人」は (a) の「3人」と同じメンバーであるとし、彼らはBの順位を意図的に引き下げている。同様に、(b) の「2人」は (a) の「2人」と同じメンバーとし、彼らはAの順位を意図的に引き下げている。この結果、得点の高い順に、

C：15点　　A：14点　　B：11点　　D：10点

となり、Cが選ばれる。しかし、真の順位付け（表5.4 (a)）を見ると、全員にとって、CはAよりも好ましくない。つまり、Cはパレート最適（3.3節）ではない。各自が戦略的に考えて虚偽の申告をすると、このようにパレート最適でない選択肢が選ばれることもあり得る。

---

5) もちろんメンバーは、どのような虚偽の申告もし得るわけではない。ある虚偽の評価を申告するのは、そうする動機がある場合であろう。つまり、他のメンバーの申告内容によっては、そのような評価を申告するのが最適になる場合である。表5.4 (b) のような申告の仕方は、この条件を満たしており、メンバーがこのような評価を申告することはあり得ると考えられる。

2 | ギバード・サタースウェイトの不可能性定理

戦略的操作が可能であるような集約方法は、上で見たような問題がある。また、「嘘をつく人が得をしたり、正直な人が損をしたりする可能性がある」ような集約方法は、そのこと自体好ましくないと判断されるかもしれない。それでは、戦略的操作の問題を回避できる、妥当な集約方法はあるのだろうか。

この問いに対しても、否定的な回答が示されている。哲学者のギバード（Allan Gibbard）と経済学者のサタースウェイト（Mark Satterthwaite）が示した、**ギバード・サタースウェイトの不可能性定理**（Gibbard-Satterthwaite theorem）と呼ばれるこの結果は、アローの不可能性定理と並び、社会選択理論における重要な知見の1つである。以下では、この定理について説明する。

まず分析の前提として、前節と同様に、複数のメンバーがおり、各メンバーは全ての選択肢を好ましい順に（心の中で）順位付けをしているとする。これを、各メンバーの真の評価と呼ぶことにする。

次に、集約方法については、各メンバーの申告した評価（順位付け）に基づき、集団として選ぶ選択肢を1つ決めるものとする（図5.2）。前節の集約方法の扱い（図5.1）と異なる点が2点ある。1つは、集約の対象となるのは各メンバーが申告した評価であり、これはそのメンバーの真の評価とは限らない点である。もう1つは、集約方法を用いた結果決まるのが、集団が選ぶ選択肢という点である。前節の設定では、集約方法は、集団としての順位付けを決めるものであった。多くの集団意思決定の場面では、集団として、全ての選択肢の順位を決めなくても、どの選択肢を選ぶかを決めれば十分であることも多いので、このような想定も十分現実的であろう。

図5.2　集約方法（ギバード・サタースウェイト）

ある集約方法のもとで、戦略的操作が不可能であるという条件を、次のように定義する。

> **定義 5.4**　ある集約方法を用いたとき、「全てのメンバーにとって、他のメン
> バーがどのような評価を申告しようとも、自身の真の評価を申告することが
> 最適である、つまり虚偽の評価を申告することで自身にとってより好ましい
> 選択肢が選ばれることはない」ことが成り立つ場合、その集約方法は**耐戦略
> 性**（strategy-proofness）を満たす。

　**耐戦略性を満たす集約方法を用いる場合には、どのメンバーも、虚偽の申告を
してもより好ましい結果を導くことはできないので、戦略的操作の余地が全くな
い** [6]。したがって、誰にとっても、虚偽の申告をする動機が発生し得ない。

　ここで、メンバーにとっての選択肢の好ましさは、そのメンバーの（申告した
評価ではなく）真の評価に基づき判断される。真の評価において順位が高い選択
肢ほど、そのメンバーにとって好ましいということである。戦略的操作を問題視
するなら、耐戦略性を満たす集約方法を用いるべきである。すでに見たように、
多数決や順位評点法は耐戦略性を満たさない。

　次に、妥当な集約方法の条件として、前節で考えた非独裁性（**定義 5.3**）も考
慮する。ここでは、次のように定義される。考え方は前節と同様である。

> **定義 5.5**　ある集約方法を用いたとき、ある特定のメンバーが最も好ましい
> と申告した選択肢が常に選ばれる場合、そのメンバーを（その集約方法にお
> ける）独裁者という。独裁者が存在しないような集約方法は、**非独裁性**を満
> たすという。

　最後に、ギバード・サタースウェイトの不可能性定理を述べるのに必要な用語
について述べる。ある選択肢が、メンバーの順位の申告の仕方によっては選ばれ
得る場合、これを**可能な結果**（possible outcome）と呼ぶ。逆に言えば、ある
選択肢が絶対に選ばれない、つまりメンバーがどのような評価を申告しても選ば
れることはない場合、そのような選択肢は、可能な結果ではない。たとえば、選
択肢が複数あるにもかかわらず、「メンバーの申告する評価によらず選択肢Xを

---

6)　集団意思決定の状況をゲームとして見ると（脚注4）参照）、耐戦略性を満たす集約方
　　法のもとでは、どのメンバーにとっても、自身の真の評価を申告することが常に最適
　　反応（3.3節）になる。

選ぶ」という集約方法を用いるなら、可能な結果はXのみである。このように可能な結果が1つしかない場合には、どのメンバーも虚偽の申告をする動機がないので、耐戦略性が満たされるのは明らかである。ただし、多数決や順位評点法を含め、通常用いられるほとんどの集約方法では、可能な結果の数は選択肢数と等しい。

　ギバード・サタースウェイトの不可能性定理とは、次の定理である。

> 定理 5.2　　可能な結果が3つ以上の場合に、耐戦略性と非独裁性を同時に満たす集約方法は存在しない。

　言い換えれば、可能な結果が3つ以上の場合には、**耐戦略性を満たす集約方法は、独裁者が最も良いと申告する選択肢が常に選ばれる「独裁制」のみである**[7]。それ以外の集約方法では、戦略的操作の問題を完全に回避することは不可能である。

　なお、可能な結果が2つの場合には、この定理は当てはまらない。たとえば、選択肢が2つのときに多数決を用いると、誰も自分にとって好ましくない方の選択肢に投票する動機はない。よって、耐戦略性と非独裁性がともに満たされる。

5.5 ｜ 絶対評価の集約

　前節までの議論は、メンバーは相対評価を申告することを前提としていた。多数決のように1つの選択肢を選んで投票する、あるいは順位評点法のように順位を付けて申告することは、選択肢を相対的に評価していることになる。

　これに対して、絶対評価に基づく集約方法もある。本節では、そのうち比較的よく取り上げられるものを2つ紹介する。

---

7)　独裁制では、独裁者は常に自ら望む結果を実現できるので虚偽の申告をする動機がない。また、独裁者以外のメンバーはどのような評価を申告しても結果にいかなる影響を与えることもできないので、虚偽の申告をする動機がない。したがって、独裁制は耐戦略性を満たす。

1 | 是 認 投 票

是認投票（approval voting）と呼ばれる集約方法では、**メンバーは、個々の選択肢について、「承認」もしくは「否認」を申告する**。承認とは、集団意思決定の結果としてその選択肢が選ばれることを認めてよいと判断することである。否認とは、逆に認められないという判断である。そして、最も多くの承認を得た選択肢を選ぶという方法である。

是認投票では、メンバーは各自の判断で一定水準以上のものは承認し、そうでないものは否認するという絶対評価ができる。選択肢ごとに承認か否認かを申告できるので、多数決のように1つの選択肢だけを選んで投票することに比べて、評価の申告の自由度が増す。たとえば、どうしても認められない選択肢1つだけは否認して、それ以外は全て承認することも可能である。

例5.4 | 例5.1 のビジネスプランコンテストの状況で、各審査員は表5.1で1位または2位としたチームは承認（最優秀チームとして認めてよい）、3位または4位としたチームは否認（最優秀チームとして認められない）と判断しているとする。たとえば、表5.1で「9人」とある審査員たちは、BとAは承認、DとCは否認、という評価である。このとき、審査員たちの評価は表5.5のようになる（表5.5の右から2番目の「5人」と右端の「1人」は同じ評価であるが、表5.1との対応をわかりやすくするため、このように記す）。

表5.5　ビジネスプランコンテストでの審査員の評価（承認または否認）

	9人	8人	5人	5人	1人
承　認	A, B	A, C	C, D	A, D	A, D
否　認	C, D	B, D	A, B	B, C	B, C

例5.4 で集約方法に是認投票を用いて、各審査員は表5.5のとおりに各チームについて承認または否認を申告したとする。このとき、承認の数は多い順に、

A：23票　　C：13票　　D：11票　　B：9票

となり、最も多くの承認を得たAが最優秀として選ばれることになる。

是認投票の利点の1つは、多数決で見られるような「票の割れ」の問題（5.2節）

を避けられることである。多数決では、類似する複数の選択肢がある場合に、それらの間で票が分かれてしまい、結果的にその他の選択肢が選ばれることがしばしばある。是認投票を用いれば、メンバーは複数の選択肢がいずれも良いと思うなら、その全てを承認することも可能なので、票が割れてしまうことがない。

　もう1つの利点は、戦略的操作が行われにくいことである。特に、**メンバーの真の評価が表5.5のような承認か否認かの2段階しかない場合には、是認投票は耐戦略性を満たす唯一の集約方法である**。つまり、そのような場合、メンバーは真の評価のとおりに各選択肢について承認または否認を申告することが常に最適となる。ただし、真の評価が必ずしも2段階ではない場合には、戦略的操作の可能性はある。

2 ┃ マジョリティ・ジャッジメント

　マジョリティ・ジャッジメント（majority judgement、以下MJと略す）[8]と呼ばれる集約方法では、**メンバーは予め定められた評価区分に基づき、各選択肢の評価を申告する**。たとえば、「とても良い」「良い」「ふつう」「悪い」「とても悪い」の5段階評価でもよいし、10点満点の点数評価でもよい。これらのメンバーの絶対評価を集約して、それぞれの選択肢について集団としての評価を決める。そして、集団の評価が最高の選択肢を選ぶ。

　MJでは、**メンバーの評価の中央値を集団の評価とする**。いくつかの数値（あるいは「良い」「ふつう」「悪い」のように順序が付けられる項目）があるときに、その**中央値**（median）とは、それらの数値を小さい順に並べたときにちょうど真ん中にくる値のことである。たとえば、ある選択肢の10点満点の評価で、5人のメンバーがそれぞれ9点、2点、4点、7点、6点と点数を付けたとする。これらの値を小さい順に並べると、「2, 4, 6, 7, 9」となるので、真ん中の「6」が中央値であり、したがって集団としての評価となる。

　ただし、メンバーの数が偶数の場合には、メンバーの評価の「ちょうど真ん中」がないので、MJでは、小さい順に並べたときに中央にある2つの値のうち、小

MJは多数派判断などと訳されることもあるが、そのまま英語名が使われることが多いので、本書でもそのようにする。

さい方を集団の評価とする[9]。たとえば、4人のメンバーがそれぞれ9点、2点、4点、7点と点数を付けた場合、小さい順に並べると「2, 4, 7, 9」となるので、中央にある2つの値（4と7）のうち、小さい方の「4」を、集団の評価とする。

　以上のように定めた集団の評価が最も高い選択肢が、集団として選ぶ選択肢となる[10]。この方法では、「半数より多くのメンバーは集団の評価以上の評価をしている」という意味で、意見の集約において多数派の判断を尊重していることになる。たとえば、5人の評価が「2, 4, 6, 7, 9」であれば、そのうち3人は、集団の評価である（中央値の）「6」以上の評価をしている。なお、評価区分が2つの場合には、上記の手順は実質的に是認投票と同じになる。MJは、評価区分の数を増やして是認投票を一般化したものと見なせる。

> 例5.5　ある会社で、ホームページのデザインを検討している。選択肢はA案、B案、C案、D案の4つであり、このうち1つを選ぶ。選定は担当の社員5人で行う。この5人を、メンバー1〜5とする。各メンバーは、それぞれの案を1〜7の7段階で評価する。値が大きいほど、その案がふさわしいと評価していることを表す。各メンバーの評価は、表5.6のようになった。

---

9)　ただし、通常、偶数個の値の中央値は、中央の2つの値の平均値とされる。

10)　特に評価区分の数が多くないとき、集団の評価が最も高い選択肢が複数あることはしばしばある。その場合は、さらに次のようにしてそれらの優劣を決める。該当する各選択肢について、評価の中央値（メンバー数が偶数の場合は中央の2つの値のうち小さい方）を除いたうえで、再び同じ方法で集団の評価を求めて、その値を比較する。たとえば、ある選択肢の元々のメンバーの評価が「2, 4, 6, 7, 9」（小さい順に並べて）であれば、中央値の「6」を除いて、「2, 4, 7, 9」から集団の評価を求める（この場合は「4」）。もしそれでも複数の選択肢の集団の評価が同じになるなら、優劣がつくまで同様の手順を繰り返す。

表5.6　ホームページのデザイン案の評価

	A案	B案	C案	D案
メンバー1	7	2	2	4
メンバー2	6	5	4	3
メンバー3	2	7	5	6
メンバー4	1	3	6	3
メンバー5	1	5	3	7
集団の評価（中央値）	2	5	4	4

　例5.5 でMJを用いる場合、表5.6の最下段に示すように、選択肢ごとにメンバーの評価の中央値を求め、その値が最も大きいものを選ぶ。この場合、B案が選ばれる。

　MJにも是認投票と同様の利点がある。まず、多数決で起こり得る「票の割れ」の問題を避けることができる。 例5.5 で仮に多数決を用いる場合、各メンバーは最も高く評価する選択肢に投票するなら、A案が2票、他の選択肢は1票ずつを得て、A案が選ばれることになる。A案を高く評価しているのはメンバー1と2のみだが、それ以外の3人のメンバーの票が割れた結果である。MJでは、メンバーは選択肢を個別に絶対評価できるので、このような事態を回避できる。

　そして、**MJは戦略的操作に強い**と言われる。これは、集団の評価に中央値を用いていることによる（メンバー数が偶数の場合は中央の2つの値のうち小さい方だが、以下の議論は同様）。中央値は、ちょうど真ん中の値のみで決まり、それ以外の値の影響を受けない。そのため、中央値を上回る評価をしているメンバーは、申告する評価を変えても中央値をそれより大きくすることはできない。また、逆に中央値を下回る評価をしているメンバーは、申告する評価を変えても中央値をそれより小さくすることはできない。

　表5.6はメンバーの真の評価を表すとし、各メンバーは自分が高く評価する選択肢が選ばれることを好ましいと考えているとする。この場合、たとえばメンバー1と2は、B案ではなくA案が最も良いと評価しているので、A案の中央値をもっと大きくしたいと考えるかもしれない。しかし、この2人はすでにA案には中央値を上回る評価を付けているので、申告する評価を変えても、（他のメンバーの評価が変わらない限り）A案の中央値をより大きくすることはできない（図5.3）。

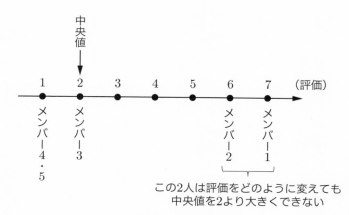

この2人は評価をどのように変えても
中央値を2より大きくできない

図5.3 A案の評価

　また、メンバー1と4は、B案を比較的低く評価しているので、B案の中央値をもっと小さくしたいと考えるかもしれない。しかし、この2人はすでに中央値を下回る評価をB案に付けているので、申告する評価を変えても、B案の中央値をより小さくすることはできない。このように、中央値を用いることで、戦略的操作を抑制できることがわかる。

　ただし、戦略的操作を完全に防げるわけではない。表5.6において、メンバー1は、B案よりはD案の方が好ましいと考えている。そこで、仮にメンバー1がD案の評価を、真の評価の「4」ではなく、「6」と申告したとする。このとき、その他の評価は表5.6と変わらないとすると、メンバーの評価は表5.7のようになる。表5.7では、最も中央値が大きいのはD案となるので、メンバー1による戦略的操作がなされたことになる。

表5.7　メンバー1がD案の評価を変えた場合

	A案	B案	C案	D案
メンバー1	7	2	2	6
メンバー2	6	5	4	3
メンバー3	2	7	5	6
メンバー4	1	3	6	3
メンバー5	1	5	3	7
集団の評価（中央値）	2	5	4	6

　一般に、絶対評価を用いる場合にも、ギバード・サタースウェイトの不可能性定理（ 定理5.2 ）と同様に、戦略的操作を完全に防げる集約方法はないことが知られている。ただし、MJ は他の方法に比べると、戦略的操作に強いことが示されている[11]。

5.6 数 学 的 補 足

1 アローの不可能性定理

　5.3節で説明したアローの不可能性定理を定式化する。

　$1, \ldots, n$ の n 人のメンバーがいるとする。また、m 個の選択肢があるとする。各メンバーは、全ての選択肢を同順位がないよう1位〜 m 位に順位付けており、メンバー i にとっての選択肢 a の順位を $r_i(a)$ と表すことにする。たとえば、a が1位であれば、$r_i(a) = 1$ である。$r_i(a)$ が小さいほど、i は a を高く順位付けしている、つまり i にとって a が好ましいことを示す。

　r_i をメンバー i の評価と呼ぶことにする。r_i は、各選択肢を順位と対応付ける関数と見なせる。全員の評価を集めたもの、すなわち $(r_1, \ldots, r_n)$ を評価の組と呼び、r と記す。

　集約方法は、各メンバーの評価をもとに、集団としての評価を決定するものである。すなわち、評価の組が与えられると、集団の評価が決まる関数であり、**社会的厚生関数**（social welfare function）とも呼ばれる。評価の組が r であり、集約方法 f を用いたときの集団の評価を $f(r)$ とする。集団の評価も順位付けでなされ、そこでの選択肢 a の順位を $f(r)(a)$ と表すことにする。意味はメンバーの順位付けと同じであり、たとえば、集団にとって a が1位なら、$f(r)(a) = 1$ となる。ここでも同順位はないものとする。

---

11)　この段落で述べたことの正確な意味については、章末の文献ガイドに挙げる MJ の専門的な文献を参照されたい。

例 5.6 　 5.2節の 例 5.1 では、28人のメンバーがおり、A〜Dの4つの選択肢
がある。たとえば表5.1で「9人」に含まれるあるメンバー i について、

$$r_i(\mathrm{A}) = 2 \ , \ r_i(\mathrm{B}) = 1 \ , \ r_i(\mathrm{C}) = 4 \ , \ r_i(\mathrm{D}) = 3 \tag{5.2}$$

である。5.2節で見たように、集約方法 f が順位評点法だとすると、得点は多
い順に

　　　A：84点　　　D：73点　　　C：68点　　　B：55点

となるので、

$$f(r)(\mathrm{A}) = 1 \ , \ f(r)(\mathrm{B}) = 4 \ , \ f(r)(\mathrm{C}) = 3 \ , \ f(r)(\mathrm{D}) = 2 \tag{5.3}$$

である。

　アローが提案した、集約方法が満たすべき3つの条件は、次のように定式化さ
れる。以下の 定義 5.6 〜 定義 5.8 は、それぞれ 定義 5.1 〜 定義 5.3 を言い換えた
ものである。

定義 5.6 　 どのような選択肢 a と b および評価の組 r についても、「全ての
メンバー i にとって $r_i(a) < r_i(b)$ なら、 $f(r)(a) < f(r)(b)$ である」と
いうことが成り立つなら、集約方法 f は**全会一致性**を満たす。

定義 5.7 　 どのような選択肢 a と b および評価の組 r についても、「 r とは
別のどのような評価の組 $r' = (r'_1, \ldots, r'_n)$ についても、もし全てのメン
バー i にとって

$$r_i(a) < r_i(b) \Leftrightarrow r'_i(a) < r'_i(b) \tag{5.4}$$

であるなら、

$$f(r)(a) < f(r)(b) \Leftrightarrow f(r')(a) < f(r')(b) \tag{5.5}$$

である」ことが成り立つなら、集約方法 f は**無関係な選択肢からの独立**を
満たす。

式 (5.4) の条件は、どのメンバーにとっても、a と b の相対的な評価は、2つの評価の組 r と r' において変わらないことを意味する。そして、式 (5.5) の条件は、集約方法 f を用いた場合の集団の a と b の相対的な評価は、r と r' で同じであることを意味する。

例5.7　5.3節の 例5.2 で、順位評点法が無関係な選択肢からの独立を満たさないことを述べたが、そのことを 定義5.7 に沿って確認しよう。表5.2で、「2人」をメンバー1と2、「1人」をメンバー3とする。また、表5.2 (a) の評価の組を $r = (r_1, r_2, r_3)$、(b) の評価の組を $r' = (r'_1, r'_2, r'_3)$ とする。r と r' では、メンバー3の評価のみが異なる。

選択肢AとBに着目すると、全てのメンバー i にとって

$$r_i(\mathrm{A}) < r_i(\mathrm{B}) \Leftrightarrow r'_i(\mathrm{A}) < r'_i(\mathrm{B}) \tag{5.6}$$

が成り立っている。ここで、集約方法 f として順位評点法を用いた場合、

$$f(r)(\mathrm{A}) < f(r)(\mathrm{B}) \tag{5.7}$$

である一方、

$$f(r')(\mathrm{A}) > f(r')(\mathrm{B}) \tag{5.8}$$

である。したがって、定義5.7 における式 (5.4) が成り立つが、式 (5.5) は成り立たない。よって、順位評点法は無関係な選択肢からの独立を満たさない。

定義5.8　あるメンバー i について、どのような評価の組 r に対しても、r_i と $f(r)$ が同じである、つまりどの選択肢 a についても $r_i(a) = f(r)(a)$ である場合、i を集約方法 f における**独裁者**という。独裁者が存在しない集約方法は、**非独裁性**を満たすという。

以上の設定のもと、アローの不可能性定理（定理5.1）が導かれる。証明については、章末の文献ガイドに挙げるより専門的な文献を参照されたい（次項のギバード・サタースウェイトの不可能性定理についても同様）。

2 | ギバード・サタースウェイトの不可能性定理

　続いて、5.4節で述べたギバード・サタースウェイトの不可能性定理を定式化
する。

　上と同様に、メンバー i にとっての選択肢 a の順位を $r_i(a)$ と表し、r_i を i
の評価と呼ぶ。ただし、ここでは、r_i は i によるある順位付けの仕方を表すも
のであり、真の評価とは限らない。全員の評価の組を $r = (r_1, \ldots, r_n)$ とする。
また、このうちメンバー i 以外のメンバーの評価の組、すなわち
$(r_1, \ldots, r_{i-1}, r_{i+1}, \ldots, r_n)$ を r_{-i} と記す。

　メンバー i にとっての真の評価は、特に r_i^* と記す。$r_i^*(a)$ が小さいほど、す
なわち r_i^* における a の順位が高いほど、a は i にとって好ましい選択肢であ
る。

　ここでの集約方法は、各メンバーが申告した評価（順位付け）をもとに、集団
として選ぶ選択肢を1つ決定するものとする。すなわち、評価の組が与えられる
と、選択肢が1つ決まる関数であり、**社会的選択関数**（social choice function）
とも呼ばれる。申告された評価の組が r であり、集約方法 f を用いた場合に集
団が選ぶ選択肢を $f(r)$ と表すことにする。先のアローの不可能性定理の定式化
と異なり、$f(r)$ は、ここではある1つの選択肢である。メンバー i が r_i、i
以外のメンバーが r_{-i} を申告したときに選ばれる選択肢を $f(r_i, r_{-i})$ とする。

> 例 5.8 　5.4節の表5.3で、「2人」をメンバー1と2、「1人」をメンバー3とする。
> 表5.3（a）は、各メンバーの真の評価の組、$r^* = (r_1^*, r_2^*, r_3^*)$ を表す。他方、
> 表5.3（b）は、メンバー1と2は真の評価を申告したが、メンバー3は真でな
> い評価（r_3 とする）を申告した場合の申告された評価の組を表し、これを
> $r = (r_1^*, r_2^*, r_3)$ とする。
> 　5.4節で見たように、集約方法 f として順位評点法を用いると、$f(r^*) = \mathrm{A}$
> および $f(r) = \mathrm{B}$ である。

　集約方法が満たすべき性質は、次のように定義される。 定義 5.9 および
定義 5.10 は、それぞれ 定義 5.4 および 定義 5.5 を言い換えたものである。

> **定義 5.9** 全てのメンバー i について、どのような i の評価 r_i および i 以外
> のメンバーの評価の組 r_{-i} についても、
>
> $$r_i^*(f(r_i^*, r_{-i})) \leq r_i^*(f(r_i, r_{-i})) \tag{5.9}$$
>
> となる場合、**耐戦略性**を満たすという。

　式 (5.9) は、他のメンバーが r_{-i} を申告する場合、メンバー i にとって、真の
評価 r_i^* を申告することが最適であることを意味する。つまり、r_i^* とは異なる
評価 r_i を申告しても、r_i^* を申告する場合より i にとって好ましい選択肢が選
ばれることはない。

> **例 5.9** 5.4節の表5.3を再び考え、**例 5.8** と同じ表記を用いる。5.4節にて、
> 順位評点法は耐戦略性を満たさないことを述べたが、そのことを**定義 5.9** に
> 沿って確認しよう。
>
> 　**例 5.8** で述べたように、$f(r^*) = \mathrm{A}$ および $f(r) = \mathrm{B}$、すなわち
>
> $$f(r_1^*, r_2^*, r_3^*) = \mathrm{A} \quad \text{および} \quad f(r_1^*, r_2^*, r_3) = \mathrm{B} \tag{5.10}$$
>
> である。よって、
>
> $$\begin{aligned} r_3^*(f(r_1^*, r_2^*, r_3^*)) = r_3^*(\mathrm{A}) = 2 \ , \\ r_3^*(f(r_1^*, r_2^*, r_3)) = r_3^*(\mathrm{B}) = 1 \end{aligned} \tag{5.11}$$
>
> であるから、
>
> $$r_3^*(f(r_1^*, r_2^*, r_3^*)) > r_3^*(f(r_1^*, r_2^*, r_3)) \tag{5.12}$$
>
> となり、式 (5.9) が成り立たない。つまり、メンバー1と2がそれぞれ r_1^* と
> r_2^* を申告する場合、メンバー3にとって、真の評価 r_3^* を申告することは最
> 適ではない。したがって、順位評点法は耐戦略性を満たさない。

定義 5.10 あるメンバー i について、どのような評価の組 r についても、$r_i(a) = 1$ である選択肢 a が $f(r)$ と同じになる場合、i を集約方法 f における**独裁者**という。独裁者が存在しない集約方法は、**非独裁性**を満たすという。

定義 5.11 ある選択肢 a について、$f(r) = a$ となる評価の組 r が少なくとも1つ存在する場合、a を**可能な結果**という。

　以上の設定のもと、ギバード・サタースウェイトの不可能性定理（定理 5.2）が導かれる。

演習問題

5.1　5.2節の表5.1を用いて、多数決が無関係な選択肢からの独立を満たさないことの例を挙げよ。

5.2　5.2節の表5.1において、これがメンバーの真の評価であるとしたとき、多数決が耐戦略性を満たさないことの例を挙げよ。ただし、多数決で最多得票のチームが複数ある場合には、アルファベット順で最も早いチームが選ばれるというルールがあるとする。

5.3　現実の集団意思決定の場面では、本章で取り上げたもの以外にも様々な集約方法が用いられている。そのうちいくつかを考えて、あるいは調べて、その利点と欠点について考察せよ。

文献ガイド

　次の文献は一般向けの書籍だが、専門家によるものであり、社会選択理論の主なトピックについて学べる。

- ・坂井（2015）『多数決を疑う―社会的選択理論とは何か』，岩波書店
- ・佐伯（2018）『「きめ方」の論理』，筑摩書房

より専門的に社会選択理論を学ぶには、次のような文献がある。

- ・フェルドマン・セラーノ（2009）『厚生経済学と社会選択論』，シーエーピー出版（飯島他訳）
- ・鈴村（2012）『社会的選択の理論・序説』，東洋経済新報社
- ・坂井（2013）『社会的選択理論への招待：投票と多数決の科学』，日本評論社

　5.5節で述べたMJについては、MJの提唱者ら自身による次の書籍で詳細に解説されている。

- ・Balinski and Laraki（2011）"Majority Judgment: Measuring, Ranking, and Electing," The MIT Press

6.1 | 数理最適化とは

　意思決定において、何が「最適」なのかは、その意思決定の目的に依存する。たとえば企業であれば、ある事業における利益を最大化したいという目的設定があり得る。ここで、事業の実施には通常、様々な制約がある。たとえば、その事業に割ける人員や資金、調達可能な部品や原材料、生産設備のスペックなどである。この場合、これらの制約の範囲で、利益を最大化する選択肢が最適ということになる。

　与えられた制約のもとで目的とする値を最大化あるいは最小化する条件を求める問題を**最適化問題**（optimization problem）という[1]。**数理最適化**とは、数学的に定式化された最適化問題を解いて、最適な選択肢、つまり**最適解**（optimal solution）を求めることである。本章では、そのための理論や手法について解説する。

　第2章や第3章で扱った利得の最大化を目指す意思決定も、最適化の問題と見ることができる（1.7節の議論をふまえれば、合理性とは、最適な選択を求めることと同じである）。たとえば、リスク下の意思決定における期待利得最大化基準（2.4節）では、期待利得が最大の選択肢を選ぶ。これは、期待利得の最大化を目的とした際の最適化に他ならない。選択肢が少数の場合には、最適解を得る計算はさほど困難ではない。

　これに対して、1.4節で述べたように、数理最適化の手法が特に有用となるのは、非常に多く（場合によっては無限）の選択肢の中から最適解を特定したい場面である。選択肢が膨大にあると、一つ一つの選択肢について目的の値（利益や利得など）を求め、そのうち最適なものを選ぶ作業は、非常に困難になり得る。また、それぞれの選択肢が制約の範囲でそもそも実行可能なのかを判定することも難しいかもしれない。そのため、不確実性などの問題がなくても、最適な意思決定を

---

1)　本書では扱わないが、制約を考慮しない最適化問題もある。最適化問題は、**数理計画問題**（mathematical programming problem）ともいう。

行うことは必ずしも容易ではない。数理最適化の分野では、そのような場合でも問題の特性に応じて効率的に最適解を求めるための計算の手順（アルゴリズム）が研究されている。

　本章では、数理最適化が扱う最適化問題のうち最も基本的なものである**線形計画問題**（linear programming problem）について解説する。6.2節で、線形計画問題の例を示す。続く6.3節および6.4節では、その解法として、グラフを用いる方法、およびMicrosoft Excelのソルバーを用いる方法を説明する。6.5節では、問題の前提条件が変わった場合の最適解への影響を調べる感度分析について説明する。

6.2 　線形計画問題

　線形計画問題とは何かについて、2つの例を用いて説明する。本節では最適化問題としての定式化を示し、具体的な解法については次節以降で述べる。

1 　生産計画

　まず、次の例を考えよう。

> 例6.1　　ある会社では、2つの製品XとYを生産、販売している。どちらの製品も、生産には材料AとBを用いる。製品Xを1単位生産するには、材料Aが2単位、材料Bが3単位必要である。また、製品Yを1単位生産するには、材料Aが4単位、材料Bが1単位必要である。準備できる材料AとBの量には制約があり、1日あたり、材料Aは280単位、材料Bは180単位までしか使えない。
>
> 　いま、製品XとYの販売で得る利益の合計を最大化するよう、各製品の1日あたりの生産量を決定したい。製品1単位あたりの販売利益は、製品Xが600円、製品Yが400円である。なお、生産した分は全て売れるとする。以上の条件を表6.1に整理した。

表6.1 製品の生産に必要な材料の量

	製品X	製品Y	使用可能量〔単位/日〕
材料A	2	4	280
材料B	3	1	180
利益単価〔円/単位〕	600	400	

例6.1 は、複数の製品をそれぞれどれだけ生産するかを決定する生産計画の問題であり、数理最適化の典型的な応用例の1つである。

この問題を最適化問題として定式化しよう。線形計画問題に限らず、最適化問題の定式化では、まず意思決定者が決定すべき**変数**（variable）を特定したうえで、次の2つを数式として表す[2]。

・**目的関数**（objective function）：意思決定者にとっての目的は何か
・**制約条件**（constraint）：意思決定者にとっての制約は何か

例6.1 では、この会社が決定することは各製品の生産量であるから、それらがこの最適化問題における変数である。製品XとYの1日あたりの生産量を、それぞれ x〔単位〕および y〔単位〕とする。ここでの意思決定は、x と y の具体的な値を決めることである。これらの値の組み合わせは様々あり、その一つ一つがここでの選択肢である。ただし、詳しくは次節で検討するが、x と y はどのような値でも取り得るわけではなく、制約の範囲で許されるものを選ばなければならない。

次に、目的は利益の最大化である。製品XとYの販売で得る利益の合計は、$600x + 400y$〔円〕である。この「$600x + 400y$」が、ここでの目的関数である。これを「関数」というのは、この式の値が変数の x と y に依存して決まるためである。一般に最適化問題では、目的関数の最大化または最小化を考える。この例では、この目的関数の最大化を目指す。

そして、制約条件としては、各材料の1日あたり使用可能量の制約がある。材料Aの使用可能量の制約は、次の不等式で表せる。

---

2) 変数は、決定変数（decision variable）とも呼ばれる。

$$2x + 4y \leq 280 \tag{6.1}$$

左辺は、製品ＸとＹをそれぞれ x および y 単位生産する場合に必要な材料Ａの量（単位）である。式 (6.1) は、それが280単位以下でなければならない、つまりそれを超える量の材料Ａを使うことはできない、という制約条件を示している。同様に、材料Ｂの使用可能量の制約は、次の不等式で表せる。

$$3x + y \leq 180 \tag{6.2}$$

以上を整理すると、 例6.1 は、次の最適化問題として定式化できる。

$$\text{最大化} \quad 600x + 400y$$

$$\text{制約条件} \quad \begin{cases} 2x + 4y \leq 280 \\ 3x + y \leq 180 \\ x, y \geq 0 \end{cases} \tag{6.3}$$

最初の式が目的関数、2つ目以降の式が制約条件である。制約条件の最後の式は、 x と y は生産量なので必ず0以上の値になる（負の値にはならない）ことを表し、変数の非負制約という。「 $x, y \geq 0$ 」は、「 $x \geq 0$ 」と「 $y \geq 0$ 」をまとめて表したものである。

このように、**目的関数が1次式であり、制約条件もいずれも1次の等式または不等式で表されるような最適化問題を、線形計画問題という**。また、線形計画問題の最適解を導出する手法を線形計画法という。

本書では扱わないが、最適化問題には、他にも問題の特性に応じて様々な種類がある。2次以上の式を含む問題は、非線形計画問題という。また、線形および非線形計画問題は変数が連続変数の場合を扱うが、離散変数を扱う最適化問題もある。たとえば、変数が整数の値のみを取る場合は整数計画問題という。最短経路探索など、ネットワーク上の最適化を扱う問題もある。

なお、式 (6.3) の定式化では、 x と y を連続変数として扱っている。よって、たとえば $x = 12.34$ のような、整数でない値も取り得る。 例6.1 で、もし生産量（単位）が整数でなければならないとすると、厳密に言えば、実際にはそのような整数でない値は取り得ない。しかし、変数が整数であるという制約を追加で考慮すると、計算の複雑性が増すことがある。そのような場合、ここでの定式化

のように、連続変数と見なして線形計画問題として解くことで、比較的簡単に最適解が得られる。求めた最適解が整数値であればそれを採用すればよいし、そうでない場合でも最適解の近似を得る。このように、問題表現の正確さと計算のしやすさがトレードオフになる場合、後者を優先することもある。

2 │ 輸 送 計 画

線形計画問題のもう1つの例として、次の問題を考える。

例6.2 ある会社で、2つの倉庫1と2に商品の在庫を保管している。倉庫1には350個、倉庫2には200個の商品がある。これから、これらの商品を販売するため、離れた場所にある3つの営業所1～3に輸送しなければならない。営業所1に200個、営業所2に150個、営業所3に150個の商品を届ける必要がある（図6.1）。これらを、各営業所の需要量と呼ぶことにする。

商品の輸送には個数に比例して費用がかかり、商品1個あたりの輸送費用（単位：千円）は、区間に応じて表6.2に示すとおりである。たとえば、倉庫1から営業所2に商品を1個輸送するには7千円の費用がかかる。上記の要件を満たしつつ全体の輸送費用を最小にするよう、どの倉庫からどの営業所へ、商品をどれだけ輸送すればよいかを決定したい（在庫量の合計は550個、需要量の合計は500個なので、在庫の全てを輸送する必要はない）。

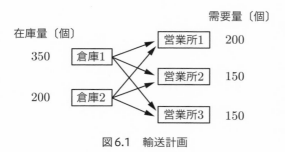

図6.1　輸送計画

表6.2　輸送費用（単位：千円 / 個）

	営業所1	営業所2	営業所3
倉庫1	5	7	5
倉庫2	3	4	5

　例6.2 は、複数の出発地点から複数の到着地点へどのように輸送を行えばよいかという輸送計画の問題であり、これも経営における数理最適化の応用例の1つである。

　この問題を最適化問題として定式化する。まず、変数は、各倉庫から各営業所へ輸送する商品の個数である。倉庫 i（ i は1または2）から営業所 j（ j は1～3のいずれか）へ輸送する商品の個数を x_{ij}〔個〕とする。たとえば、倉庫1から営業所2へ輸送する商品は x_{12}〔個〕である。倉庫と営業所の組み合わせごとに、$x_{11}, x_{12}, x_{13}, x_{21}, x_{22}, x_{23}$ の6つの変数がある。ここでの意思決定は、これら6つの変数の値を決定することである。

　次に、目的は総輸送費用の最小化である。総輸送費用は、表6.2の単価をもとに、上記の変数を用いて、

$$5x_{11} + 7x_{12} + 5x_{13} + 3x_{21} + 4x_{22} + 5x_{23} 〔千円〕 \tag{6.4}$$

と表せる。これが目的関数であり、ここでの目的はその最小化である。

　制約条件に関しては、まず各倉庫の在庫量の制約がある。倉庫1の在庫量の制約は、

$$x_{11} + x_{12} + x_{13} \leq 350 \tag{6.5}$$

と表せる。この不等式の左辺は、倉庫1から輸送する商品の個数の合計である。式(6.5)は、それが倉庫1の在庫量の350個以下でなければならない、つまり倉庫1から350個を超える個数を発送することはできない、という制約条件を示している。同様に、倉庫2の在庫量の制約は、

$$x_{21} + x_{22} + x_{23} \leq 200 \tag{6.6}$$

と表せる。

　また、各営業所の需要量の制約がある。営業所1の需要量の制約は、

$$x_{11} + x_{21} \geq 200 \tag{6.7}$$

と表せる。この不等式の左辺は、営業所1に輸送される商品の個数の合計である。式 (6.7) は、営業所1に少なくとも200個の商品を届ける必要があるという制約条件を示している[3]。同様に、営業所2および営業所3の需要量の制約はそれぞれ

$$x_{12} + x_{22} \geq 150 \tag{6.8}$$

$$x_{13} + x_{23} \geq 150 \tag{6.9}$$

と表せる。

以上を整理すると、 $\boxed{例 6.2}$ は、次の最適化問題として定式化できる。

最小化 $5x_{11} + 7x_{12} + 5x_{13} + 3x_{21} + 4x_{22} + 5x_{23}$

制約条件
$$\begin{cases} x_{11} + x_{12} + x_{13} \leq 350 \\ x_{21} + x_{22} + x_{23} \leq 200 \\ x_{11} + x_{21} \geq 200 \\ x_{12} + x_{22} \geq 150 \\ x_{13} + x_{23} \geq 150 \\ x_{11}, x_{12}, x_{13}, x_{21}, x_{22}, x_{23} \geq 0 \end{cases} \tag{6.10}$$

制約条件の最後の式は、変数の非負制約である。各変数は輸送する商品の個数なので、必ず0以上でなければならない。

---

3) 式 (6.7) は、不等式ではなく、等式にしてもよい。需要量を超える商品を届けてもその分の費用がかかるだけなので、どちらでも最適化の結果は変わらない。

6.3 グラフによる解法

線形計画問題は、変数が2つの場合、平面上のグラフを用いた計算により**最適解を求めることができる**。本節では、前節の 例6.1 を用いてこの解法を説明する。

1 実行可能領域

全ての制約条件を満たす前提で変数が取り得る範囲を、**実行可能領域**（feasible region）という。意思決定の文脈で言えば、実行可能領域とは、選択肢の集まりである。

まず、制約条件を平面上に図示して、実行可能領域を可視化する。

例6.1 では、材料AとBの1日あたり使用可能量の制約があった。式(6.1)の材料Aの使用可能量の制約条件を式変形すると、

$$y \leq -\frac{1}{2}x + 70 \tag{6.11}$$

となる。この不等式が表す領域を、横軸が x 、縦軸が y である平面（xy 平面）上に図示すると、図6.2のようになる。すなわち、式(6.11)の不等号を等号に置き換えた、直線 $y = -(1/2)x + 70$ よりも下の部分である。式(6.11)は等号も含むので、境界線上の点も含まれる。ただし、変数の非負制約を考慮して、 x と y がともに0以上の範囲のみを示してある（以降の図も同様）。この図が示す領域は、材料Aの使用可能量の制約のもとで選択可能な x と y の値の組み合わせを示す。したがって、この領域外の点、たとえば $(x, y) = (150, 150)$ は、材料Aが不足するため、そのような生産量の組み合わせを実現することは不可能である。

同様に、材料Bの使用可能量の制約について、式(6.2)を変形すると、

$$y \leq -3x + 180 \tag{6.12}$$

となる。この不等式が表す領域を図示すると、図6.3のようになる。

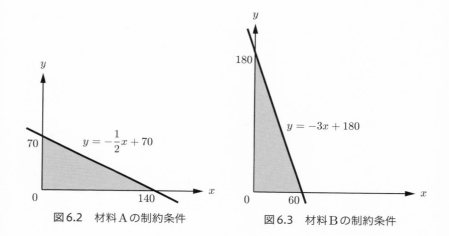

図6.2　材料Aの制約条件　　　　図6.3　材料Bの制約条件

　これら2つの制約条件をともに満たす領域は、図6.2と図6.3のどちらにも含まれる領域であり、図6.4のようになる。これが、この最適化問題における実行可能領域である。この領域に含まれない点は、少なくとも1つの制約条件を満たしていない。

　この平面上のどの点 (x, y) についても（ただし、$x, y \geq 0$）、その x と y の値を目的関数 $600x + 400y$ に代入すれば、その点における目的関数の値、すなわち製品Xを x 単位、製品Yを y 単位生産した場合の利益を求められる。たとえば、実行可能領域に含まれる点 $(10, 10)$ における利益は、

$$600 \times 10 + 400 \times 10 = 10000 \ \text{〔円〕} \tag{6.13}$$

である。同じく実行可能領域に含まれる別の点 $(30, 20)$ では、利益は

$$600 \times 30 + 400 \times 20 = 26000 \ \text{〔円〕} \tag{6.14}$$

である。したがって、前者よりは後者の方が、利益が大きい。しかし、実行可能領域は他にも無数の点を含む。これらの中から最適解を求めたい。

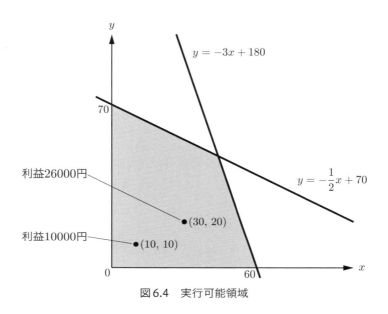

図6.4　実行可能領域

2 | 最適解の計算

目的関数を z とおく。すなわち、

$$z = 600x + 400y \tag{6.15}$$

とする。これを式変形すると、

$$y = -\frac{3}{2}x + \frac{z}{400} \tag{6.16}$$

となる。式(6.16)を xy 平面上に直線で表すと、傾きは $-3/2$ であり、切片は z の値による。たとえば、$z = 20000$ のとき、図6.5の直線(1)となる。この直線上の点はいずれも利益が20000円になる x と y の組み合わせを表す。z が大きいほど直線は原点から離れていく。たとえば $z = 28000$ のときは、図6.5の直線(2)となる。

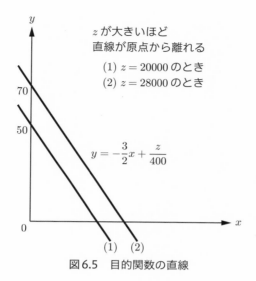

図6.5　目的関数の直線

　いま求めたい最適解は、実行可能領域の中で z が最大になる点である。そこで、式(6.16)の目的関数の直線を、実行可能領域の点を含む範囲で、どこまで z を大きくして原点から遠ざかる方向に移動できるかを考える。

　図6.6は、実行可能領域を図示した図6.4において、目的関数の直線（図中では破線で示す）を、z を大きくして徐々に移動させる様子を示したものである。直線(1)と(2)は、それぞれ図6.5に示したものと同じである。さらに z を大きくすると、やがて直線(3)となる。この直線は、四角形である実行可能領域の頂点Pを通っている。これより少しでも z を大きくすると、目的関数の直線は実行可能領域内の点を1つも含まなくなってしまう。よって、直線(3)を得る z が、制約の範囲で達成可能な最大利益である。そして、この直線上にあり、かつ実行可能領域に含まれる点Pが最適解である。

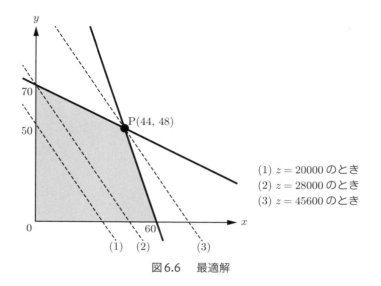

図6.6　最適解

　点Pは、2直線 $y = -3x + 180$ と $y = -(1/2)x + 70$ の交点なので、その座標は、これら2つの式からなる連立方程式を解くことで、$(x, y) = (44, 48)$ と求まる。したがって、この状況では、製品Xを44単位、製品Yを48単位生産するのが最適である。そのときの利益は、

$$600 \times 44 + 400 \times 48 = 45600 \,\text{〔円〕} \tag{6.17}$$

である。制約の範囲で、これを上回る利益を得ることはできない。

　このように、2変数の線形計画問題は、平面上に実行可能領域と目的関数を図示し、目的関数の値が最も大きくなる（または小さくなる）実行可能領域内の点を特定することで求めることができる。

　ところで、以上の分析から、**実行可能領域を表す図形の頂点（端点ともいう）のいずれかが最適解になる**と言えそうだが、実際に、このことは一般的に成り立つことが知られている[4]。この性質より、　例6.1　の最適解を次のように求めることもできる。この最適化問題の実行可能領域は四角形なので、図6.7に示す4つの頂点のうち、最も利益が大きくなる点が最適解である。このうち原点 $(0, 0)$

---

4)　厳密に言えば、最適解が存在する場合に、この主張が成り立つ。本書では触れないが、特殊なケースでは最適解が存在しない場合もある。

は明らかに最適解ではないので、それ以外の3つの頂点における利益をそれぞれ
求めると、次のようになる。

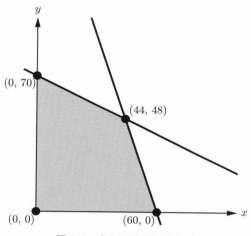

図6.7 実行可能領域の頂点

・点 $(0, 70)$ での利益 $= 600 \times 0 + 400 \times 70 = 28000$ 〔円〕

・点 $(44, 48)$ での利益 $= 600 \times 44 + 400 \times 48 = 45600$ 〔円〕

・点 $(60, 0)$ での利益 $= 600 \times 60 + 400 \times 0 = 36000$ 〔円〕

したがって、このうち利益が最大である点 $(44, 48)$ が最適解である。

3 | 最適解が複数ある場合

例6.1 の最適化問題における最適解は1つであったが、場合によっては最適
解は複数あることもある。

例6.3 例6.1 の状況から、各製品の利益単価が変わり、製品1単位あたりの
販売利益は、製品Xが300円、製品Yが600円になった。その他の条件は
例6.1 と変わらない。

例6.3 における目的関数を z とすると、

$$z = 300x + 600y \tag{6.18}$$

である。これを式変形すると、

$$y = -\frac{1}{2}x + \frac{z}{600} \tag{6.19}$$

となる。実行可能領域は図6.4と同じである。よって、図6.8のように、式(6.19)の目的関数の直線（図中で点線で示す）を、実行可能領域の点を含む範囲で最も原点から遠ざかる方向に移動させると、ちょうど実行可能領域の1つの辺を含む直線 $y = -(1/2)x + 70$ と重なる。したがって、図中に太線で示す、点$(0, 70)$ と点 $(44, 48)$ を結ぶ線分上の点（両端の点も含む）は全て最適解となる。これらのうちどの点 (x, y) を選んでも、そこでの利益は42000円で最大となる。なお、この場合でも、実行可能領域のいずれかの頂点が最適解になっていることは確認できる。

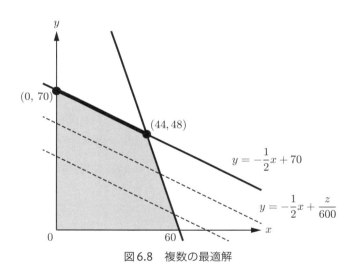

図6.8　複数の最適解

6.4 | ソルバーによる分析

変数が3つ以上の場合、実行可能領域を平面上に図示できないので、前節で述べた方法で最適解を求めることは困難である。しかし、実行可能領域の中で、目

的関数の値が最大または最小となる頂点を見つけることが最適解を求めることになるという考え方は同じである[5]。

一般に線形計画問題で最適解を求める手法として、**単体法**（simplex method、シンプレックス法ともいう）というアルゴリズムがよく用いられる。これは、実行可能領域のある頂点から出発して、目的関数の値を改善する別の頂点へ移動することを繰り返すことで、最適解を特定する計算の方法である。単体法の具体的な手順については、6.6節にて解説する。

本節では、このようなアルゴリズムによる計算を自動で行う**ソルバー**（solver）というツールを用いて、コンピュータで線形計画問題の最適解を求める方法を説明する。ソルバーには最適化問題を解く機能を有するものがあり、目的関数や制約条件を設定すると自動で最適解を算出する。数理最適化の実際の応用では、変数の数が非常に多い最適化問題を扱うこともあり、アルゴリズムを理解していたとしても、実用上はこうしたコンピュータを用いた計算が不可欠である。

ソルバーには、有償、無償のものを含めて様々なものがあるが、本書ではおそらく多くの読者にとって身近であろう Microsoft Excel（以下、Excelという）のソルバーを用いた方法を解説する[6]。これは、Excelがインストールされているコンピュータであれば使用することができる。以降、「ソルバー」とは、Excelのソルバーを指すことにする。

1 │ ソルバーの有効化

Excelでソルバーを初めて使用する際には、次の初期設定が必要である[7]（以降、Excelの画面上で選択対象や設定項目を角括弧 [ ] で示す）。

・Excelを起動し、［ファイル］から［オプション］を選択。

---

5) 変数が3つの場合は、実行可能領域は3次元空間内の立体として表せる。変数が4つ以上の場合、実行可能領域を図示することはできないが、数学的には頂点を考えることができる。

6) 以降の説明や図はWindows用のExcel 2021におけるものである。具体的な操作や画面はExcelのバージョンによって多少異なる可能性がある。

7) macOSの場合は、［ツール］から［Excelアドイン］を選択し、［Solver Add-in］にチェックして、［OK］をクリック。

・［アドイン］を選択し、最下部の［管理］欄で［Excelアドイン］を選択
した状態で、［設定］をクリック。

・［ソルバー アドイン］にチェックを入れて、［OK］をクリック。

図6.9のように、［データ］を選択した際に、右端に［ソルバー］が表示され
れば設定完了である。一度設定すれば、次回からこの操作を行う必要はない。

図6.9　ソルバーの有効化

2 ｜ 計算用シートの作成

　以下では、例6.2 の輸送計画問題を例に、ソルバーで最適解を求める方法を
説明する。この問題では変数が6つあるので、前節のグラフを用いた解法の適用
は困難である。そこで、ソルバーを用いて最適解を求めよう（例6.1 へのソルバー
の適用も次節で説明する）。

　まず、ソルバーで計算を行うためのExcelのシートを作成する。ここでは、図
6.10のように作成する。このシートの作成の仕方には決まりがあるわけではな
く、分析者が見やすいように作成すればよい。図6.10の上側の「輸送費用」の
表には、輸送費用の単価（表6.2）、および各倉庫の在庫量と各営業所の需要量（図
6.1）が記されている。下側の「変数」の表では、空欄になっている6つのセル
B9, C9, D9, B10, C10, D10が、各倉庫から各営業所への輸送量（単位：個）
を表し、それぞれ変数 $x_{11}, x_{12}, x_{13}, x_{21}, x_{22}, x_{23}$ に対応する。ソルバーの計
算を行う前は、これらは空欄としておく（何らかの値を入れておいてもよい）。

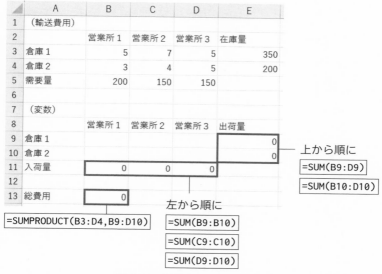

図6.10 計算用シートの作成

　図6.10の太線で囲ったセルには、それぞれ図中に示す式が入力されている。これらのセルの値は、変数の値に応じて変化する。「出荷量」を表すセルE9とE10では、各倉庫から出荷される製品の個数の合計を算出する。「入荷量」を表すセルB11, C11, D11では、各営業所に入荷される製品の個数の合計を算出する。また、「総費用」のセルB13では、目的関数である総輸送費用（式(6.4)）を算出する。総費用の計算に用いているSUMPRODUCT関数は、指定した同じ大きさの複数の範囲について各要素の積の合計を返すものである。

3　ソルバーによる最適化計算

　続いて、図6.9の右端の［ソルバー］をクリックしてソルバーを起動する。表示される設定画面において、図6.11のように設定する。各項目の内容は次のとおりである。

図6.11 ソルバーの設定

- [目的セルの設定]：目的関数のセルを指定する。ここでは総輸送費用を表すB13のセルを指定する[8]。
- [目標値]：目的関数の値をどのようにしたいのかを指定する。ここでは最小化が目的なので［最小値］を指定する。
- [変数セルの変更]：変数のセルを指定する。ここでは、B9, C9, D9, B10, C10, D10の6つのセル範囲を指定する。
- [制約条件の対象]：制約条件を指定する。これについては後述する。
- [制約のない変数を非負数にする]：変数の非負制約があるときにはチェックを入れる。
- [解決方法の選択]：最適化計算のアルゴリズムを選択する。線形計画問題

---

8) この画面でB13のセルを指定すると、図6.11のように「B13」と示される。Excelでは、これはセルB13を絶対参照していることを表す（他も同様）。

の場合には［シンプレックスLP］を指定する[9]。

　［制約条件の対象］について、ここでは各倉庫の在庫量の制約および各営業所
の需要量の制約を指定する。なお、変数の非負制約については、［制約のない変
数を非負数にする］にチェックを入れておけば、［制約条件の対象］への追加は
不要である。

　制約条件を追加するには、［制約条件の対象］の右側にある［追加］をクリック
し、図6.12の画面で具体的な条件を指定する。［セル参照］で制約を課すセルを
指定し、［制約条件］で制約の値もしくはそのセルを指定する。真ん中の［<=］
は不等号 $\leq$ を意味し、他にもいくつかの制約式の関係を選択することができる。
図6.12で入力している制約条件は、「セルE9の値がセルE3の値以下でなければ
ならない」ことを表す。これは、倉庫1の在庫量の制約（式(6.5)）である。こ
のように設定して［OK］をクリックすると、この制約条件が追加され、図6.11
の［制約条件の対象］の欄に表示される。

図6.12　制約条件の追加

　他の制約条件（式(6.6)～(6.9)）も同様に追加する。なお、図6.13のように、
複数セルの範囲を指定することで、条件をまとめて設定することもできる。この
場合、「セルE9, E10の値が、それぞれセルE3, E4の値以下でなければならない」
ことを表しており、各倉庫の在庫量の制約（式(6.5)および(6.6)）をまとめて指
定している。

---

9)　最適化問題の種類によって、適切なアルゴリズムを選択する。なお、「LP」は、線形
　計画の英語名linear programmingの略である。

図6.13　複数の制約条件をまとめて追加

　以上の一連の設定をして、図6.11の右下の［解決］をクリックすると、最適化計算が行われる。問題なく計算が完了すると、図6.14のように「ソルバーによって解が見つかりました」と表示される。

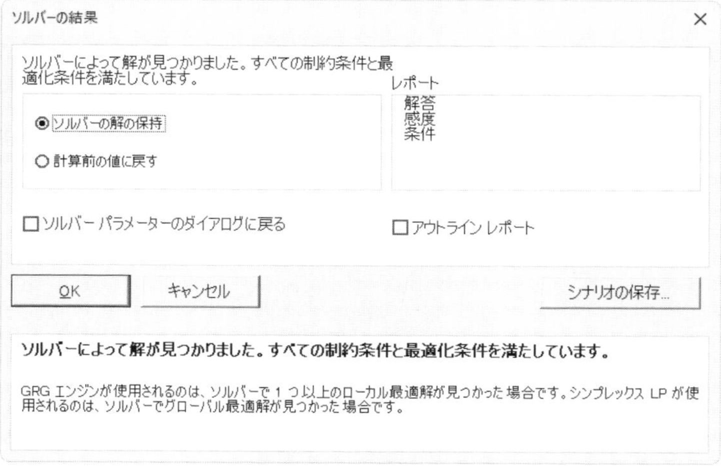

図6.14　計算完了

　このとき、元の計算用シートには、図6.15のとおり、各変数のセルに、最適解におけるその変数の値が表示されている（最適解が複数ある場合には、そのうち1つが表示される）。この輸送計画問題では、倉庫1からは営業所1に150個、営業所3に150個を輸送し、倉庫2からは営業所1に50個、営業所3に150個を輸送することが最適である。すなわち、制約の範囲では、このような輸送を行うときに総費用が最小となり、そのときの総費用はセルB13に記載されている2250（千円）である。この最適解が制約条件をいずれも満たしていることは容易に確認できる。

	A	B	C	D	E
1	(輸送費用)				
2		営業所1	営業所2	営業所3	在庫量
3	倉庫1	5	7	5	350
4	倉庫2	3	4	5	200
5	需要量	200	150	150	
6					
7	(変数)				
8		営業所1	営業所2	営業所3	出荷量
9	倉庫1	150	0	150	300
10	倉庫2	50	150	0	200
11	入荷量	200	150	150	
12					
13	総費用	2250			

図6.15 　例6.2 の最適解

6.5 感 度 分 析

　モデルのある要素を変化させたときに、分析結果にどのように影響するかを調べることを**感度分析**という（感度分析については、2.4節でも触れた）。数理最適化の応用では、目的関数や制約条件が変わると最適解がどのように変化するのか、あるいは変化しないのかを調べたいことがある。本節では、こうした感度分析の例を解説する。

1 目的関数を変化させた場合

　例6.1 の生産計画問題を再び考える。この問題の目的関数は $600x + 400y$ であった。これは、製品 X と Y の1単位あたりの利益がそれぞれ600円、400円であることによる。このとき、6.3節で求めたとおり、$(x, y) = (44, 48)$ が最適解である。

　もしもこれらの利益単価が変わると、最適解にどのように影響するだろうか。たとえば、材料の調達価格が変動しやすい場合、販売価格を一定とするなら、利益単価が不安定になる。もし利益単価が相当変動したとしても最適解が変わらないなら、$(x, y) = (44, 48)$ という生産計画を安心して採用することができる。

しかし、利益単価の少しの違いで最適解が変わるなら、この生産計画を採用することは不安を伴うかもしれない。感度分析により、この最適解がどの程度、目的関数の変化に対して安定なのかを調べることができる。

6.3節の図6.6に基づく考察から、目的関数の直線の傾きが $-1/2$ と -3 の間であれば、最適解は変わらず点P $(44, 48)$ であることがわかる。しかし、そうでなければ、点 $(0, 70)$ あるいは点 $(60, 0)$ が最適解となる。

たとえば、仮に製品Xの利益単価が100円になったとする。その他の条件は変わらないとする。このとき、目的関数は

$$z = 100x + 400y \tag{6.20}$$

となり、これを式変形すると、

$$y = -\frac{1}{4}x + \frac{z}{400} \tag{6.21}$$

となる。実行可能領域は変わらないので、目的関数の直線（式 (6.21)）を、実行可能領域の点を含む範囲で最も原点から遠ざかるようにすると、図6.16のようになる。したがって、この場合の最適解は点Pではなく、目的関数の直線と縦軸との交点 $(0, 70)$ である。

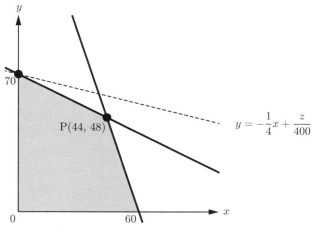

図6.16　製品Xの利益単価が100円になったときの最適解

目的関数の直線の傾きの絶対値は［製品Xの利益単位］÷［製品Yの利益単位］である。この値が 1/2 以上3以下であれば、最適解は元の状況と変わらず $(x, y) = (44, 48)$ である。よって、もし利益単価を正確に把握できなくても、2つの製品の利益単価の比がこの範囲にあることさえ予想できれば、この最適解を採用すればよい。たとえば、仮に他の条件は同じで製品Xの利益単価のみ変化し得るとしたら、この条件を満たすのは、製品Xの利益単価が（ $400 \times 1/2 =$ ）200円から（ $400 \times 3 =$ ）1200円の間であるときである。

2 制約条件を変化させた場合

次に、同じく 例6.1 の問題で、制約条件が変化する場合の最適解への影響を検討する。ここでの制約は、材料AとBの1日の使用可能量の上限であった。最適解 $(x, y) = (44, 48)$ において、これらの材料の使用量は、表6.1より次のように計算できる。

材料A： $2 \times 44 + 4 \times 48 = 280$ 〔単位〕
材料B： $3 \times 44 + 1 \times 48 = 180$ 〔単位〕

したがって、どちらの材料も、使用可能量の上限いっぱいまで使用している。なお、このことは図6.6からもわかる。最適解の点Pが直線 $y = -(1/2)x + 70$ 上にあるということは、この点においては、材料Aの制約条件を表す式(6.1)の不等式において等号が成立し、材料Aを上限である280単位使用していることを意味する。材料Bの制約についても同様である。

このことから、もしこれらの制約を緩和し、材料AとBをより多く使用できるようになれば、より多くの製品を生産できて、利益も増えることが期待される。しかし一方で、このように材料の使用可能量を現状より増やすことには、別の費用が必要になるかもしれない。たとえば、これらの材料を自社で生産しており、追加の生産にはそのための設備投資が必要になる場合等である。このようなとき、感度分析を行うことで、各材料の使用可能量を増やすことがどれだけ製品Xとyの販売利益の改善につながるかを調べることができ、そのような設備投資を検討する際の判断材料とすることができる。

以下では、材料Aの使用可能量を増やしたときの最適解への影響について検討しよう。いま仮に、材料Aの1日あたり使用可能量が120単位増えて、400単

位になったとする。他の条件は変わらないとする。このとき、材料Aの使用可能量の制約条件は、

$$2x + 4y \leq 400 \tag{6.22}$$

となり、式変形すると、

$$y \leq -\frac{1}{2}x + 100 \tag{6.23}$$

となる。このときの実行可能領域は図6.17のようになり、元の状況（図6.4）に比べて上方に拡大している。

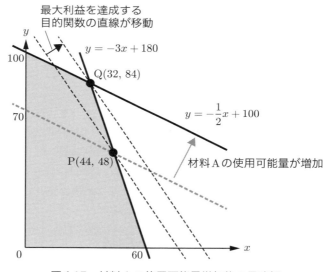

図6.17　材料Aの使用可能量増加後の最適解

　その結果、制約の範囲で利益が最大となる場合の目的関数の直線も図のように変化して、最適解は、2直線 $y = -3x + 180$ および $y = -(1/2)x + 100$ の交点Q $(32, 84)$ となる。点Qにおける目的関数の値、すなわち利益は、

$$600 \times 32 + 400 \times 84 = 52800 \text{〔円〕} \tag{6.24}$$

である。これは、元の状況での最適解であった点P (44, 48) における利益
45600円よりも大きい。点Pよりも点Qの方が利益が大きいことは、目的関数
の直線が、点Pを通る場合よりも点Qを通る場合の方が原点から離れているこ
とからもわかる。

材料Aの使用可能量をこれよりもさらに増やすと、最適解における利益はさ
らに増える。図6.18は、材料Aの1日あたり使用可能量が720単位の場合の実
行可能領域を示す。このとき、材料Aの使用可能量の制約条件は、

$$y \leq -\frac{1}{2}x + 180 \tag{6.25}$$

となる。最適解は、直線 $y = -(1/2)x + 180$ と縦軸との交点R $(0, 180)$ である。
点Rにおける利益は、

$$600 \times 0 + 400 \times 180 = 72000 \ \text{〔円〕} \tag{6.26}$$

となる。

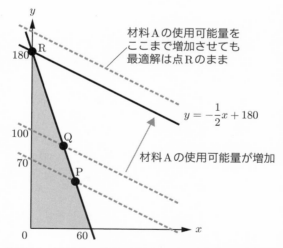

図6.18　材料Aの使用可能量増加による最適解の移動

ここで、材料Aの1日あたり使用可能量をこれより増やしても、実行可能領域
は変化しない。したがって、最適解は点Rで変わらず、利益も72000円のまま

である。このときには、材料Bについての制約のみで実行可能領域が決まるので、もしさらに利益を大きくしたいのであれば、材料Bの制約を緩和しなければならない。

　元の状況の最適解である点Pから点Rへの変化を考えると、材料Aの1日あたり使用可能量が $720 - 280 = 440$〔単位〕増えたことで、最適解における利益が $72000 - 45600 = 26400$〔円〕増えたことになる。したがって、材料Aの使用可能量が1単位増えるごとに、最適解における利益が $26400 \div 440 = 60$〔円〕増える[10]。

　このように、他の条件は変わらないままで、制約となっているある値を1単位増やしたときの最適解における目的関数の値の増加分を、**限界価格**（marginal price）あるいは**潜在価格**（shadow price）という[11]。上の分析から、点Pにおける材料Aの限界価格は60円である。これは、**点Pにおいて、材料Aの1日あたり使用可能量を1単位増やすことの価値**として解釈できる。そのための費用（1日あたりに換算して）が60円以下であれば、費用を支払って使用可能量を1単位増やす方が良い。しかし、そうでなければ、それだけの費用を支払う価値はない。限界価格は言い換えると、制約を1単位緩和するのに支払ってもよい費用の上限である。

　上の考察より、最適解が点Pから点Rに移る途中、材料Aの限界価格は60円で一定である。一方、点Rにおいては、それ以上材料Aの制約を緩和しても利益は増えないため、材料Aの限界価格は0円となる。

3 ｜ ソルバーによる感度分析

　以上のような感度分析の結果は、ソルバーを用いても把握することができる。
　まず、前節と同様に、ソルバーを用いて 例6.1 の最適化問題の最適解を求める。

---

10)　このように主張するには、この変化の範囲で、材料Aの使用可能量の増加に比例して最適解における利益が増えることを示す必要があるが、これは成り立つ（証明は省略するが、目的関数や制約条件を表すグラフが直線であることから簡単に示すことができる）。

11)　「限界」という用語の意味は、経済学におけるものと同様である。経済学では、たとえば、企業がある財の生産量を1単位増やすときに追加で必要となる費用を限界費用という。

計算用のExcelのシートを、図6.19のように作成する。変数セルはB6とC6で、それぞれ製品Xの生産量 x および製品Yの生産量 y であり、初めは空欄としておく。太線で囲ったセルには、それぞれ図中に示す式が入力されている。「使用量」を表すセルE2とE3では、変数の値に応じて、各材料の使用量を算出する。また、「利益」のセルB8では、目的関数である利益を算出する。

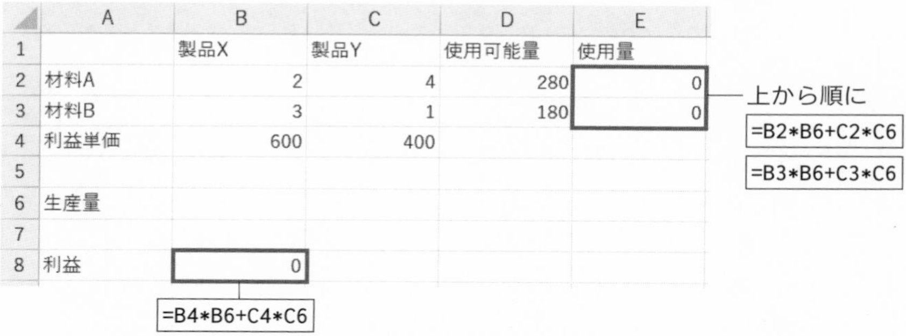

	A	B	C	D	E
1		製品X	製品Y	使用可能量	使用量
2	材料A	2	4	280	0
3	材料B	3	1	180	0
4	利益単価	600	400		
5					
6	生産量				
7					
8	利益	0			

上から順に
=B2*B6+C2*C6
=B3*B6+C3*C6

=B4*B6+C4*C6

図6.19　計算用シートの作成

　ソルバーでは、図6.20のように設定を行う。制約条件として、各材料の使用量が使用可能量以下でなければならないこと（式(6.1)および式(6.2)）を指定している。この場合、E2およびE3のセルの値が、それぞれD2およびD3のセルの値以下でなければならない。

　最適化計算が完了すると、図6.14の表示が出るが、ここで右側の［レポート］欄の［感度］をクリックして選択した状態で［OK］をクリックすると、計算用のシートとは別に、図6.21のような「感度レポート」というシートが自動で作成される。

図6.20 ソルバーの設定

変数セル

セル	名前	最終値	限界コスト	目的セル係数	許容範囲内増加	許容範囲内減少
B6	生産量 製品X	44	0	600	600	400
C6	生産量 製品Y	48	0	400	800	200

制約条件

セル	名前	最終値	潜在価格	制約条件右辺	許容範囲内増加	許容範囲内減少
E2	材料A 使用量	280	60	280	440	160
E3	材料B 使用量	180	160	180	240	110

図6.21 感度レポート

　図6.21の上の「変数セル」の表の各行は、それぞれの変数の情報を示しており、「生産量 製品X」が x 、「生産量 製品Y」が y に対応する。各項目の内容は次のとおりである。

- ・「最終値」：最適解におけるその変数の値。6.3節で求めた最適解と一致している。
- ・「限界コスト」：その変数が最適解において0となる場合、その変数を1増やすことにしたときの目的関数の減少分[12]。ここではいずれの変数も該当しないので0となっている。
- ・「目的セル係数」：目的関数におけるその変数の係数。ここでは各製品の利益単価。
- ・「許容範囲内増加」および「許容範囲内減少」：その変数の係数だけを変化させるとき、増減の幅をこの範囲内で変化させても最適解が変わらないことを示す。

　目的関数における x の係数、すなわち製品Xの利益単価だけを変化させるとして、それが（ $600 - 400 =$ ）200円から（ $600 + 600 =$ ）1200円の間であれば最適解は変わらないことが、この表から読み取れる。同様に、製品Yの利益単価についても、200〜1200円の範囲で変化したとしても、（他の条件が不変なら）最適解は変わらないことがわかる。

　次に、図6.21の下の「制約条件」の表の各行は、この最適化問題で制約が課せられている各材料の使用量に関する情報を示している。各項目の内容は次のとおりである。

- ・「最終値」：ソルバーで求めた最適解におけるその材料の使用量。
- ・「潜在価格」：最適解におけるその材料の限界価格（潜在価格）。
- ・「制約条件右辺」：その材料の使用可能量の上限。
- ・「許容範囲内増加」および「許容範囲内減少」：その材料の使用可能量だけを変化させるとき、増減の幅をこの範囲内で変化させても、最適解におけるその材料の限界価格は変わらないことを示す。

12）　被約費用（reduced cost）とも呼ばれる。生産計画の文脈では、全く生産しないことが最適である製品を1単位生産することにした場合の利益の減少分と解釈される。

この例では、いずれの材料についても、「最終値」が「制約条件右辺」と等しいことから、最適解においては、上限いっぱいまで使用されていることがわかる。なお、一般にはそうなるとは限らない。

材料Aの1日あたり使用可能量だけを変化させるとして、それが（ $280 - 160 =$ ） 120 単位から（ $280 + 440 =$ ） 720 単位の間であれば、最適解における材料Aの限界価格は 60 のままであることが、この表から読み取れる。材料Bについても同様に限界価格に関する情報が把握できる。

6.6 数学的補足

1 最適化問題

いくつかの変数 $x_1, x_2, \ldots$ と、それらの値によって決まる目的関数 $f(x_1, x_2, \ldots)$ があるとする。目的関数の値は実数値とする。変数に関する制約条件を満たす範囲で、目的関数の値を最大化または最小化する各変数の値を求める問題を最適化問題という。

各変数の値の組み合わせを、**解**（solution）と呼ぶ。たとえば2変数の場合、 x_1 を横軸、 x_2 を縦軸とした平面上の点の一つ一つが解である。これらのうち、制約条件を全て満たす解は**実行可能解**（feasible solution）と呼ばれる。実行可能解を全て集めたものが実行可能領域である。実行可能領域の中で目的関数を最大化または最小化する解が、最適解である[13]。

2 線形計画問題

n 個の変数 $x_1, \ldots, x_n$ およびそれらに関する（非負制約を除いて） m 個の制約条件からなる線形計画問題は、一般に次のように定式化できる。

---

13) 他の分野、あるいは日常用語では、「解」と言えば問題に対する答えを意味することも多いが、数理最適化の分野では、このように「解」は各変数の値の組み合わせを指し、「点」と同義である。「解」というとき、それが最適解とは限らないことに注意されたい。

$$最大化 \quad c_1 x_1 + c_2 x_2 + \cdots + c_n x_n$$

$$制約条件 \quad \begin{cases} a_{11} x_1 + a_{12} x_2 + \cdots + a_{1n} x_n \leq b_1 \\ a_{21} x_1 + a_{22} x_2 + \cdots + a_{2n} x_n \leq b_2 \\ \cdots \\ a_{m1} x_1 + a_{m2} x_2 + \cdots + a_{mn} x_n \leq b_m \\ x_1, x_2, \ldots, x_n \geq 0 \end{cases} \quad (6.27)$$

$c_1, \ldots, c_n$ は、それぞれ目的関数における変数 $x_1, \ldots, x_n$ の係数である。a_{ij} は、i 番目の制約条件の式における変数 x_j の係数である。$b_1, \ldots, b_m$ は、それぞれある実数である。

不等号の向きも含めてこのような形の最適化問題を、線形計画問題の**標準形** (standard form) という[14]。どのような線形計画問題も、適当な操作により、式 (6.27) の形で表すことができる。例6.1 の最適化問題（式 (6.3)）は、すでに標準形になっている。例6.2 の最適化問題（式 (6.10)）については、(1) 目的関数全体に -1 を掛けた式を新たな目的関数にしてその最大化を目的とし、(2) 不等号の向きが標準形と逆である制約条件の式は両辺に -1 を掛けることで、元の問題と実質的に同じ標準形の最適化問題を得る。

3 │ 単 体 法

単体法（シンプレックス法）は、線形計画問題の最適解を求める計算の手順（アルゴリズム）である。6.4 節で述べたソルバーは、この計算を自動で行うものである。

---

[14] 後述の式 (6.28) のように、非負制約以外の制約条件が全て等式である形を標準形と呼ぶこともある。

以下では、例6.1 の生産計画の最適化問題（式(6.3)）に単体法を適用して最適解を求める流れを述べる。これをもとに、その背景にある考え方にも簡単に触れる。単体法の一般的な手順や最適解が得られる原理の厳密な説明については、章末の文献ガイドにあるより専門的な文献を参照されたい。

初めに準備として、非負制約を除く制約条件がいずれも等式で表されるように、元の最適化問題（式(6.3)）を書き換える。具体的には、新たな変数 s_a と s_b を導入して、次のような最適化問題とする。

$$\text{最大化} \quad 600x + 400y$$

$$\text{制約条件} \quad \begin{cases} 2x + 4y + s_a = 280 \\ 3x + y + s_b = 180 \\ x, y, s_a, s_b \geq 0 \end{cases} \tag{6.28}$$

s_a と s_b は、それぞれ元の制約条件の不等式の右辺と左辺の差、すなわち $s_a = 280 - (2x + 4y)$ および $s_b = 180 - (3x + y)$ である。これらは**スラック変数**（slack variable）と呼ばれ、それぞれ元の制約条件における「余裕」を表す。たとえば、式(6.28)の1つ目の制約条件について、$2x + 4y = 200$ のとき、$s_a = 80$ となる。これは、製品XとYの生産のため材料Aを200単位使用したとき、上限の280単位までは80単位の余裕があることを意味する。スラック変数にも非負制約を課す。もしスラック変数が負になると、x と y が元の制約条件を満たさず、材料を上限よりも多く使用することになってしまうためである。

単体法では、式(6.28)の最適化問題における4つの変数 x, y, s_a, s_b の値を、以下の手順に従って更新していく。これは、同じルールを繰り返し適用する反復計算を行い、やがて最適解に到達するというものである。式(6.3)と式(6.28)は実質的に同じなので、そこで求めた最適解が、元の式(6.3)の問題の最適解となる。

■**ステップ1**　式(6.28)より、$x = y = 0$ とすると、$s_a = 280$ および $s_b = 180$ となる。これらの値の組み合わせ

$$(x, y, s_a, s_b) = (0, 0, 280, 180) \tag{6.29}$$

は、明らかに実行可能解の1つであるが、これを初期値として単体法の計算を始める。このとき目的関数の値は0である。

　また、式(6.28)の目的関数、および非負制約以外の制約条件を次のように並べる。目的関数を z とし（式(6.15)と同じ）、またそれぞれの制約条件について、スラック変数のみを左辺に残すよう式変形した。

$$z = 600x + 400y$$
$$s_a = -2x - 4y + 280 \qquad (6.30)$$
$$s_b = -3x - y + 180$$

■**ステップ2**　式(6.30)の目的関数 z における変数 x と y の係数はいずれも正なので、x または y の値を増やせば、z の値を改善する（増加させる）ことができる。ここでは、x か y のどちらか一方の値のみをできるだけ大きくすることを考える。たとえば、$y = 0$ としたまま、x を制約の範囲でできるだけ大きくしてみよう。$y = 0$ のとき、式(6.30)より、

$$s_a = -2x + 280$$
$$s_b = -3x + 180 \qquad (6.31)$$

となる。したがって、s_a と s_b の非負制約のもとで x が最大になるのは、$x = 60$ のときである（$x > 60$ だと s_b が負になるため）。そこで、$y = 0$，$x = 60$ として、式(6.30)も満たすように各変数の値を更新すると、

$$(x, y, s_a, s_b) = (60, 0, 160, 0) \qquad (6.32)$$

となる。このとき、$z = 36000$ である。

　更新前の各変数の値（式(6.29)）と比べると、x が0から正に、逆に s_b が正から0になっている。このとき、式(6.30)における x と s_b の位置付けを入れ替えるように、次のような操作を行う。まず、x と s_b との関係式である、式(6.30)の3行目の式について、x だけが左辺に来るように、次のように式を変形する。

$$x = -\frac{1}{3}y - \frac{1}{3}s_b + 60 \qquad (6.33)$$

次に、これを式 (6.30) の1行目と2行目の式にそれぞれ代入して x を消去すると、式 (6.30) は次のように変形できる。

$$z = 200y - 200s_b + 36000$$

$$s_a = -\frac{10}{3}y + \frac{2}{3}s_b + 160 \tag{6.34}$$

$$x = -\frac{1}{3}y - \frac{1}{3}s_b + 60$$

■**ステップ3** 式 (6.34) をもとに、再び目的関数 z の値を改善することを考える。いま、ステップ2で更新された各変数の値（式 (6.32)）より、式 (6.34) の目的関数に含まれる変数 y と s_b はともに 0 である。目的関数における s_b の係数は負なので、 s_b を増やしても z は大きくならない。一方、 y の係数は正なので、y を増やせば z の値を改善できる。そこで今度は、 $s_b = 0$ としたまま、 y を制約の範囲でできるだけ大きくする。 $s_b = 0$ のとき、式 (6.34) より、

$$s_a = -\frac{10}{3}y + 160$$

$$x = -\frac{1}{3}y + 60 \tag{6.35}$$

となる。したがって、 s_a と x の非負制約のもとで y が最大になるのは、$y = 48$ のときである（ $y > 48$ だと s_a が負になるため）。そこで、 $s_b = 0$ ，$y = 48$ として、式 (6.34) も満たすように各変数の値を更新すると、

$$(x, y, s_a, s_b) = (44, 48, 0, 0) \tag{6.36}$$

となる。このとき、 $z = 45600$ である。

　さらに、ステップ2と同様に、今回の更新で0から正になった y と、逆に正から0になった s_a の位置付けを入れ替えるよう、式 (6.34) を次のように変形する。まず、 y と s_a との関係式である、式 (6.34) の2行目の式を変形して、

$$y = -\frac{3}{10}s_a + \frac{1}{5}s_b + 48 \tag{6.37}$$

となる。これを式 (6.34) の1行目と3行目の式にそれぞれ代入して y を消去する

と、式(6.34)は次のように変形できる。

$$z = -60s_a - 160s_b + 45600$$

$$y = -\frac{3}{10}s_a + \frac{1}{5}s_b + 48 \tag{6.38}$$

$$x = \frac{1}{10}s_a - \frac{2}{5}s_b + 44$$

■計算の終了　いま、ステップ3で更新された各変数の値（式(6.36)）より、式(6.38)の目的関数 z に含まれる変数 s_a と s_b はともに0である。これらの係数はいずれも負なので、 s_a あるいは s_b を増やしても、これより目的関数の値が改善されることはない。

単体法の計算はここで終了する。式(6.28)の最適化問題の最適解は、この時点での変数の値、すなわち式(6.36)の $(x, y, s_a, s_b) = (44, 48, 0, 0)$ である。このうちスラック変数を除いた $(x, y) = (44, 48)$ が、元の式(6.3)の最適化問題の最適解である。これが最適解であることは、6.3節で確認したとおりである。また、このとき $z = 45600$ である。

以上の計算過程を振り返ると、変数の値は、式(6.29)、式(6.32)、式(6.36)と、各ステップで次のように更新された。

$(x, y, s_a, s_b) = (0, 0, 280, 180)$ （このとき、$z = 0$）
↓
$(x, y, s_a, s_b) = (60, 0, 160, 0)$ （このとき、$z = 36000$）
↓
$(x, y, s_a, s_b) = (44, 48, 0, 0)$ （このとき、$z = 45600$）

これを実行可能領域上でたどると、図6.22のようになる。単体法はこのように、ステップごとに目的関数の値を改善しつつ実行可能領域の隣接する頂点への移動を繰り返して、最終的に最適解に到達するアルゴリズムである。

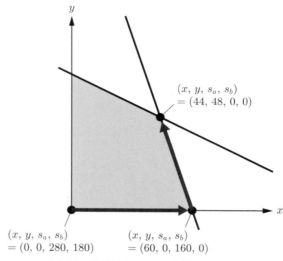

図6.22　単体法における変数の値の更新

　6.3節で、実行可能領域の各頂点での目的関数の値を調べて、それが最大になる点を求めることでも最適解が得られると述べた。　例6.1　のように変数が2つしかない場合、これはそれほど難しくない。しかし、一般には変数が増えるにしたがって、実行可能領域の頂点の数は急激に増えていくので、そのように全ての頂点で目的関数の値を計算することは現実的ではなくなってくる。そのような場合でも、単体法を用いると、効率的に最適解を求めることができる。

　上の単体法の手順では、ステップごとに、目的関数と制約条件の表し方を、式(6.30)、式(6.34)、式(6.38)と変形した。これらの式は、**辞書**（dictionary）と呼ばれる。単体法ではこのように辞書を更新する作業も含まれる。各ステップで得た辞書には、次の特徴がある。

　（1）　目的関数に含まれる変数はいずれもその時点で0である
　（2）　各制約条件の等式の左辺にはその時点で0でない変数、右辺には0の変数のみがある

　各辞書において、制約条件の等式で左辺に現れる0でない変数を**基底変数**（basic variable）、右辺に現れる0の変数を**非基底変数**（nonbasic variable）という。

たとえば、最初の式(6.30)の辞書では、 s_a と s_b が基底変数、 x と y が非基底変数である。

単体法では、ステップごとに基底変数と非基底変数を1つずつ入れ替えている。たとえば、ステップ2では、非基底変数であった x を基底変数とする代わりに、基底変数であった s_b を非基底変数とした。このような操作によって、図6.22で見た実行可能領域の隣接する頂点への移動が実現する。このとき、必ず目的関数の値が改善されるように、入れ替える変数を選ぶ。

最適解に到達した際の辞書である式(6.38)の目的関数において、 s_a の係数は -60 であった。上で見たように、最適解においては $s_a = 0$ であり、これは材料Aを上限まで使い切っていることを表す。 s_a の係数が -60 であることは、ここで s_a を1大きくする、つまり材料Aを1単位余らせるようにすると、目的関数の値が60減少することを意味する。逆に言えば、材料Aを追加で1単位使用できるなら、目的関数の値を60大きくできる。これは、最適解における材料Aの限界価格が60円であることを示唆している。

材料Bについても同様で、式(6.38)の目的関数における s_b の係数 -160 の符号を反転した160（円）が、最適解における材料Bの限界価格である。これらの限界価格の値は、6.5節で確認した値（図6.21の感度レポートに記載）と一致している。このように、最適解に到達した際の辞書の目的関数におけるスラック変数の係数は、その制約条件に関する限界価格の情報を持つ。

［演習問題］

6.1 6.2節の $\boxed{例6.1}$ （生産計画）を再び考える。いま、人員や設備の都合で、製品XとYを合わせて1日に a 〔単位〕までしか生産できないとする。その他の条件は全て $\boxed{例6.1}$ と同じとする。

    (a) $a = 80$ の場合の最適解を、グラフによる解法で求めよ。
    (b) $a = 100$ の場合の最適解を、グラフによる解法で求めよ。

6.2 x と y が変数である次の最適化問題の最適解を、グラフによる解法で求めよ。

$$最小化 \quad 8x + 12y$$

$$制約条件 \quad \begin{cases} 5x + 3y \geq 36 \\ x + 2y \geq 14 \\ x + y \geq 10 \\ x, y \geq 0 \end{cases}$$

6.3 ある会社で、3人の従業員A, B, Cに、3つの仕事1, 2, 3をどのように割り当てるかを決める。表6.3は、ある従業員がある仕事を1人で行う場合に、その仕事の完了に要する時間を表にしたものである。たとえば、従業員Aが1人で仕事1を行う場合、その完了に6時間かかる。言い換えれば、従業員Aが仕事1に1時間取り組むと、仕事1の1/6を終えられる。このように、進捗は常に時間に比例するとする。各仕事は、分割して割り当ててもよい。たとえば、ある仕事を従業員BとCが4時間ずつ行う、といった割り当てもできる。全ての仕事を完了させる前提で、3人の従業員の仕事時間の合計が最小になるようにするには、誰がどの仕事を何時間行うようにすればよいか。ただし、各従業員が仕事をできる時間は、最大で8時間であるとする。

表6.3　仕事完了に要する時間

	仕事1	仕事2	仕事3
従業員A	6	6	6
従業員B	11	8	9
従業員C	10	8	11

(a) 従業員 i （i はA, B, Cのどれか）が仕事 j （j は1, 2, 3のどれか）を行う時間を x_{ij}〔時間〕として（たとえば、従業員Aは仕事2を x_{A2}〔時間〕行う）、最適化問題として定式化せよ。

(b) ソルバーを用いて最適解を求めよ。

文献ガイド

数理最適化の文献は、分野の特性から高度な数学を扱うものが多いが、次の文献は比較的易しく、高校数学までの知識でも十分読める。いずれも、Excelのソルバーの解説もある。

・高井・真鍋（2000）『問題解決のためのオペレーションズ・リサーチ入門 － Excelの活用と実務的例題』，日本評論社
・宮川・野々山・佐藤（2009）『入門経営科学―Excelによる演習』，実教出版
・坂和・矢野・西崎（2010）『わかりやすい数理計画法』，森北出版

より専門的に数理最適化の理論やアルゴリズムを学ぶには、次のような文献がある。いずれも、本書で扱った線形計画問題以外にも様々な最適化問題を扱っている。

・福島（2011）『新版　数理計画入門』，朝倉書店
・久野・繁野・後藤（2012）『IT Text 数理最適化』，オーム社
・北村（2015）『数理計画法による最適化：実際の問題に活かすための考え方と手法』，森北出版
・梅谷（2020）『しっかり学ぶ数理最適化　モデルからアルゴリズムまで』，講談社

また、コンピュータ（Python）を用いた最適化計算の解説書として、次の文献がある。

・久保・並木（2018）『Pythonによる数理最適化入門』，朝倉書店
・岩永・石原・西村・田中（2021）『Pythonではじめる数理最適化：ケーススタディでモデリングのスキルを身につけよう』，オーム社

前章まで、合理的な意思決定者を想定した分析、あるいは合理的に意思決定を行うための手法や考え方について議論してきた。

最終章である本章では、意思決定における合理性に関する2つの話題に触れる。7.1節では、第2章および第3章で見た、期待利得の最大化を合理的と見なすことの前提について再検討する。ここでは、リスク下の意思決定における期待効用の考え方について説明する。7.2節では、実際の意思決定においてしばしば観察される心理的効果によるバイアスについて議論する。

7.1 期待効用とリスク

1 サンクトペテルブルクのパラドックス

第2章にて、リスク下の意思決定の分析では通常、期待利得の最大化を目指すことを合理的と見なすことを述べた。この考え方は、第3章で扱ったゲーム理論でも、混合戦略ナッシュ均衡の計算などで応用された。

これらの章の分析例では、簡単のため、利益などの金額をそのまま利得と見なした（2.2節参照）。この想定のもとでは、期待利得の最大化は、金額の期待値の最大化と同じであった。しかし、仮に得られる金額のみに関心があるとしても、その期待値を最大化する選択肢を選ぶことが望ましいと言い切れない場合もある。次の例を考えよう。

例7.1 表か裏が$1/2$ずつの確率で出るコインが、表が出るまで何度でも繰り返し投げられる。表が初めて出たとき終了する。初めて表が出たのが n 回目であるとき、2^n 円の賞金を得る。このゲームに参加するのにいくらまでなら支払うか。

例7.1 は、18世紀の数学者ベルヌーイ（Daniel Bernoulli）が議論した**サンクトペテルブルクのパラドックス**（St. Petersburg paradox）と呼ばれる問題

である[1]。このゲームでは、たとえば1回目に表が出れば、そこで2円を得て終了する。4回続けて裏が出て、5回目に初めて表が出れば、$2^5 = 32$ 円を得る。このゲームに参加するには参加費を支払う必要があるとして、それがいくらまでなら支払ってでも参加すべきだろうか、という問題である。

　もし得られる金額の期待値を最大化したいなら、このゲームに参加した場合の賞金の期待値を求めて、参加費がそれ以下であれば参加することにすればよい。そこで、賞金の期待値を求めてみよう。ゲームの賞金とその確率は、次のようになる。

- ・確率$1/2$で1回目に表が出る。そのとき賞金は2円。
- ・確率 $1/2 \times 1/2 = 1/4$ （1回目は裏で2回目は表の確率）で2回目に初めて表が出る。そのとき賞金は $2^2 = 4$ 円。
- ・確率 $1/2 \times 1/2 \times 1/2 = 1/8$ （1回目と2回目は裏で3回目は表の確率）で3回目に初めて表が出る。そのとき賞金は $2^3 = 8$ 円。
- ・……
- ・確率 $1/2^n$ （ $n-1$ 回目までは全て裏で n 回目は表の確率）で n 回目に初めて表が出る。そのとき賞金は 2^n 円。

したがって賞金の期待値は、

$$2 \times \frac{1}{2} + 4 \times \frac{1}{4} + 8 \times \frac{1}{8} + \cdots = 1 + 1 + 1 + \cdots = \infty \text{〔円〕} \quad (7.1)$$

となる。よって、もし得られる金額の期待値を最大化したいなら、参加費がいくらであってもこのゲームに参加すべきという結論になる。

　しかし、仮にこのゲームの参加費が100万円であったとして、それを支払ってでも参加したいと考える読者はおそらくいないだろう。筆者がこの問題を授業で受講生に尋ねてみると、参加費として支払ってよい金額として、ほとんどの人は数円か、多くても数十円程度と答える。このように、ゲームの賞金の期待値と、ゲームに参加することの直観的な評価額が著しく乖離していることから、「パラドッ

---

1)　当時ロシアのサンクトペテルブルクに滞在していたベルヌーイが、そこでこの問題を扱った論文を発表したことが名前の由来だと言われる。

クス」と呼ばれる[2]。

2 期 待 効 用

　サンクトペテルブルクのパラドックスの例から、人は必ずしも金額の期待値を最大化するよう意思決定するのではなく、またそれを望ましいと考えるわけでもないことは明らかである。このことから、ベルヌーイは、人は金額の期待値を最大化するのではなく、ある金額を得ることの主観的な価値である「効用」の期待値、すなわち**期待効用**（expected utility）を最大化するよう意思決定するのではないかと考えた。

　第3章でゲーム理論の創始者として紹介したフォン・ノイマンとモルゲンシュテルンは、この考え方を発展させて、**期待効用理論**（expected utility theory）を確立した。この理論によれば、およそ合理的な意思決定者であれば満たすであろういくつかの条件のもとでは、リスク下の意思決定でなされる選択は、期待効用の最大化で説明できる。また規範的な観点からも、合理的であれば、期待効用を最大化するよう意思決定すべきであることが示唆される[3]。

　これに基づき、リスク下の意思決定の分析では通常、**意思決定者は、起こり得る結果の一つ一つについて、その望ましさの指標である効用の値を割り振っており、そのうえで、効用の期待値が最大となる選択肢を選ぶ**と仮定する。このような仮定を、**期待効用仮説**（expected utility hypothesis）という。これは、効用を利得とすれば、2.4節で述べた期待利得最大化基準そのものである。第2章

---

2) もしゲームの主催者が支払える賞金に上限があると想定すると、支払ってよい参加費はより現実的な値になり得る。たとえば、賞金の上限が1億円であるとする。$2^{26} < 1$億 $< 2^{27}$ より、26回連続で裏が出た場合には、ゲームを打ち切り、賞金は1億円であるとする。このとき、賞金の期待値は、

$$2 \times (1/2) + 4 \times (1/4) + \cdots + 2^{26} \times (1/2^{26}) + 1\text{億} \times (1/2^{26}) \approx 27.5 \text{〔円〕}$$

となる。サンクトペテルブルクのパラドックスは、思考実験として、賞金の上限を考慮しない場合について述べている。

3) 「規範的」の意味については1.8節参照。ここでの「合理的」とは、フォン・ノイマンとモルゲンシュテルンの期待効用理論において導入された、「およそ合理的な意思決定者であれば満たすであろういくつかの条件」（数学的には公理という）を満たすことを意味する。その詳細については、章末の文献ガイドに挙げる文献を参照されたい。

および第3章のいくつかの分析で、期待利得の最大化を合理的と見なしたことには、このような理論的背景がある。

　ただし、これらの章では簡単のため金額をそのまま利得としたが、一般には、効用は主観的なものであり、意思決定者によって異なり得る。意思決定者は各自の期待効用を最大化すると考えれば、様々な意思決定を説明することができる。次の例を考えよう。

> 例7.2　　次の2つの状況のうち、どちらかを選ぶ。
>
> 　状況A：確実に2000円をもらえる。
> 　状況B：確率0.5で3000円、確率0.5で1000円をもらえる。

　状況AとBでは、得られる金額の期待値はどちらも2000円で同じである。したがって、もし金額の期待値を最大化したいなら、2つの状況は同程度に望ましい、つまり**無差別**（indifferent）となるはずである。しかし、「例7.2では、どちらの状況が良いか？」という質問を、「Aの方が良い」「Bの方が良い」「どちらも同じ」の3択で、筆者の授業で受講生に尋ねてみると、「どちらも同じ」と答える人もいるが、少なくない人が「Aの方が良い」と答える。また、それよりは少ない傾向にあるが、「Bの方が良い」と答える人もいる。

　期待効用仮説に従えば、これらの選択の違いは以下のように説明できる。ある意思決定者にとって、x〔円〕を確実に得ることの効用を $u(x)$ と表すことにする。$u(x)$ は実数で、値が大きいほど望ましいことを表す。状況AとBのそれぞれでの期待効用を $U(\text{A})$ および $U(\text{B})$ と表すと、次のようになる（小文字の u はある金額を確実に得るときの効用、大文字の U は期待効用を表す）。

$$U(\text{A}) = u(2000) \times 1$$
$$U(\text{B}) = u(3000) \times 0.5 + u(1000) \times 0.5 \tag{7.2}$$

　期待効用の最大化を行う意思決定者は、「例7.2では、どちらの状況が良いか？」という問いに対しては、$U(\text{A})$ と $U(\text{B})$ の大小によって、次のように考えるはずである。

　　・ $U(\text{A}) > U(\text{B})$ なら、「状況Aの方が良い」。
　　・ $U(\text{A}) < U(\text{B})$ なら、「状況Bの方が良い」。
　　・ $U(\text{A}) = U(\text{B})$ なら、「どちらも同じ」。

このように、人によって評価が分かれることは、各自の状況AとBの期待効用が異なることによると説明できる。そして、それは $u(1000), u(2000), u(3000)$ といった効用の値が異なることによる。

例として、$u(1000) = 1000, u(2000) = 2000, u(3000) = 3000$ である意思決定者を考える。この意思決定者にとっては、効用は金額と等しい。この場合、$U(A) = U(B) = 2000$ であるから、状況AとBは無差別である。

別の例として、$u(1000) = 500, u(2000) = 800, u(3000) = 1000$ である意思決定者を考える。この意思決定者にとっては、

$$U(B) = 1000 \times 0.5 + 500 \times 0.5 = 750 \tag{7.3}$$

となり、これは $U(A) = 800$ より小さいので、状況Aの方が良い。

3 │ 効 用 の 計 測

効用が主観的であるなら、その値をどのように定めるかが問題となる。一旦、金額と効用の適切な対応付けができたら、様々なリスク下の意思決定の場面で、各選択肢の期待効用を計算して、その中から最適なものを選ぶことができる。ここでは、そのような効用の計測の仕方を述べる。

再び 例7.2 をもとに、$u(1000), u(2000), u(3000)$ の値を決める手続きを説明する。以下では、もらえる金額が大きいほど望ましいと仮定する。

まず、これらの中で最悪の場合の効用を0、最善の場合の効用を1とする。これらの値は0と1ではなく任意の値（たとえば−100と250）でも構わないのだが、どこかに基準を定める必要があるため、とりあえずこのように設定する。そこで、$u(1000) = 0$ および $u(3000) = 1$ とおく。このように2つの結果の効用の値を決めれば、以下の手順によって、その他の結果についての効用は一意に定まる。

次に、$u(2000)$ の値を特定する。ここで、「 例7.2 では、どちらの状況が良いか？」を考える[4]。もし状況AとBは無差別であるなら、$U(A) = U(B)$ でなければならない。$U(B)$ については、$u(1000)$ と $u(3000)$ はすでに定めたので、

---

4) より一般的な説明をすると、ある金額 x〔円〕について、$u(x)$ の値を知りたいとき、確実に x〔円〕を得る状況と、最善または最悪の結果となるリスクはあるが期待値が x〔円〕である状況を比較する。

$$U(\mathrm{B}) = u(3000) \times 0.5 + u(1000) \times 0.5$$
$$= 1 \times 0.5 + 0 \times 0.5 = 0.5 \tag{7.4}$$

となる。一方、$U(\mathrm{A}) = u(2000)$ である。したがって、$U(\mathrm{A}) = U(\mathrm{B})$ より、$u(2000) = 0.5$ と定まる。

もし状況AがBより良いと考えるなら、$U(\mathrm{A}) > U(\mathrm{B})$ なので、$u(2000) > 0.5$ である。このとき、$u(2000)$ の値を決めるために、さらに次のような検討を行う。[例7.2] の状況Bから、3000円がもらえる確率を p（$0 \leq p \leq 1$）に変更した、次の状況B′を考える。

　状況B′：確率 p で3000円、確率 $1 - p$ で1000円をもらえる。

$p = 0.5$ の場合には状況Bと同じなので、状況B′の期待効用を $U(\mathrm{B}')$ とすると、$U(\mathrm{A}) > U(\mathrm{B}')$ である。

いま、この確率 p を0.5から少しずつ大きくしていくことを考える。最大では $p = 1$ となるが、その場合、状況B′は確実に3000円を得ることと同じなので、必ず（確実に2000円を得る）状況Aより望ましく、$U(\mathrm{A}) < U(\mathrm{B}')$ となる。したがって、0.5から1の間に、状況AとB′が無差別になり、$U(\mathrm{A}) = U(\mathrm{B}')$ となる p の値があるはずである。そのような p のもとでは、

$$U(\mathrm{B}') = u(3000) \times p + u(1000) \times (1 - p)$$
$$= 1 \times p + 0 \times (1 - p) = p \tag{7.5}$$

となる。一方、$U(\mathrm{A}) = u(2000)$ なので、$U(\mathrm{A}) = U(\mathrm{B}')$ より、$u(2000) = p$ と定まる。たとえば、もし $p = 0.7$ のときに状況AとB′が無差別になるなら、$u(2000) = 0.7$ である。このように、状況AとB′が無差別になる確率 p を求めればよい。

状況BがAより良い場合も、同様にして、$u(2000)$ の値を決めることができる（上とは逆に、確率 p を0.5から少しずつ小さくしていくことを考えればよい）。

以上のようにして $u(1000), u(2000), u(3000)$ が決まると、[例7.2] はもちろん、この意思決定者が直面する他のリスク下の意思決定の状況でも、期待効用の計算に用いることができる。また、同様の比較を繰り返すことで、他の金額を得た場合の効用、たとえば $u(1300)$ や $u(2500)$ も特定できる。個人の意思決定者を例に説明してきたが、第2章の例のように企業が意思決定者である場合の効用

も同様に定めることができる。たとえば2.2節の 例2.1 の状況（表2.1）では、経営者に上記のような望ましさの比較を行ってもらうなどして、u(2億)やu(5億)を決めていけばよい。

　こうした期待効用の計算に用いられる効用を、**フォン・ノイマン＝モルゲンシュテルン効用**（von Neumann-Morgenstern utility、以下vNM効用という）ともいう。2.4節にて、「リスク下の意思決定の分析では通常、基数的な利得を想定し、期待利得の比較に基づく意思決定を考える」と述べたが、**この「基数的な利得」とは、より正確にはvNM効用を指す**。すなわち、期待効用仮説のもとでは、意思決定者はvNM効用を持ち、その期待値を最大化するような意思決定を行うと想定する。これに対して、2.2節で述べた序数的な利得（序数的な効用ということもある）は、利得の大小が望ましさの順と整合してさえいればよいが、期待利得（効用）の計算に用いることはできない。以下、本節では「効用」といえばvNM効用を指すことにする。

　2.4節では、基数的な利得は、「利得の大小の順序だけでなく、その値が具体的にいくらであるかも意味を持つ」と述べたが、このことのより正確な意味を述べる。効用は期待値計算に用いられるので、大小の順序だけでなく、具体的な値も重要である。たとえば、ある意思決定者の効用が、

$$u(1000) = 0, \quad u(2000) = 0.7, \quad u(3000) = 1 \tag{7.6}$$

であるとする。ここで、$u(2000)$ のみ0.3に変更すると、$u(1000) < u(2000) < u(3000)$ という大小の順序は変わらないが、期待効用最大化の結果、例7.2 での選択は変わってしまう（$u(2000) = 0.7$ なら状況A、$u(2000) = 0.3$ なら状況Bを選ぶ）。このように、期待値計算を扱う場合、効用の具体的な値は分析上の意味を持つ。

　しかし、前述の効用の計測では、最悪と最善の結果の効用の値を0と1としたが、これらの値は任意に設定してよい。このため、**効用の値に一律に正の数を掛ける、あるいはある一定の数だけ増減させても（またはその両方でも）、期待効用最大化の結果には影響しない**[5]。たとえば、再び式(7.6)のような効用を持つ意思決定

---

5) 数式を用いて言えば、$u(x)$ を一律に、$v(x) = a \times u(x) + b$ という関係（a は正の実数、b は実数であるなら、どのような値でもよい）にある $v(x)$ に変換して、これを効用として用いることにしても、期待効用最大化による選択は変わらない。

者を考える。このとき、それぞれの効用の値を5倍して2を足して得る効用

$$v(1000) = 2, \quad v(2000) = 5.5, \quad v(3000) = 7 \tag{7.7}$$

を用いても、この意思決定者の期待効用最大化による選択は変わらない。

　したがって、効用は、意思決定者にとっての望ましさの絶対的な尺度ではない。正の値であれば望ましく、負の値であれば望ましくない、といった意味があるわけでもない。これは、温度を測るのに摂氏（℃）、華氏（℉）といった複数の尺度があることに似ている。摂氏と華氏の変換が可能なように[6]、$u(x)$ の代わりに、上のように変換して得た別の効用 $v(x)$ を用いても構わない（x は金額）。

　また、効用の個人間比較はできない。3000円を得ることの効用が、A氏にとっては10で、別のB氏にとっては20であったとしても、それはB氏の方がより大きな幸福を感じているなどということを示唆するわけではない。

4 ┃ リスクに対する態度

　一般に、意思決定者のリスクに対する態度は、リスクがある状況を好むかどうかによって、次の3つに分類される。

- ・期待値が同じなら、受け取る金額が不確実なリスクがある状況よりも、確実にその金額を受け取れてリスクがない状況を好む。このような意思決定者は、**リスク回避的**（risk-averse）であるという。
- ・期待値が同じなら、確実にその金額を受け取れてリスクがない状況よりも、受け取る金額が不確実なリスクがある状況を好む。このような意思決定者は、**リスク愛好的**（risk-loving）であるという。
- ・期待値が同じなら、受け取る金額が不確実なリスクがある状況と、確実にその金額を受け取れてリスクがない状況を同程度に好む。このような意思決定者は、**リスク中立的**（risk-neutral）であるという。

---

6)　摂氏の温度を1.8倍して32を足すと華氏の温度に換算される。

例7.2 においては、状況Aの方が良いならリスク回避的、状況Bの方が良いならリスク愛好的、どちらも無差別ならリスク中立的である。

上で $u(1000), u(2000), u(3000)$ の値を求めたが、**これらの効用の値には、意思決定者のリスクに対する態度が反映されている**。以下では、再び 例7.2 を用いて、このことを数式とグラフを用いて説明する。

ここまでは、$u(1000)$ や $u(3000)$ などの具体的な金額についての効用を考えたが、いま、ある意思決定者にとって、どのような金額 x 〔円〕についても、それを確実に得ることの効用 $u(x)$ が与えられているとする（$x < 0$ であれば、損失が発生する際の効用を意味する）。このとき、$u(x)$ は x に依存して決まるので、**効用関数**（utility function）と呼ばれる。横軸が金額 x 〔円〕、縦軸が効用である平面を考えると、効用関数 $u(x)$ のグラフをその平面上に図示できる。

■リスク回避的な場合　はじめに、例7.2 において、状況Aの方が状況Bより良いと考える、リスク回避的な意思決定者を想定しよう。この意思決定者の効用関数を図示すると、図7.1のように、その曲線は上側に膨らんだ形をしている。数学的には、このような関数は上に凸であるという[7]。

リスク回避的な場合の効用関数が上に凸になることを理解するため、$x = 2000$ のときの $u(x)$ の曲線上の点P $(2000, u(2000))$ が、同じく $u(x)$ の曲線上にある2点、点Q $(1000, u(1000))$ と点R $(3000, u(3000))$ を結ぶ直線よりも上にあることを示そう。これが成り立たなければ $u(x)$ は上に凸にならない。

線分QR上で $x = 2000$ に位置する点をSとする。横軸上で2000は1000と3000の真ん中なので、点Sは線分QRの中点である。したがって、点Sの縦軸の値は、$u(1000)$ と $u(3000)$ の真ん中、すなわち

$$\frac{u(1000) + u(3000)}{2} \tag{7.8}$$

であるが、これは式(7.2)より、$U(B)$ に等しい。すなわち、点Sの座標は

---

7)　または、関数の曲線より上の領域が凹んでいることから、凹関数ともいう。凹関数（厳密には、関数のグラフがまっすぐになる箇所がない狭義凹関数）では、関数の曲線上のどの2点をとっても、その間にある関数の曲線上の点は、その2点を結ぶ直線よりも上にくる。一方、後述のリスク愛好的な場合の効用関数のように下に凸である関数は、凸関数ともいう。

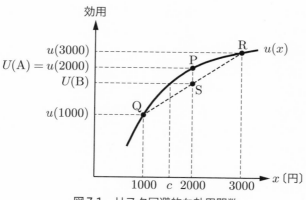

図7.1　リスク回避的な効用関数

$(2000, U(\mathrm{B}))$ と表せる。これは、リスクに対する態度によらない。

一方、$U(\mathrm{A}) = u(2000)$ なので（式 (7.2)）、点 P の座標は $(2000, U(\mathrm{A}))$ とも表せる。いま、$U(\mathrm{A}) > U(\mathrm{B})$ であるリスク回避的な意思決定者を考えているので、点 P は点 S より上にあるはずである。このことから、リスク回避的な意思決定者の効用関数は、図7.1 に示すように、上に凸になることが理解できるだろう。

図7.1の横軸で1000と2000の間にある c は、$u(x) = U(\mathrm{B})$ となる x の値である。これは、その金額を確実に得るときの効用が $U(\mathrm{B})$ と等しくなるような金額であり、状況Bの**確実性等価**（certainty equivalent）という。たとえば、$c = 1600$ としよう。つまり、$U(\mathrm{B}) = u(1600)$ である。リスクのある状況Bで得る金額の期待値は2000円だが、このリスク回避的な意思決定者にとっては、状況Bは、1600円を確実に得ることと同程度の魅力しかないことを意味する。

このとき、得られる金額の期待値と確実性等価の差

$$2000 - 1600 = 400 \,(\text{円}) \tag{7.9}$$

を、**リスクプレミアム**（risk premium）という。一般に「プレミアム」は上乗せされた料金分を指すが、リスクプレミアムとは、**リスク回避的な意思決定者にリスクを受け入れてもらうために上乗せする必要がある価値**のことである。リスクのある状況Bの確実性等価が1600円である意思決定者にとって、状況Bの魅力が、確実に2000円をもらえる状況Aを上回るようにするには、状況Bを選ん

だ場合には400円相当以上の価値を追加で与えることにする必要がある。

　別の解釈として、リスクプレミアムは、意思決定者がリスクを避けるために支払ってもよい金額の上限と見ることもできる。たとえば、いまこの意思決定者がリスクのある状況Bに直面しているとする。ここで、一定の金額を支払えば、状況がAに変わる、つまりリスクがなく確実に（状況Bの期待値と同額の）2000円を得る状況になるとする。このとき、400円までなら支払って、その分を差し引いても、確実に1600円以上を得られる。この意思決定者にとって状況Bの確実性等価は1600円であるから、これは状況Bにとどまるよりも魅力的である。

■ リスク愛好的な場合　次に、例7.2 において、状況Aより状況Bを好む、リスク愛好的な意思決定者を想定しよう。リスク愛好的な場合の効用関数の曲線は、図7.2のように、下側に膨らんだ形をしている。このような関数は、下に凸であるという。

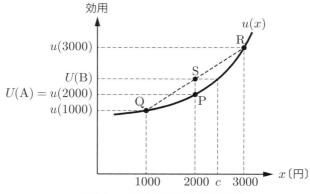

図7.2　リスク愛好的な効用関数

　リスク愛好的な効用関数が下に凸になるのは、リスク回避的な場合とは逆に、$U(\mathrm{A}) < U(\mathrm{B})$ より、$x = 2000$ のときの $u(x)$ の曲線上の点Pが、線分QRの中点Sより下でなければならないためである。このとき、状況Bの確実性等価は2000円より大きくなり、リスクプレミアム $(2000 - c)$〔円〕は負の値になる。リスクプレミアムが負ということは、リスク愛好的な意思決定者にリスクのある状況Bでなく確実な状況Aを選んでもらうには、状況Aに価値を上乗せする（または状況Bの価値を下げる）必要があるということである。

■リスク中立的な場合　最後に、$\boxed{例7.2}$において、状況AとBは無差別だと考える、リスク中立的な意思決定者を想定する。リスク中立的な場合の効用関数は、図7.3のように直線となる。これまで考えてきた点Pと点Sが一致するためである。このとき、状況Bの確実性等価は2000円となり、したがってリスクプレミアムは0である。

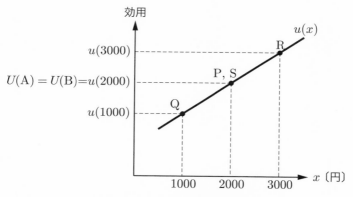

図7.3　リスク中立的な効用関数

第2章および第3章では、利益などの金額をそのまま利得として、期待利得の最大化を議論したが、このような設定は、厳密に言えば、意思決定者がリスク中立的な場合に妥当である。リスク中立的な場合には、リスクの有無によらず、金額の期待値が大きいほど望ましい。この場合、金額の期待値の最大化と、期待効用（または期待利得）の最大化では、同じ選択を行うことになる。

表7.1に、以上の議論を整理する。

表7.1　リスクに対する態度

	$\boxed{例7.2}$での選択	効用関数	リスクプレミアム
リスク回避的	状況Aの方が良い	上に凸	正
リスク中立的	状況AとBは無差別	直　線	0
リスク愛好的	状況Bの方が良い	下に凸	負

　本節の冒頭で述べたサンクトペテルブルクのパラドックスでは、リスク中立的な意思決定者にとっては、参加費がいくらでも支払って参加すべきということになる。しかし、リスク回避的な意思決定者を想定すると、支払ってよい参加費の額は、より現実的な値になり得る（演習問題**7.1**はその例題である）。

　一般に、個人の意思決定者はリスク回避的な傾向を示すことが多いのに対して、企業の場合は比較的リスク中立的に近いと言われる。ただし、同じ意思決定者でも、検討する金額の範囲によって、リスクに対する態度が異なることもあり得る。たとえば、ある金額以下の範囲ではリスク回避的だが、それ以上の範囲ではリスク愛好的になることもある。

7.2 | 意思決定におけるバイアス

　合理的な意思決定を心がけていても、心理的あるいは認知的な作用が働いて、非合理的な意思決定をしてしまうことがある。これを、意思決定における**バイアス**（bias）という。様々なバイアスがあることが報告されているが、本節ではそのうち主なものをいくつかを紹介する。より良い意思決定を行うためには、こうしたバイアスにはどのようなものがあるのかを知って、それらの影響をなるべく受けないように注意しておくことが重要である。

1 | フレーミング効果

　次の2つの意思決定問題の例を考える。

> 例7.3　あなたは感染症対策の責任者であるとする。何も対策しないと600人が亡くなる感染症が発生した。次の2つの対策のうち、どちらかを選ぶ。
>
> 　対策A：確実に200人が助かる。
> 　対策B：確率1/3で600人が助かり、確率2/3で0人が助かる。

> 例7.4　あなたは感染症対策の責任者であるとする。何も対策しないと600人が亡くなる感染症が発生した。次の2つの対策のうち、どちらかを選ぶ。

対策C：確実に400人が亡くなる。

対策D：確率1/3で0人が亡くなり、確率2/3で600人が亡くなる。

意思決定におけるバイアスに関する先駆的な研究を行った心理学者のトヴェルスキー（Amos Tversky）とカーネマン（1.1節でも引用）は、これら2つの例を多数の人に提示し、それぞれの状況でどちらの対策を選ぶか（好ましいと考えるか）を回答してもらい、その結果を分析した[8]。それによると、例7.3 で対策Aを選ぶ人は72％であったのに対して、例7.4 で対策Cを選ぶ人は22％であった。

よく読むとわかるが、2つの例は実質的には同じ状況である。対策AとC、対策BとDは、それぞれ同じことを、異なる表現で述べただけである。例7.3 では助かる人数、例7.4 では亡くなる人数に言及している。もし前者で対策Aを選ぶなら、後者では対策Cを選ばなければ、意思決定に一貫性がないことになる。そのような一貫性を欠く意思決定は通常、合理的とは見なされない。

しかし、トヴェルスキーとカーネマンの結果は、同じ意思決定問題でも、その表現の仕方によって、少なくない人々の判断が変わることを示している。このように、問題や選択肢の提示の仕方が意思決定に与える効果を**フレーミング効果**（framing effect）という。「フレーム」とは、対象の捉え方のことで、いわば物事を認知するときの枠組みである。対策Aの表現だと助かる人々のことを想起しやすいのに対して、対策Cの表現だと亡くなる人々のことを想起しやすく、ネガティブな印象をもたらし、ゆえに避けられやすいことが考えられる。

企業の広告やマーケティングにおいては、フレーミング効果は重要な役割を果たす。同じ情報でも、それをどのように提示するかによって、どれだけ消費者を惹き付けることができるかは変わり得るためである。たとえば、医薬品や化粧品の宣伝で、次の2つの文言は実質的に同じことを言っている。

A：「使用者の9割が効果を実感しました」

B：「使用者の1割は効果を実感しませんでした」

しかし、広告で採用されるのは、普通はAであろう。Aだと魅力を感じるがBだと魅力を感じないという消費者は一定数いるかもしれない。その場合、フレーミング効果が消費者の購買意思決定に影響していることになる。

---

[8] Tversky and Kahneman (1981). The framing of decisions and the psychology of choice. Science, 211 (4481), 453-458.

　自身が意思決定する立場にあり、フレーミング効果を回避したいと考えるなら、いま下そうとしている判断にバイアスがないか、考えを巡らせてみるとよい。たとえば、そこで用いた情報が別の形で表現されていたとしても同じ判断をするだろうか、などと考えてみよう。

2 ｜ アンカリング効果

　アンカリング効果（anchoring effect）とは、本来は無関係（あるいはほとんど無関係）な情報が意思決定や判断に及ぼす心理的な効果である。最初に得た情報があたかも「いかり（アンカー）」のように機能して、意思決定や判断がそれに引きずられる現象を指す。

　たとえば、次のような、人々がよく知らない数値を尋ねたときの反応が知られている[9]。初めに、

　　問1：トルコの人口は3500万人以上でしょうか？

という問いに「はい」または「いいえ」で答えてもらう。次に、

　　問2：では、トルコの人口は何人だと思いますか？

という問いに数値で答えてもらう。問1で、「3500万人」を、「1億人」など別の数に変更すると、問2の回答に統計的に有意な違いが出る。問1で大きな数が言及されるほど、問2の回答の値が大きくなる傾向がある。この場合、「3500万人」や「1億人」の数値がアンカーとして作用し、回答者の人口の見積りに影響している。

　ビジネスでもアンカリング効果が関わる場面がある。価格交渉において、売り手が最初に高い値段を提示して、そこから少しずつ値段を下げていくのは、古くからの常套手段である。同様に、ある商品を同じ1万円で販売するにしても、価格を単に「1万円」と表記するより、「通常価格2万円のところ50%OFFで1万円」と表記した方が、消費者は魅力を感じるかもしれない[10]。

---

9)　この例は、章末の文献ガイドにあるハモンドら（1999）から引用した。

10)　ただし、「通常価格2万円」が虚偽である場合、有利誤認表示（取引条件が実際よりも著しく有利だと消費者に誤認させる表示）として違法になる可能性がある。

数値以外の情報もアンカーとなり得る。たとえば、会議において、たまたま最初に出た意見によって議論の流れが決まり、それが結論になることはしばしばある。

アンカリング効果を避けたいなら、提示された情報とは異なる情報が示されていたらどうかを考えてみるとよい。最初に提示された価格が2万円で、交渉の結果1万円まで下がったので購入を決めた場合、もしも当初に提示された価格が1万5千円であったなら、やはり1万円で購入するだろうか、などと自問してみる。また、そもそもアンカーとなる情報に触れる前に、先入観のない状態で、いくらなら購入するかを決めておくのもよいかもしれない。

ただし、実際には、ある情報が本当にその意思決定に無関係なのかは、判断が難しい場合もある。提示された価格が、その商品の価値に関する情報（たとえば将来売却する際にいくらで売れるか）を含むことは十分あり得る。したがって、アンカーとなる情報によって意思決定が左右されることは必ずしも非合理的とは言い切れないのだが、とはいえこのような心理的効果が意思決定にバイアスをかける可能性があることを理解しておく意義はあるだろう。

3 | サンクコスト効果

次の2つの意思決定問題を考える。

例7.5 あなたはある映画を見に行った。チケットは先日あるイベントで配布されていた（つまり、無料で手に入れた）。しかし、上映中にこの映画は非常につまらないと思った。ここで、映画を見続けるか、退出して別のことをするかを選択する。

例7.6 あなたはある映画を見に行った。チケットは2000円で購入した。しかし、上映中にこの映画は非常につまらないと思った。ここで、映画を見続けるか、退出して別のことをするかを選択する。

上の2つの例は、映画のチケットを無料で入手したか（例7.5）、自費で購入したか（例7.6）という点が異なる。それ以外の条件は同じとする。それぞれの状況でどのような選択をするかを尋ねると、前者では退出するが、後者では映画を見続ける、と回答する人が少なくない。

　例7.6において、チケット代の2000円は、一度支払ったら戻ってこない（返金はないものとする）。このように、支払い済みで、取り戻すことのできない費用を**サンクコスト**（sunk cost、埋没費用ともいう）という[11]。サンクコストは、これからどのような選択をしようとも戻ってこない費用なので、今後の意思決定には本来無関係である。したがって、上の2つの例のように、**サンクコストの有無のみが違いである場合、両方の状況で選択を変えることは合理的ではない。**

　しかし、現実の意思決定者はしばしば、サンクコストを惜しんで、非合理的な意思決定をしてしまうことがある。このような心理的効果を**サンクコスト効果**（sunk cost effect）という。チケットが無料であれば退出するのに、有料で支払い済みなら、「せっかく2000円払ったので最後まで見よう」などと考え、映画を見続けることを選ぶことが該当する。

　企業の意思決定においても、たとえば、ある事業をそのまま続けても利益が見込めないにもかかわらず、サンクコストであるそれまでの投資を惜しんで事業を継続する意思決定をしてしまうことがある。かつての超音速旅客機コンコルドの事業がそのような状況であったことから、サンクコスト効果は、コンコルド効果とも呼ばれる。なお、サンクコストとなるのは金銭的な費用に限らず、費やした時間や労力がサンクコスト効果をもたらすこともある。「せっかくこれだけの時間と労力をかけて事業を進めてきたのだから…」という思いが、事業継続の判断に影響を及ぼすかもしれない。

　なぜサンクコストを今後の意思決定に影響させるべきでないのかは、決定木（2.6節）を用いて考えるとわかりやすい。

　まず、例7.5のチケットを無料で入手した場合を考える。映画を見続ける場合の利得と、退出する場合の利得を、それぞれ x と y とすると、この状況は図7.4のような決定木として表現できる。まず、不確実性ノードが、映画が面白いかつまらないかを決定する。例7.5は、「つまらない」が選択された場合の意思決定ノードで、「映画を見続ける」または「退出する」を選択する場面である（よって「面白い」場合の以降のツリーは省略する）。

---

11)　もし映画がつまらないと申告したらチケット代が返金されるような場合など、一旦支払っても、その後戻ってくる可能性がある費用は、サンクコストではない。

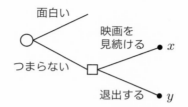

図7.4　チケットを無料で入手した場合（ 例7.5 ）の決定木

　この決定木では、この選択の後に末端ノードに到達して利得が確定することに
なっているが、その後も決定木の分岐が続くことも考えられる。たとえば、「映
画を見続ける」を選ぶと、その後映画が面白くなるかどうかなどの利得に関わる
不確実性があるかもしれない。その場合は期待利得が x であるとする。「退出す
る」を選ぶ場合は、映画館を出た後に何をするか、いくつか選択肢があるかもし
れない。その中で最も好ましいものを選択した場合の利得が y であると考えれ
ばよい。ともかく、図7.4の決定木で、映画を見続けるべきかどうかは、 x と y
の大小で判断すればよい。
　次に、 例7.6 のチケットを購入した場合を考える。利得の算出において、チケッ
ト代を支払ったことの負担感を $-a$ とする（ $a > 0$ とする）。このときの決定木
は、図7.5のようになる。2つの例の違いはチケット代の支払いの有無のみなので、
図7.5は、利得に一律に $-a$ が加わった点のみが図7.4と異なっている。したがっ
て、結局この場合も、映画を見続けるかどうかは x と y の大小で決まる。

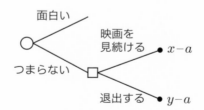

図7.5　チケットを自費で購入した場合（ 例7.6 ）の決定木

　以上のことから、合理的な意思決定者ならば、2つの決定木において同じ選択
肢を選ぶはずである。すなわち、サンクコストの有無は、映画を見続けるかどう
かの意思決定に影響しない。もし実際に 例7.6 のような状況に直面したら、サ

ンクコストがなかった場合として　例7.5　のような状況を仮想的に考えて、この
ように決定木を用いて分析することは、サンクコスト効果を回避するのに有用で
ある。

　上の例では、サンクコストがある場合とない場合で、サンクコストの有無以外
の違いはなかった。もしその他の違いもあるなら、チケットを無料で入手した場
合は退出するが、自費で購入した場合には映画を見続けるという選択が合理的に
なることはあり得る。

　たとえば、映画を見に行った日に娯楽に費やせる予算に制約がある場合を考え
よう。図7.4の決定木で、退出した場合の利得 y は、映画館の隣にあるケーキ屋
でおいしいケーキを食べることにした場合に達成できる利得であるとする。もし
映画のチケット代を自分で支払った場合、ケーキを食べる予算が残っていないと
すると、映画の途中で退出した場合には別のことをしなければならない。その中
で最も好ましいことをした場合の利得を y' とすると、「退出する」を選んだ場
合の利得は $y' - a$ であり、図7.6の状況となる。 $y > x > y'$ となることはあ
り得るが、その場合には、図7.4の決定木では「退出する」、図7.6の決定木では
「映画を見続ける」を選ぶことは、合理的である。これは、サンクコスト効果で
はない。

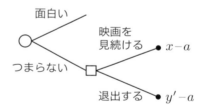

図7.6　予算制約があるときチケットを自費で購入した場合の決定木

　このように、決定木を描いて意思決定問題の構造を把握することは、今から行
おうとする選択がサンクコスト効果によるものかどうかを判別することにも有用
である。

〔演習問題〕

7.1 x〔円〕を確実に得ることの効用が $\sqrt{x}$ であり、期待効用仮説に従う意思決定者を考える。

 (a) この意思決定者は、7.1節の 例7.2 では、状況AとBのどちらを選ぶか。$\sqrt{1000} = 31.6, \sqrt{2000} = 44.7, \sqrt{3000} = 54.8$ としてよい。また、状況Bの確実性等価およびリスクプレミアムを求めよ。

 (b) この意思決定者にとって、7.1節の 例7.1 のゲーム（サンクトペテルブルクのパラドックス）における期待効用を求めよ。また、このゲームの確実性等価を求め、参加費がいくら以下ならこのゲームに参加すべきか考察せよ（この問題は、無限等比級数の計算を用いる）。

7.2 宝くじを購入する場合、賞金の期待値は購入額を必ず下回る（そうでなければ、主催者が損をする）。また、保険に加入する場合、通常、保険金の期待値は支払う保険料を下回る（そうでなければ、保険会社が損をする）。それではなぜ、多くの人が宝くじを購入したり、保険に加入したりするのだろうか。これらの意思決定が（期待効用最大化の意味で）合理的になるのはどのような場合か考察せよ。

7.3 スーパーマーケット等で、夕方以降に惣菜が値引きされて販売されることがある。これに関して、次の2つの価格表記の仕方は、実質的な内容は同じである。

  A：日中は「400円」、夕方以降は「50%割引きで200円」
  B：日中は「100%割増しで400円」、夕方以降は「200円」

しかし、通常はAのような表記であり、Bのような表記は見かけない。その理由を考察せよ。

文献ガイド

7.1節で扱った期待効用とリスクについては、次の文献にわかりやすい解説がある。

- ・ギルボア（2010）『意思決定理論入門』，NTT出版（川越・佐々木訳）
- ・川越（2020）『「意思決定」の科学 ─ なぜ、それを選ぶのか』，講談社

期待効用理論および関連する話題を扱ったより専門的な文献は、次のものがある。

- ・ギルボア（2014）『不確実性下の意思決定』，勁草書房（川越訳）
- ・西崎（2017）『意思決定の数理：最適な案を選択するための理論と手法』，森北出版
- ・林（2020）『意思決定理論』，知泉書館

7.2節で述べた意思決定のバイアスについては、上述のギルボア（2010）の他、下記の一般向けの文献に豊富な事例と解説がある。

- ・ハモンド・キーニー・ライファ（1999）『意思決定アプローチ：分析と決断』，ダイヤモンド社（小林訳）
- ・アリエリー（2013）『予想どおりに不合理：行動経済学が明かす「あなたがそれを選ぶわけ」』，早川書房（熊谷訳）
- ・カーネマン（2014）『ファスト＆スロー：あなたの意思はどのように決まるか』，早川書房（村井訳）

伝統的な期待効用理論から逸脱する意思決定について、より専門的には、経済学の一分野である行動経済学で研究されている。詳しくは下記の文献を参照されたい。

- ・室岡（2023）『行動経済学』，日本評論社

索引

タ行

〈著者略歴〉

佐々木康朗 （ささき　やすお）

2011年　東京工業大学大学院社会理工学研究科博士後期課程 単位取得退学
2011年　株式会社価値総合研究所 研究員
2013年　博士（工学）（東京工業大学）
2014年　北陸先端科学技術大学院大学知識科学研究科 助教
2018年　北陸先端科学技術大学院大学先端科学技術研究科 講師
2019年　学習院大学経済学部経営学科 准教授
2022年　学習院大学経済学部経営学科 教授（現職）

経営のための意思決定論入門

2023年10月25日　　第1版第1刷発行

著　者　佐々木康朗
発行者　村上和夫
発行所　株式会社 オーム社
　　　　郵便番号　101-8460
　　　　東京都千代田区神田錦町3-1
　　　　電話　03（3233）0641（代表）
　　　　URL　https://www.ohmsha.co.jp/

© 佐々木康朗 2023

組版　BUCH⁺　　印刷・製本　壮光舎印刷
ISBN978-4-274-23105-6　Printed in Japan

本書の感想募集　https://www.ohmsha.co.jp/kansou/
本書をお読みになった感想を上記サイトまでお寄せください。
お寄せいただいた方には、抽選でプレゼントを差し上げます。